Hans P. Sturm

Widerspiegelung des Geistes II/4

Alt-Akademische
Erledigung der okzidentalen Metaphysik

Hans P. Sturm

WIDERSPIEGELUNG DES GEISTES II/4

Alt-Akademische Erledigung der okzidentalen Metaphysik

Unter Berücksichtigung des Lykeions
und mit Bemerkungen zur Stoa

Edition Verstehen – Augsburg 2018

Bibliographische Information der Deutschen Nationalbibliothek:
Die Deutsche Nationalbibliothek verzeichnet diese Publikation in der Deutschen Nationalbibliographie; detaillierte bibliographische Daten sind im Internet über http://dnb.dnb.de abrufbar.

Sturm, Hans P.
Widerspiegelung des Geistes II/4. Alt-Akademische Erledigung der okzidentalen Metaphysik.
Unter Berücksichtigung des Lykeions und mit Bemerkungen zur Stoa
Augsburg – Edition Verstehen
Verlag der Gesellschaft für transkulturelles Verstehen (GetraV) e. V. 2018
www.getrav.de
ISBN 978-3-937736-07-5

Satz: Hans P. Sturm
Diagramme und Tabellen incl. Nachgestaltungen von solchen aus der Forschungsliteratur: Hans P. Sturm
Umschlag: Hans P. Sturm
Thematisches Cover-Emblem: Heiko Helbig

Herstellung: Books on Demand (BoD) GmbH, Norderstedt
Printed in Germany

ISBN 978-3-937736-07-5

„The safest general characterization of the European philosophical tradition is that it consists of a series of footnotes to Plato. I do not mean the systematic scheme of thought which scholars have doubtfully extracted from his writings. I allude to the wealth of general ideas scattered through them. His personal endowments, his wide opportunities for experience at a great period of civilization, his inheritance of an intellectual tradition not yet stiffened by excessive systematization, have made his writings an inexhaustible mine of suggestion."[1]

---

1 A. N. Whitehead, Process and Reality, p. 39.

Inhaltsverzeichnis

Abbildungen, Diagramme, Tabellen

Vorbemerkung zu den Teilbänden II/2–7

Da Gedankengang und Gesamtsinn des auf neun Bände konzipierten Werkes ›Widerspiegelung des Geistes‹ im theoretischen Grundlagenband I entfaltet und erörtert wurden, im Einleitungsband der 7-teiligen Abteilung II zudem die spezifischen formalen Konventionen, der wissenschaftliche Stand und Zustand der derzeitigen ‚Philosophie' generell wie ihrer speziellen interkulturellen Spielart, die allgemeine Verfaßtheit dessen, worauf Philosophie gründen sollte oder müßte, wissenschaftliche Rationalität und intellectuelles Verständnis, Wahrheitssuche und Wahrhaftigkeit, aber auch in einer Hinführung der Gegenstand, das Themengebiet der nun zu leistenden Forschungsarbeit dargestellt und diskutiert wurden, werde ich in den folgenden Büchern des Teilbands II auf weitere einleitende Worte und Erläuterungen verzichten und nur diesen Vorbemerkungs-Text hier mit minimalen Anpassungen zusammen mit dem Abstract zum jeweiligen Faszikel wiedergeben.

Erstens dient er der Einübung in die Kunst der Re-flexion, d.h. des transzendentalen Denkens (Meta-Metatheorie); zweitens verschafft er Einblicke in die diesbezüglichen Fertigkeiten von Geistern anscheinend unterschiedlichster Voraussetzungen und Ausrichtungen (Kulturen, Weisheitstraditionen, Religionen, Weltanschauungen); drittens erschließt sich durch die Anwendung der re-flexionsstrukturellen Methode in ihrer Bi-Aspektualität als Technik des Aufweises kognitiver Prinzipien und dessen sprachlicher, thetisch-antithetischer Formelhaftigkeit eine verblüffende Hermeneutik, die durch Anwendung der beiden stufenartigen Einteilungsraster den Aufbau betrachteter Gedankengebäude durchleuchtungsartig freilegt; viertens und letztens schärft er die Einsicht in den ‚Sinn' des Seins und Daseins und versetzt dadurch in die Lage, durch eine entsprechende Lebensführung selbst nicht nur Philo-Soph zu sein, sondern Weiser, σοφός (*sophós*), ज्ञानिन् (*jñānin*), 聖人 (*shèng rén*) zu werden. Etymologisch idg. √*men*, skr. √*man*, gr. *maínō*, *manthánō*, lat, *memini*, *mens*, *mentior* = dt. erdichten, lügen, meinen, Mensch.

Abstract zum Faszikel II/4

In diesem Teilband geht es um die metaphysischen Prinzipienlehren der Alten Akademie samt Peripatos mit einigen Zusatzinformationen zur Stoa. Da es sich bei den Alt-Akademikern um Meister prinzipientheoretischer Überlegung handelt, führt diese Studie in die Feinheiten des Strukturdenkens, das durch spätere Entwicklungen kaum übertroffen und durch welches augenfällig wird, daß der theoretische Ansatz, der von mir verfolgt wird, von der Antike an, zeitlos also, in vollem Maße gedeckt ist. Der einzige Unterschied zu meiner Vorgehensweise liegt in der Fokussierung auf das Kognitionsakt-Resultat, gemeinverständlich ausgedrückt, den Erkenntnisgegenstand oder Bewußtseinsinhalt, und komplementär dazu in einer Vernachlässigung der exakten Thematisierung, d.h. bruchlosen methodischen Kontrolle der durchgeführten Reflexionsschritte. Selbstverständlich wird im Mittelpunkt der Betrachtung die Lehre von der Seins- und Wahrheitsstufung Platon's stehen.

Bedeutend und erstaunlich, in der Forschung zwar schon berücksichtigt, im allgemeinen Gelehrtenbewußtsein jedoch noch nicht angekommen, geschweige denn in breiteren Kreisen von Interessierten, ist deren Ausgestaltung bei seinem Nachfolger, seinem Neffen Speusippos (ca. 407–339). Zu dessen Entwurf sammeln wir einige Gedanken hinsichtlich der Schichtung des BewußtSeins-Konstrukts, seiner höchsten Erhebung und deren Bedeutung für das damit einhergehende Wirklichkeitsverständnis. Dem lassen wir das Weltmodell von Xenokrates aus Kalkedon (um 396–314), dem nächsten Scholarchen der Alten Akademie, folgen. Die spärliche Textlage macht sich dabei um so mehr bemerkbar, als die GeistSeins-Hierarchie, insbesondere des ersteren, äußerst diffizil aufgebaut und damit zu rekonstruieren ist. Die Einschätzung der folgend vorgestellten Metaphysik von Aristoteles ist trotz reichlich vorhandenen Textmaterials gleichermaßen schwierig. Den Grund dafür sehe ich aber nicht nur darin, daß sie von den Entwürfen seiner ehemaligen Kollegen abweicht, sondern auch in dem Umstand, daß sie merkliche Uneindeutigkeiten aufweist, bisweilen variiert und gewisse Inkonsistenzen festzustellen sind. Nichtsdestotrotz läßt sich auch aus seinem Werk oder dem, was man dafür hält, die Signatur Akademischer Prinzipientheorie lesen. Mit welchen, sich an die re-flexionsstrukturelle Methode anlehnenden hermeneutischen Kunstgriffen das zu bewerkstelligen ist, daran lasse ich die mitdenkenden Leserinnen und Leser gerne teilhaben. Daß die Stoiker insbesondere in der Epistemologie nicht weit von den formalen Vorgaben der Alten Akademie und des Lykeion entfernt waren, was daran liegen dürfte, daß sie von der ersteren gelernt hatten und vom allgemeinmenschlichen Vermögen der Kognition ausgingen – ein kurzer Abriß dazu wird das vorliegende Buch abschließen.

1 Platon und die Vierfachheit

1.1 Rangordnungen des WahrSeins bei Platon

Es ist die Meisterschaft in der Kunst, die Denkmöglichkeiten, die eine Vernunftgegebenheit birgt und verbirgt, abzuschreiten und offenzulegen, die Platon's Werk zum Haupttext der als Fußnoten dazu charakterisierten gesamten abendländischen Philosophietradition machten.[2] Zum Ausgangspunkt nimmt er die Entwürfe fast der gesamten ihm vorausgehenden Philosophie, die heute abwertend Vorsokratik genannt wird: die Physiologen als Vertreter von Elementarseiendem mit hohem ethischem und eudaimonischem Anspruch; antipodisch die Sophisten als Zerschmetterer objektiver Seinssetzungen, transhumaner Maximen der Moral und von Göttervorstellungen; die Eleaten als kritisch-analytische Monisten unter Betonung des Eins-Seins bzw. als eristische Nondualisten, das Eins-Sein zum Nicht-(einmal-Eins-)Sein noch übersteigend; ihnen gegenüber die Herakliteer als synthetisch-dialektische Einheits-, Absolutheits- und Geistordnungsdenker mit Akzent auf dem Werdend-Vielen, beide Richtungen, die eleatische wie heraklitеische, aber mit starker Betonung des evaluativ-normativen, weisheitlichen Aspekts philosophischen Wissens und Erkennens; und schließlich die Pythagoreer, denen zugeschrieben

---

[2] Cf. A. N. Whitehead, Process and Reality, p. 39, wiedergegeben als Motto des Faszikels hier, p. 5; die Bestreitung oder wenigstens Infragestellung des systematischen Charakters von Platon's Philosophieren, das, wie wir lesen, erst durch Gelehrte aus seinem Werk extrahiert worden sei, wird durch meine minimalistischen Struktur-Darstellungen allerdings von Grund auf erschüttert werden.

wird, eine Einheits- und mathematisierende Ideenlehre[3] mit besonderem Nachdruck auf dem Proportionshaft-Harmonikalen entwickelt zu haben, welche ihre ethisch-asketische, kultisch-telestische Lebensweise begleitete.

Von den Figurierungen der onto-gnoseologischen Vierfachheit in Platon's Werk sollen nachfolgend die deutlichst konturierten angeführt werden. Dabei beginnen wir gemäß der soeben formulierten kurzen Einleitung mit dem ‚Sagenhaften' (Mythischen) der Lehre Platon's und führen auf diese Weise die Ausführungen zu den markantesten altorientalischen und einigen frühgriechischen Kosmogonien im Faszikel II/3 wie auch zu einigen der ersten philosophisch zu nennenden Weltentwürfe des Vedānta und der Vorsokratik im Faszikel II/2 fort, um zu den theoretisch ausgefeilteren Gedankenkonstruktionen im Werk von Platon überzuleiten und am Ende des Kapitels über den Mysteriencharakter seiner Weisheitslehre wieder den Zusammenhang mit dem Mythischen herzustellen.

Dementsprechend beginnen wir unsere Rekonstruktionen mit der Erzählung des kosmoplastisch-kosmologischen, für gewöhnlich ungenau kosmogonisch bezeichneten Spätwerks ›Timaios‹, das einige Neuplatoniker als einen pythagoreischen Dialog verstanden, wie sie Platon selbst für einen Pythagoreer hielten, was in der anschließenden Diskussion von Belang sein wird. „.. die Vorstellung, daß Platon ein Pythagoreer und der ›Timaios‹ ein Pythagoreischer Dialog war, ist bei Proklos und früheren Neoplatonikern ein Gemeinplatz."[4] Eingebunden in

---

[3] A. M. Frenkian, Études de philosophie présocratique. Héraclite d'Éphèse, pp. 57–59, führt die Ideenlehre Platon's, d.h. die Lehre von der Bewirkung durch Ideen in der Eigenschaft von Modellen, der Kausalität durch Nachahmung, über die Zahlenmetaphysik der Pythagoreer als Zwischenglied nicht ohne eine gewisse spekulative Kühnheit auf Herakleitos und dessen Lehre vom Lógos zurück.

[4] R. F. Hathaway, Hierarchy and the Definition of Order in the *Letters* of Pseudo-Dionysius, p. 117 (mit Belegen).

diesen Dialog, der über weite Strecken ein Monolog ist, zeichnet Platon einen kosmischen Bauplan, der in seiner Grundstruktur zahlreichen heidnischen Weltvorstellungen als auch den Ausdeutungen jüdischer und christlicher Welterschaffungstheologie zum Vorbild dienen konnte.[5] Ich bin bei der Diskussion der (unangebrachten) Inanspruchnahme des Traktats durch die christliche Lehre von der Schöpfung aus dem Nichts (*creatio ex nihilo*) im Kontext der Auffindung gemeinsamer Wurzeln abendländischer und altorientalischer Kosmogonien bereits im Faszikel II/3 auf den ›Timaios‹ zu sprechen gekommen, womit nochmals darauf hingewiesen sei, daß das darin errichtete GeistWelt-Gebäude Züge antik-östlicher Vorbilder erkennen läßt.

Der in einer amerikanischen Dissertation aus verschiedenen Blickwinkeln angestellte kulturwissenschaftliche Vergleich der Schöpfungslehre Platon's mit dem sumero-akkadischen ›Enūma Eliš‹ ist aus diesem Grunde nicht abwegig, wenn er auch nicht sehr ergiebig ausfiel,[6] was nicht unbedingt an den verglichenen Spekulationen selbst liegt, wurde der Zusammenhang zwischen dem babylonischem Mythos und griechischer Protophilosophie doch auch über die Lehre, das Lehrgedicht von Parmenides von Elea herzustellen versucht.[7]

Eine Episode vergleichender Mythos-Forschung zum Orientalismus des ›Timaios‹ blieb bisher die These vom Einfluß

---

[5] Cf. J. Montserrat-Torrents, La cosmogonie du Timée et les premiers chapitres de la Genèse, mit ausführlicher Literaturliste zum Einfluß des Platonismus und besonders des Platonischen ›Timaios‹ auf jüdische und christliche Interpretationen des kosmogonischen Berichts der ›Genesis‹, o.c., p. 287[1].

[6] Cf. W. T. Brennan, Cosmogenesis as Myth: A Philosophic Analysis and Comparison of the *Timaios* of Plato and the Babylonian *Enuma Elish.*

[7] Cf. P. Kingsley, Ancient Philosophy, Mystery, and Magic, pp. 54–55, 392–393.

der iranischen Genesis-Schilderung ›Nask‹ auf Platon.[8] Gleichermaßen die Erwägung, hinter dieser und dem jüngeren Schöpfungsbericht des ›Alten Testaments‹ gemeinsame (orientalische) Quellen anzunehmen.[9] „Die griechische Philosophie wurde durch orientalische – und spezifisch iranische – Ideen von Anfang an beeinflußt. Und hinsichtlich Platon's Akademie hat der detaillierte Beleg orientalischen Einflusses nicht deshalb kaum begonnen, aufgedeckt zu werden, weil er nicht existiert, sondern weil die meisten modernen Gelehrten nicht die Absicht haben, ihn zu finden."[10]

Zum anzunehmenden ‚Orientalismus' Platon's möchte ich an dieser Stelle jedoch folgenden Warnhinweis aus der Forschungsliteratur wiedergeben: „Die tatsächliche Identität der indischen und Sokratisch-Platonischen Philosophie ist von weit größerer Bedeutung als die Problematik, wie sie öfters in Zusammenhang mit Plotinos diskutiert wurde. Dort beschäftigen wir uns nicht mit »Einflüssen«, sondern – genau wie bei den Wurzeln und Idiomen der griechischen und Sanskrit-Sprache selbst – mit verwandten Lehren und Mythen, von denen viele in gleichem Maße sumerisch wie griechisch oder indisch sind. Die Philosophia perennis geht der gesamten historischen Periode, innerhalb der »Einflüsse« postuliert werden können,

---

8 Cf. R. Reitzenstein, Studien zum antiken Synkretismus aus Iran und Griechenland, pp. 142–148.

9 Cf. M. Landmann, Ursprungsbild und Schöpfertat, p. 148; dort auch die Nennung von Forschern, die verschiedene orientalische Einflüsse auf die Ausgestaltung des ›Timaios‹ geltend machten. Kritische Diskussion der bis zum Erscheinen der Studie vorliegenden Forschung zum orientalischen Einfluß auf die frühe und klassische griechische Philosophie bei A. M. Frenkian, L'Orient et les origines de l'idéalisme subjectif dans la pensée européenne, 1.1–41.

10 P. Kingsley, Meetings with Magi, pp. 207–208.

voraus."[11] Im Zeitalter des Historismus und der vermeintlich unbeteiligten und wertneutralen (‚objektiven') Bearbeitung des Mythos wie der Metaphysik von außen (Doxographie) kann dieser Sachverhalt gar nicht stark genug betont werden.

Seine Vorbildfunktion konnte der ›Timaios‹ um so leichter erfüllen, als er in einer fabel-, rätsel- wie mysterienhaften, esoterischen Weise skizziert und deshalb sehr frei und multiaspektuell auszudeuten ist. Er stellt „die metaphorische Einkleidung eines kognitiven Vorgangs"[12] dar. Wie sollten wir ihn also anders auslegen, denn noologisch bzw. re-flexionsstrukturell? Den in die Alte Akademie Initiierten dürfte er als Reproduktion des harmonischen Weltbauplans gegolten haben, als, wie man in der »Harmonikalen Grundlagenforschung« erkannt hat,[13] eine Partitur, die den Hochgeweihten beim Lesen – wie vielleicht dem fortgeschrittenen inneren Kreis pythagoreischer Mysterienjünger, den Mathēmatikoí, beim Anblick der Sterne die Sphärenmusik – hörbar geworden sein mochte. Das ist ganz im Sinne der Funktion der höchsten, integrativen Platonischen Tugend: Gerechtigkeit, Rechtes und Richtigkeit (*dikaiosúnē*), d.h. Ordnung (*kosmēsanta*) wie Harmonie, Einklang, Fügung (*'armonía/xunarmósanta*)[14] und System/Zusammenfügung (*sústasis*)[15] aller äußeren wie auch seelischen Faktoren zu fördern, und ganz im Sinne des dem Sokrates in den Mund gelegten, berühmt gewordenen Ausspruchs, daß nämlich die

---

[11] A. K. Coomaraswamy, Selected Papers, 2.65[51] (Recollection, Indian and Platonic).

[12] K. Gloy, Platons Timaios und die Gegenwart, p. 326.

[13] Dazu wurden im Faszikel II/3, Kapitel 2, anläßlich der pythagoreischen Tetraktys einige Literaturhinweise gegeben.

[14] Cf. Platon, Politeia 443d.

[15] Cf. Platon, Timaios 31b8-33a3; K. Gloy, Platons Timaios und die Gegenwart, pp. 320-321.

Philosophie die vorzüglichste Musik/Musenkunst sei (*'ōs philosophías mèn oúsēs megístēs mousikē̃s*).[16]

Im Gegensatz zu vielen derer, die diesen Bericht übernahmen und fortspannen, machte Platon in bezug auf die Begriffs- oder Denkphilosophie jedoch unzweideutig klar, daß es sich bei der Beschreibung nur um ein Modell und nicht mehr, d. h. eine Rede und ein Sprechen (*lógos*) handelt, das dem verwandt (*suggeneĩs*) und entsprechend (*anà lógon ekeínōn*) ist, worüber es handelt (*'ōnpér eisin exēgētaí*), einem (Ab-)Bild (*eikónos*) nämlich, einer Nachbildung oder Kopie des Immerseienden, Nichtwerdenden (*tò òn aeí, génesin dè ouk échon*). Diese Rede sollte nach Anrufung der Götter vornehmlich gemäß deren Geist, in zweiter Linie aber nach Anrufung unseres Vermögens (*tò d' 'ēméteron paraklētéon*) unserem menschlichen Geist gemäß verfaßt werden (*katà noũn ekeínois mèn málista, 'epoménōs dè 'ēmĩn eipeĩn*).

Als eine solche über das Nachgebildete, Reproduzierte, stellt sie selbst nur etwas Nachgeordnetes, Sekundäres, Derivatives dar, einen gebührlichen Mythos,[17] einen mutmaßlichen Bericht oder Vorschlag, eine glaubhafte (Nach-)Erzählung, Geschichte und wahrscheinliche Betrachtung oder konjekturale Spekulation – so das Bedeutungsspektrum der im Original gebrauchten Wendung *tòn eikóta mũthon* – im Modus des Annehmens, Glaubens oder (Ver-)Meinens (*pístis/dóxa*), eines Behauptens, das nicht in allem und gänzlich mit sich selbst übereinstimmt und aufs genaueste bestimmt ist (*mḕ dunatoì gignṓmetha pántēj pántōs autoùs 'eautoĩs 'omologouménous lógous kaì apēkribōménous apodoũnai*) und sich auf das Werden/Entstehen (*génesis*), das stets Werdende, niemals aber Seiende

---

16 Platon, Phaidon 61a3.

17 Einiges (sehr modern Interpretierte) zur Mythos-Auffassung Platon's bei L. Brisson / C. Jamme, Einführung in die Philosophie des Mythos, pp. 13–38.

(*tò gignómenon mèn aeí, òn dè oudépote*), das Entstehende und Vergehende, nie jedoch seinsgemäß/wirklich Seiende (*gignómenon kaì apollúmenon, óntōs dè oudépote ón*), nicht aber, wie die Rede aus der Wahrheit (*alḗtheia*), welche, soweit dies möglich ist (*kath' 'óson 'oĩón*) und den Worten zukommt (*prosḗkei lógois*), feststehend und unumstößlich (*monímous kaì ametaptṓtous*), unwiderlegbar und unbesiegbar (*anelégktois ... kaì anikḗtois*) ist, auf das Sein/Seiende (*ousía/tò ón*), Unvergängliche (*aídion*), (Gleich-)Bleibende (*tautà échon/mónimon*) und Beständige (*bébaion*) bezieht.[18]

Der Gedanke von zwei Seins- und Geltungsschichten ist bei Platon andernorts im Ausspruch von der zweiten Seefahrt (*deúteros ploũs*) artikuliert: das Seiende (*tà ónta*) unter Zufluchtnahme zu den Begriffen/Lógoi (*eis toùs lógous kataphugónta*) – jedesmal den stärksten Lógos/Satz als Hypothese voraussetzend (*kaì 'upothémenos 'ekástote lógon 'òn àn krínō errōmenéstaton eĩnai*) und den womöglich die Seele blendenden sinnlichen Anblick der Dinge vermeidend (*kaì édeisa mḕ pantápasi tḕn psuchḕn tuphlōtheíēn blépōn pròs tà prágmata toĩs ómmasi kaì 'ekástēj tõn aisthḗseōn epicheirõn 'áptesthai autõn*) – zu erforschen, um so schließlich zur eigentlichen Ursache, zum Urgrund (*aitía*),[19] dem Guten und Seinsollenden (*tò agathòn kaì déon*)[20] zu gelangen, und nicht, wie in der Naturkunde (*perì phúseōs 'istorían*), die Ursachen von jedem einzelnen zu kennen (*eidénai tàs aitías 'ekástou*).[21] Was letzteres betrifft, sollte man aber wenigstens eines zustandebringen: entweder lernen, wie es sich damit verhält, oder forschen, oder wenn das nicht möglich ist, wenigstens den besten und schwerst zu widerlegenden

18 Cf. Platon, Timaios 27c1-31b4.

19 Cf. Platon, Phaidon 99d4-100a7.

20 Cf. Platon, Phaidon 99c6.

21 Cf. Platon, Phaidon 96a7-8.

menschlichen Lógos/Satz nehmen und sich darauf wie auf einem Floß tragen lassend das Wagnis eingehen, durch das Leben zu schwimmen, wenn man nicht sicherer und gefahrloser auf einem festeren Schiff oder einem gewissermaßen göttlichen Lógos/Urteil übersetzen kann.[22] Wer nicht in der Lage ist, hierin die unmißverständliche Unterscheidung zwischen einer apriorischen (metempirischen) und einer aposteriorischen (empirischen) Erkenntnisweise feststellen zu können und, wie von vielen Universitätsprofessoren, den Verwaltern des Fachs, seit vielen Jahrzehnten diktiert und den Studierenden oktroyiert, die Transzendentalphilosophie als eine Errungenschaft ausgibt, die wir erst seit Immanuel Kant kennten, sollte sich m. E. aus der Philosophiewissenschaft verabschieden und einen bodenständigeren Beruf ergreifen.

„Die »zweite Seefahrt« hat Platon somit dahingeführt, *die Existenz zweier Ebenen des Seins* anzuerkennen: die der *Phänomene* und des Sichtbaren und die der *Metaphänomene,* die nur durch die *Logoi* zu erreichen und folglich *rein intelligibel* sind, ... So ließe sich schon jetzt der theoretische Kern der »zweiten Seefahrt« in diesem Sinne zusammenfassen: Der Übergang vom Sinnlichen zum Über-Sinnlichen, d.h. die Einführung einer nicht-physischen und daher metaphysischen Ursache, drängt sich notwendig auf, um das Sinnliche zu erklären und es von den Widersprüchen zu befreien, in die es sich verwickeln würde, bliebe es sich selbst überlassen."[23]

---

[22] Cf. Platon, Phaidon 85c7-d4: *Deĩn gàr perì autà 'én gé ti toútōn diapráxasthai, ḕ matheĩn 'ópēj échei, ḕ 'eureĩn, ḗ, ei taũta adúnaton, tòn goũn béltiston tõn anthrōpínōn lógōn labónta kaì dusexelegktótaton epì toútou ochoúmenon, 'ṓsper epì schedías kinduneúonta diapleũsai tòn bíon, ei mḗ tis dúnaito asphalésteron kaì akindunóteron epì bebaiotérou ochḗmatos, ḕ lógou theíou tinós, diaporeuthē̃nai.*

[23] G. Reale, Zu einer neuen Interpretation Platons, p. 147, cf. o.c., pp. 136-152; die Problematik von Stufen oder Ebenen des Seins, die es letztlich natürlich nicht gibt, doch zu den folgenreichsten Irreführungen

Nun könnte man vermuten, daß wie sich die Naturbeschreibung (und wohl auch der Mythos) zum begründenden Denken verhält, so das begründende Denken zur unmittelbaren Schau der Ideen, zu der sozusagen eine »dritte Seefahrt« hinführte. Stellte man sich die »zweite Seefahrt«, wie das in der neuesten Deutung schon geschah, als Einweihung vor, so erschiene sie „nun nicht mehr als das Ende der philosophischen Denkbewegung, sondern nur als Durchgangsmoment zu einer neuen, nicht-philosophischen Lösung: sie eröffnet den Zugang zur «dritten Seefahrt», die zur religiösen Erfahrung des Apollon führt."[24] Ob es sich hier um eine nicht-philosophische Lösung handelt und inwieweit es die Philo-Sophie nötig hat, ihr Ziel in das Lüften der Mysterien von Volksgöttern zu setzen oder mit dem Namen »Apollon« etwas ganz anderes zu meinen, wird später noch angesprochen werden.

Eine ähnliche Wahrheitsstufung, vielleicht die Vorgängerversion der Platonischen, liegt in den drei von Parmenides genannten Wegen der Forschung vor, dem ungangbaren, daß Nichtsein ist, dem der Meinungen der Sterblichen, die der wahren Gewißheit ermangeln, und dem der unerschütterlichen Wahrheit,[25] was wiederum mit der zu wissenden (*veditavye iti*) Unterscheidung zweier Wissensebenen oder Wissensaspekte

---

der Philosophiegeschichte gehört, indem Genesis und Geltung vermischt werden, wird uns anschließend noch beschäftigen. Meister Eckhart, Die deutschen Werke, 2.493.1–494.1 (Predigt 52: Beati pauperes spiritu, quoniam ipsorum est regnum caelorum), ein ‚platonisierender' Verkünder der christlichen Lehre, fordert uns auf, Gott zu bitten, Gottes ledig zu werden, um in den ewigen Abgrund des göttlichen Seins zu gelangen, in dem Engel, Fliege, Seele und auch Gott gleich sind.

[24] C. Schefer, Platons unsagbare Erfahrung, p. 154; o.c., pp. 136–154, stellt die Verfasserin die »zweite Seefahrt« unter der Kapitelüberschrift „3.2 Die dritte Seefahrt zu Apollon im *Phaidon*" als Einweihung dar.

[25] Cf. Parmenides B1, B6, B8 = M4, M9, M11; Clemens Alexandrinus, Stromata 5.9.59.2–6 (zu Fragment B1).

(*dve vidye*) der Upaniṣad-s wie auch immer in Zusammenhang zu bringen ist, der/dem höheren/transzendenten (*parā*) und auch (*ca-eva*) der/dem niedereren/immanenten (*aparā ca*).[26]

Der dieserart in seinem theoretischen Geltungsanspruch schillernde Bericht Platon's führt vom Ausgangspunkt eines kaum unwiderleglich bestimmbaren Beständigen auf bisweilen verschlungenen Pfaden zum Endpunkt eines ungenau unbestimmbaren Sich-Wandelnden. Allererstes ist dabei

(Υ3/⟨Υ4⟩) der nur mit Mühe auffindbare und als Aufgefundener nicht allen mitteilbare (*'eureĩn te érgon kaì 'eurónta eis pántas adúnaton légein*)[27] immerseiende Gott (*õn aeì theós*), Demiurg, Werkmeister, Urheber, Erzeuger oder Schöpfer (*dēmiourgós/poiētḗs/sunistás*), der Gute (*agathós*), Hauptursache (*'o d' áristos tõn aitíōn*), eher zu beschweigende Ursprung/Urgrund von allem (*perì 'apántōn eite archḕn ... tò nũn ou 'rētéon*), Vater des Alls (*patéra toũde toũ pantòs*) und der Götter (*patḕr theõn*), der

(Υ$\overset{\rightrightarrows}{3}$) durch Blicken (*blépōn*)

(Υ3$_2$) auf das Seiende (*tò ón*), Ewige (*tò aídion*) und Dasselbe-Bleibende (*tautà échon*), das Feststehende/Verharrende (*mónimon*) und Beständige (*bébaion*), durch Geisteinsicht Erkennbare (*nooúmenon*),

---

[26] Cf. Muṇḍaka-Upaniṣad 1.1.4, ⟨ed.⟩ J. L. Shastri, Upaniṣatsaṅgrahaḥ, p. 16. Die schwierige, hier nur angedeutete Thematik der Wissens- und Wahrheitsschichtung in grundlagentheoretischer Hinsicht im Mahāyāna-Buddhismus und von diesem übernommen im Advaita-Vedānta, füllt einen Großteil meiner fast 700-seitigen ›Widerspiegelung des Geistes I‹.

[27] Cf. J. H. M. M. Loenen, De Nous in het systeem van Plato's philosophie, p. 220: „Diese unmißverständliche Aussage tritt in ihrer Statur erst voll hervor, wenn der Demiurg tatsächlich supranoetisch/übergeistig und ineffabel/unaussprechlich ist, in der Bedeutung, die ihr die philosophische Mystik von Plotinus und vielen anderen beimaß."

	das
(ϒ3$_1$)	mit Geist, Verstand und Einsicht (*noũs/metà lógou/ pròs tò lógōj kaì phronḗsei*)
(ϒ$\overrightarrow{3}$)	und deren Erkennen (*nóēsei*) allein zu erfassen (*perilḗpton*) ist,
(ϒ2)	die Seele (*psuchḗ*) kom-poniert, die dritte, zwischen
(ϒ3$_2$)	dem unteilbaren, immer gleichbleibenden Sein/ Wesen
(ϒ1$_0$)	und der teilbaren, im Körperlichen werdenden,
(ϒ2)	aus beiden zusammenmischte/-rührte Seins-/Wesensgattung (*Tē̃s ameristou kaì aeì katà tautà echoúsēs ousías kaì tē̃s aũ perì tà sṓmata gignoménēs meristē̃s tríton ex amphoĩn en mésōj sunekerásato ousías eĩdos*), die, wenn sie mit dem durch das Zusammentreten (*sustáseōs*)
(ϒ3$_1$)	von Noũs (Geist)
⟨ϒ1$_0$⟩	und Anágkē (Notwendigkeit)
(ϒ2$_{(0)}$)	als Mischung (*memeignémē*) entstandenen All (*tò pãn*) oder körperlichen Kosmos (*kósmos sōmatoeidès*) verknüpft wird,
(ϒ2$_{(2)}$)	ein beseeltes (*émpsuchon*)
(ϒ2$_{(3)}$)	und geisterfülltes (*énnoun*)
(ϒ2)	Lebewesen (*zō̃jon*) bildet, das
(ϒ2$_{(1)}$)	durch geistlose Sinneswahrnehmung (*met' aisthḗseōs alógou*),
(ϒ2$_{(2)}$)	gepaart mit Meinung (*aũ dóxēj*),
(ϒ2)	diesen (sichtbaren Kosmos) selbst, wie auch seine Teile als das Gewordene (*genómenon*) und Werdende (*gignómenon*), das Vermeinbare (*tò … doxastón*), erkennt, während dieser wiederum
(ϒ0$_{(1-4)}$)	aus Grund-Prinzipien und Ur-Elementen (*archaí/ stoicheĩa*),
⟨ϒ'$_{1/2}$⟩	den durch ein gewisses unechtes/bastardhaftes

Überlegen/Erschließen mittels Wahrnehmungslosigkeit kaum zuverlässig/glaubhaft zu fassenden

⟨Υ½⟩ Raum (*tò tẽs chṓras aeí … met' anaisthēsías 'aptòn logismõj tini nóthōj, mógis pistón*)

(Υ0) und der Materie, i. e. Mutter und Empfangenden (*mḗtēr kaì 'upodochḗ*) wie Amme (*tithḗnen*), der umherirrenden/täuschenden Ur-Sache (*planōménē aitía*), besteht,

⟨Υ'0⟩ die irgendwie auf höchst aporetische Weise am geistig Einsehbaren teilnimmt und selbst schwerst zu fassen ist (*metalambánon dè aporṓtatá pẽj toũ noētoũ kaì dusalōtótaton autò*).[28]

Im Quellentext selbst ist eine Zusammenfassung der kosmogonischen Hauptentwicklungsschritte vorfindlich, die wie für unsere Zwecke gemacht ist, und nachdem ich in meine obige Synopse des Platonischen Schöpfungsberichts eine differenzierte, der Schultradition, so weit das möglich ist, nachempfundene Feingliederung einschrieb,[29] kann ich die Komprimierung, die Platon selbst vorlegt, anschließend in vereinfachter Zählweise der Ebenen wiedergeben, wodurch die Parallelität zur Plotinschen Hypostasendoktrin überdeutlich wird, nicht jedoch ohne gleich hier auf die Schwierigkeit betreffs des genus maximum, die sich schon in meiner Skalierung anzeigt, aufmerksam gemacht zu haben.

Zusätzlich ist zu bedenken, daß die Aufgliederung und Anordnung der Momente platon(ist)ischer BewußtSeins-Hierarchien unter der Maßgabe schematischer Einheitlichkeit für den oberen, besonders aber für den unteren Bereich ab der

---

[28] Cf. Platon, Timaios 27c1-37c5; 39e3-42e4; 47e3-53c4; 52a1-5.

[29] Originär platonistische Ausdeutungen diskutiert M. Baltes, Die Weltentstehung des platonischen Timaios nach den antiken Interpreten.

Stufe der Hervorbringung des Himmels oder Kosmos (*ouranòs – è kósmos*)[30]: Raum, Materie, Elementar-Stoffliches, Bilder von Gegenständen, die Objekte selbst, Beseeltes, Lebendiges und die dazugehörigen Erkenntnisweisen, rational kaum nachzuvollziehen und strukturell nur erahnbar ist, während es auch zu beachten gilt, daß den Apriori-Darlegungen der Prinzipien im Bereich der Notwendigkeit eine höhere Verbindlichkeit zugemessen wird als den Aposteriori-Begründungen im Bereich des Werdens oder der Sphäre von Ursache und Wirkung.[31] Das dokumentiert die Interpretationsgeschichte von ihren Anfängen an überzeugend, weshalb bei diesem Unterfangen manchmal, das sei nicht nur eingeräumt, sondern nachdrücklich betont, mit angenommenen Näherungswerten bei der Einordnung einzelner Bestandteile gearbeitet werden muß, die wenigstens einen umrißhaften Eindruck vom zugrundeliegenden Gesamtplan der Konstruktion vermitteln. Aufgrund einer methodischen Klarstellung muß an dieser Stelle ausdrücklich betont werden, daß der Begriff »Prinzip« von mir nicht nur im Platonischen Sinne verwendet wird, sondern meist für die Strukturkomponenten der Re–flexionstheorie steht.

---

30 Platon, Timaios 28b3.

31 Cf. J. Halfwassen, Der Demiurg, pp. 39–41; der im angegebenen Passus festgestellte Sachverhalt, daß der Demiurg im Text nicht unter die Prinzipien oder Gattungen gezählt werde, ausdrücklich vielmehr nur zwei Prinzipien der Weltentstehung, Geist (*noũs*) und Notwendigkeit (*anágkē*), entsprechend Aristoteles' Formal- und Materialprinzip, genannt würden – ob das hinsichtlich des gesamten framework-Aufbaus überhaupt von Bedeutung ist, sei einmal dahingestellt –, weist auf die Schwierigkeit, die Argumentationsebenen der Platonischen Philosophie: a) demiurgisch-kosmogonischer Mythos, b) prinzipientheoretische Betrachtung (Transzendentalphilosophie) und c) aitiologische Kosmologie methodisch trennscharf auseinanderzuhalten, eine Schwierigkeit, die uns folgend bei der Auslegung der pythagoreisierenden Arché-Logie weiter beschäftigen bzw. quälen wird.

(Υ$\overrightarrow{3}$) „Eben durch dergleichen Überlegung veranlaßt, zimmerte/sann
(Υ3/⟨Υ4⟩) Er nun
(Υ2/1) das All zusammen, indem
(Υ3/⟨Υ4⟩) Er
(Υ3$_1$) einerseits den Geist/Intellect (*noũs*)
(Υ2) mit der Seele (*psuchḗ*), andererseits die Seele
(Υ1) mit dem Körper (*sō̃ma*) zusammenfügte, um auf diese Weise das schönste und der Natur nach beste Werk abzuschließen. So muß man demzufolge also gemäß wahrscheinlicher Rede sagen, daß
(Υ2/1) dieser Kosmos hier
(Υ3$_2$) durch die Vorsehung/den Plan
(Υ3/⟨Υ4⟩) Gottes als ein in Wahrheit
(Υ2) beseeltes
(Υ3) und geisterfülltes/intellecthaftes
(Υ2/1) Lebewesen entstand.“[32]

Die detaillierte Ausführung dieser Kosmogonie beginnt also mit dem schwer auffindbaren, als Aufgefundenem nicht allen mitteilbaren göttlichen Urvater, Urheber und guten Gott. Man könnte nun versucht sein, diesen Guten (*agathós*) wegen seiner Verborgenheit und der Schwierigkeit, über ihn zu berichten, mit dem Guten (*agathón*) des Sonnengleichnisses gleichzusetzen und gemäß der dortigen expliziten Position jenseits des Seins (*epékeina tē̃s ousías*), also ins Nichtsein oder Übersein hinausragend (*'uperéchontos*), als Absolutes, Archḗ, Ursprung oder Urgrund von allem im ganzen, über das laut Text im

[32] Platon, Timaios 30b4–c2: *Dià dḕ tòn logismòn tónde noũn mèn en psuchē̃j, psuchḕn d' en sṓmati sunistàs tò pãn sunetektaíneto, 'ópōs 'óti kálliston eíē katà phúsin áristón te érgon apeirgasménos. 'Oútōs oũn dḕ katà lógon tòn eikóta deĩ légein tónde tòn kósmon zō̃jon émpsuchon énnoun te tē̃j alēteíaj dià tḕn toũ theoũ genésthai prónoian.*

vorliegenden Zusammenhang, und, wie gemäß Sokratisch-Platonischer Ironie weiterzudenken ist, auch sonst und überhaupt, nichts auszusagen ist (*perì 'apántōn eíte archḕn ... tò nũn ou 'rētéon*), zu verorten. „Es ist jetzt nicht zu sprechen, sei 's über das Prinzip [den Ursprung/Urgrund] von allem, sei 's über die Prinzipien/Ursprünge/Urgründe, sei 's darüber, welche Meinungen man über diese hat, und zwar wegen nichts anderem als eben der Schwierigkeit, die vorliegende Anschauung dem Aufweis/Lösungsweg angemessen zu erbringen; ihr also, habt weder die Ansicht, daß ich [darüber] sprechen darf/soll, noch daß ich mir selbst einrede, imstande zu sein, solch ein auferlegtes Werk richtig anzupacken.“[33]

Annahme in diesem Falle wäre, daß das Absolute transzendent und nur quasi-schaffend, gleichzeitig aber immanent und schaffend ist. Immanent schaffend käme ihm eine Funktion zu, die der Noũs zu erfüllen hat, nämlich den Kosmos hervorzubringen.[34] Doch hörten wir in der kürzeren Fassung des Berichts, daß der Demiurg bei seiner Weltgestaltung den Geist (*noũs*) mit der Seele (*psuchḗ*) zusammenfügte (*sunistàs*), was darauf schließen läßt, daß er dieser nicht selbst ist, und wenn doch, er als Ordner eine vor- und nachgeordnete Stellung zugleich innehaben muß. Darauf werde ich unmittelbar anschließend zurückkommen.

Die Entscheidung, welche Kategorie antike Ausdeutungen des kosmogonischen Mythos Platon's an die erste(n) Stelle(n) der Hierarchie setzten, bestimmte, so ein derzeit führender

---

33 Cf. Platon, Timaios 48c3–9: *tḕn mèn perì 'apántōn eíte archḕn eíte archàs eíte 'ópēj dokeĩ toútōn péri tò nũn ou 'rētéon, di' állo mèn oudén, dià dè tò chalepòn eĩnai katà tòn parónta trópon tẽs diexódou dēlõsai tà dokoũnta, mḗt' oũn 'umeĩs oíesthe deĩn emè légein, oút' autòs aũ peíthein emautòn eíēn àn dunatòs 'ōs orthõs egcheiroĩm' àn tosoũton epiballómenos érgon·*

34 Cf. auch Platon, Timaios 48a1–2.

Platonismus-Forscher, drei Entwicklungsrichtungen: „Man kann aus dem Fehlen des Demiurgen unter den Prinzipien der Weltentstehung nun aber unterschiedliche Schlußfolgerungen ziehen: man kann entweder schließen, (1) daß der Demiurg für Platon eine mythische Figur sei, die nur aus Darstellungsgründen (διδασκαλίας χάριν) in der Erzählung von der Weltschöpfung eingeführt werde, oder man kann schließen, (2) daß er der Sache nach mit dem Seienden, also dem Ideenkosmos identisch sei, so daß *causa formalis sive exemplaris* und *causa efficiens* der Welt für Platon zusammenfallen, oder aber (3) daß der Schöpfergott für Platon zwar eine reale und von den Ideen verschiedene metaphysische Instanz sei, die aber anders als die Ideen nicht in dialektischer Seinserkenntnis zugänglich sei, sondern sich nur in mythischer Rede erschließe. Für alle drei Deutungen lassen sich Anhaltspunkte im Text finden und alle drei werden nicht erst heute vertreten, sondern wurden schon in der Antike vorgebracht.“[35]

Von diesem (An-)Ordner, Einteiler, Zusammensetzer, Zusammenrührer, Zusammensteller, Zusammenzimmerer und Zusammensinner mit seinem ihm wesenhaft zugehörigen überblickshaften, pro-videnzbegabten und auf-sichtartigen Ersterkenntnis- respektive Erstschaffensakt (ϒ3/⟨ϒ4⟩), geht es zum durch Geist (ϒ3_1) erkennbaren und ideellen Seienden und Ewigen (ϒ3_2), zur Universalseele und deren Erkenntnisvermögen ⟨ϒ'2½⟩/(ϒ'2), dann zum Kosmos (ϒ2), bis zum kategorial nicht eigentlich bestimmbaren (fünften Element, dem) Räumlichen, a) dem Ort, an dem sich etwas befindet und dem Raum, den es einnimmt (*én tini tópōj kaì katéchon chṓran tiná*) ⟨ϒ½⟩, und zum ebenso nur unzureichend zu erfassenden irrenden Grund,

---

35 J. Halfwassen, Der Demiurg, p. 42; unter die Rubrik (1) fielen Aristoteles, und in bestimmter Hinsicht Noumenios und Porphyrios; unter (2) Xenokrates, Alkinoos/Albinus und verschiedene Neuplatoniker; unter (3) Philon von Alexandrien, Ploutarchos und Attikos (2. Jh.).

dem Empfangenden, Aufnehmenden, Materiellen (ϒ0) und seinen vier Ausprägungen, den Urelementen, Grundbestandteilen oder Buchstaben des Alls (*archaí/stoicheĩa toũ pantós*):

(ϒ0$_{(4)}$) Feuer (*pũr*),
(ϒ0$_{(3)}$) Wind/Luft (*pneũma/aḗr*),
(ϒ0$_{(2)}$) Wasser (*'údōr*)
(ϒ0$_{(1)}$) und Erde (*gẽ*).

Es ist nicht zu übersehen, daß die den hylischen Elementen zugeordnete Vierfachschichtung der zweiten innerkosmischen Schöpfung von vier Gattungen von Lebewesen (*zõja*):

(ϒ2/1$_{(4)}$) der in der Reihenfolge ihrer Nennung in abnehmendem Maße aus Feuer (*ek puròs*) gestalteten
a) Gattung der himmlischen Fixsterngötter (*ouránion theõn génos*),
b) der übrigen (traditionalen) Göttergestalten (.. *tõn állōn daimónon*) und
c) der ebensovielen Menschenseelen wie Sterne (*psuchàs isarúthmous toĩs ástrois*);

(ϒ2/1$_{(3)}$) der geflügelten, die Luft durchmessenden (*ptēnòn kaì aeropóron*);

(ϒ2/1$_{(2)}$) der sich im Wasser aufhaltenden Gattung (*énudron eĩdos*)

(ϒ2/1$_{(1)}$) und der zu Fuß gehenden, auf dem Festland (der Erde) lebenden (*pezòn dè kaì chersaĩon*),[36]

der gleichen Rasterung folgt wie das Gesamtkonstrukt und sich hierin ein pythagoreisierendes und allgemein orientalisches, ja menschheitliches Harmonieverständnis fraktaler Musterung

---

36 Cf. Platon, Timaios 39e3-40d5.

ausdrückt.

Im Rückschluß von mittel- und neuplatonischen Geistweltstufungen auf die Originallehre empfinde ich es zunächst als unangebracht, den Vater, Urheber und Guten selbst des ›Timaios‹, wie in der Forschung nicht selten geschehen, geradewegs mit dem Noũs gleichzusetzen, wie das schon Plotinos tat. „Er sagt auch, daß das Verursachende einen Vater habe, indem er das Verursachende Geist (*noũn*) nennt. Der Geist ist für ihn nämlich der Demiurg (*dēmiourgòs*). Von ihm sagt er, er erzeuge die Seele (*psuchḕn*) in jenem Mischgefäß."[37] Dieser Vorbehalt gilt in beide Richtungen: der Aufwertung des Geistes zum ur-sächlichen Gott und der Abwertung des All-Ungrundes zum bloßen, wenn auch allwissenden, Erkenntnis- und Steuerungsinstrument, wie göttlich und mit welchem Maß an Providenzfähigkeit ausgestattet es auch immer sein mag.

Ähnlich dem Brahman des Uttara-Mīmāṃsā mit seiner weltabgewandten, höchsten (*para*) Seite der Eigenschaftslosigkeit (*nirguṇa*) und der weltzugewandten niederen (*apara*) der Eigenschaftlichkeit (*saguṇa*), könnte der Platonische und platonistische Noũs-Gott also zwei Gesichter janusköpfig in sich vereinigen. Sowohl innerhalb der platonistischen als auch der Tradition des Vedānta ist die hypostatische Seins-Geist-Positionierung von Textstelle zu Textstelle zu eruieren. Es ist nämlich keinesfalls, wie heute oft als allgemeingültig hingestellt, so, daß im Hindu-Denken dem ‚introvertierten', in seiner Absolutheit verharrenden letzterkennenden ‚Ur-Subjekt' (*ātman*) und Urbewußtsein (*cit/prajñāna*), das Sein (*sat*) und ‚Ur-Objekt' (*brahman*) immer gleichgewichtig zur Seite steht, was eine

---

[37] Plotinos, Enneaden 5.1.8.4-6 § 46: *légei dè kaì t o ũ a i t í o u eĩnai p a t é r a aítion mèn tòn noũn légōn · dēmiourgòs gàr ‘o noũs autõj · toũton dé phēsi tḕn psuchḕn poieĩn èn tõj kratẽri ekeínōj ·* Mit Bezug auf die Stelle Platon, Epistula 2, 312e1-4 (deshalb die Sperrungen in der verwendeten Ausgabe), die noch zitiert werden wird.

Über- und Unterordnung nicht zuließe. Im Indien-Faszikel II/6 wird vorgeführt werden, daß erst ab einem gewissen Zeitpunkt philosophischer Progression (Regression?) eine solche Gegenüberstellung (*sat-cit*) auf Augenhöhe nachzuweisen ist.

Die Platonische Sichtweise bevorzugt in der Sphäre des Reingeistigen den Objektpol, das geistig Einseh- bzw. Erkennbare (*noētón*) als onto-gnoseo-axiologisches Maximum, auf das sich die ‚Subjekt'seite erkennenderweise (*noerón*) bezieht. Diesbezüglich wurde, gerade mit Blick auf den Neuplatonismus, „die ontologische Prävalenz und logische Priorität des Seins"[38] pointiert. Deshalb will ich an dieser Stelle einmal die meine obige Darstellung zum ›Timaios‹ selbst übermütig über den Haufen werfende Überlegung anstellen, ob nicht die unveränderliche Geistmaterie, das Seiende, Ewige, In-sich-Bleibende etc. qua Objektpol (Erkennbares), vielen antiken orientalischen Kosmogonien und den generellen platon(ist)ischen Vorstellungen vom Vorrang des Seinshaften entsprechend, noch vor oder über den Demiurgen an die erste Stelle der Gestaltungshierarchie zu setzen wäre oder beide Primäreinheiten in ihrer anfänglichen Einigkeit wenigstens eine Syzygie bilden,[39] was bei der Graduierung der Prinzipienhierarchie wieder zum Problem der

---

[38] J. Halfwassen, Geist und Selbstbewußtsein, p. 58; warum die Platonische Bevorzugung des Seins, d.h. des Objekthaften gegenüber dem Bewußtsein (Subjekthaften) nicht einleuchten mag, kann am Problem der Materie(n) abgelesen werden: auf der materiellen Ebene ist sie als Trägerin anzuschauender Dinge an unterster Stelle quasi nichtseiend, auf der noetischen qua Grund von Ideen und geistig Einsehbarem, als Seiendes, gewissermaßen aber ebenso. Nichtsein als Seinsprävalenz? Da ich die damit zusammenhängenden Unvereinbarkeiten nicht aufzulösen vermag, stellen meine diesbezüglichen Skalierungen nur Notlösungen dar.

[39] Ist die weltschöpferische Partnerschaft zwischen Noũs und der Stoffmatrix Anágkē/Materie/Raum, die A. Olerud, L'idée de macrocosmos et de microcosmos dans le Timée de Platon, pp. 100–102, 109, auf androgyne Urprinzipien der Orphik/Pythagorik zurückführt, tatsächlich erst auf der Stufe der Entfaltung des sichtbaren Kosmos angesiedelt?

Gleichordnung von Gott und Geist führte.

Wie verhält es sich nun aber mit dem Problem der Gleich- oder Ungleichrangigkeit von Absolutem/Gutem, Demiurgen/gutem Gott und Noũs/Geist? Hierzu wurden entlang der unterschiedlichen antiken Exegesen in der modernen Philosophiewissenschaft schon einige plausible Lösungen vorgeschlagen. Davon soll zunächst eine exemplarisch herausgegriffen werden, und zwar die, daß der Demiurg mit dem Noũs (zumindest hinsichtlich seines ontologischen Status) zu identifizieren sei und nicht nur über diesen verfüge, zumindest wenn man annimmt, daß die mythische und rationale, logoshafte Darstellungsweise nicht zu vermischen sei und die These mit Hilfe der mythischen begründet wird. In diesem Falle sei anzunehmen, daß man den Demiurgen „als »ineffabelen, supranoetischen, transzendenten« Gott auffassen muß (so Loenen, S. 26 u. 219).“[40] Diese Annahme würde selbstverständlich am besten in unsere Quadrupel-Schematik passen, die Sachlage ist jedoch komplizierter.

Elegant ist die schon im Altertum von dem Mittelplatoniker und/oder Neupythagoreer Noumenios aus Apameia vorgeschlagene Lösung, zwischen dem im ›Timaios‹ genannten, schwer ausfindig zu machenden Schöpfer und Vater dieses Alls, der als den (Normal-)Menschen gänzlich Unbekannter/Unerkennbarer (*pantápasin agnooúmenon*), Gutes (*agathón*) und An-sich-Sein/Selbstsein (*autoón*) an die erste Stelle, die

---

40 G. Jäger, „NUS“ in Platons Dialogen, p. 124[570], cf. o.c., pp. 123[569]-124; die Noten sind als Bestreitung von J. H. M. M. Loenen, De Nous in het systeem von Plato's philosophie, gemeint, der den Platonischen Guten Gott ins Transzendente hinaushebt, wobei er o.c., pp. 106-119, 217-226, 232-237; englische Zusammenfassung: 272, 275-276; französische Zusammenfassung: 280, 283-284, einige Argumente für die Transzendenz-Interpretation des „Guten“ der ›Politeia‹ und „Guten Gottes“ des ›Timaios‹ liefert; Gegenargumente bei J. Halfwassen, Der Demiurg, pp. 44-50.

Stelle des Ersten Geistes, zu setzen ist, und dem an die nächste Stelle zu placierenden Demiurgen als zweitem Geist zu unterscheiden.[41] Dieser Vorschlag könnte der Struktur der Urprinzipien nach auch aus Indien, genauer gesagt, aus dem Vedānta stammen. In jedem Falle ist bei der Komparation geisttheoretischer Anfangsgründe ihr Grad in der Rangfolge der jeweiligen Systeme kontextuell genauestens ausfindig zu machen, wodurch die Schwierigkeit entsteht, hinsichtlich der Einschätzung des Gesamtwerks eines Philosophen oder einer ganzen Schulrichtung der Philosophie aus einer Mehrzahl von Bedeutungsmöglichkeiten die je relevanten und konsistenten Bezüge auszufiltern.

Gemäß re-flexionsstruktureller Überlegungen scheint mir eine Interpretation am smartesten zu sein, die den göttlichen Handwerker in den Bereich des Geistes u n d des intelligiblen Seienden einordnet.[42] Aufgrund seines Tätigkeitsaspekts und der Unteraspekte seiner Art des Tätigseins in noetischer Hinsicht entspricht das der Noũs-Lehre von Plotin. Deshalb drückte ich gegenüber seiner oben zitierten Aussage zur Identifikation von Geist und Demiurg mit »zunächst« und »geradewegs« einen Vorbehalt aus und erlegte mir eine Bedenkzeit auf.

Innerhalb meiner strukturtheoretischen Betrachtungen ist hier jedoch eine Spezifizierung anzubringen, denn im Kontext des ›Timaios‹ spielt der Demiurg sehr wohl die Hauptrolle, indem er (auch) das Ganze, Umfassende der Ideenwelt und somit Vollkommenste repräsentiert.[43] Insoweit kann ihm funktional und gemäß den Bildeprinzipien unserer Vierfachschemata (wovon noch zu reden sein wird) ein eigener Platz und

---

[41] Cf. Noumenios 17; 21, ⟨ed./tr.⟩ É. des Places, pp. 58; 60; dazu J. Halfwassen, Geist und Selbstbewußtsein, p. 48.

[42] Diskussion bei J. Halfwassen, Der Demiurg, pp. 50-62.

[43] Cf. J. Halfwassen, Der Demiurg, pp. 50-52.

Skalenwert eingeräumt werden. Um dies zu verdeutlichen, verwende ich eine doppelte Skalierung. Mit (Υ3) soll die Ebene des Intellects/Intelligiblen, mit ⟨Υ4⟩, zur Verdeutlichung des Sonderstatus eigens zwischen spitzen Klammern, die Quasi-Funktion des höchsten Prinzips als deren Gesamtheit und Einheit angezeigt werden.

Erhärtet wird diese Vorgehensweise durch den Tatbestand, daß sowohl im »Liniengleichnis« als auch bei der folgend noch vorgestellten Tetraktys der Seinsgattungen des ›Philebos‹ wie vermutlich ebenso in der »Ungeschriebenen Lehre« der oberste Wert dem Geist bzw. der Ursache zukommt, was mit deren monadischen Charakter zu tun haben dürfte. Doch kann man annehmen, daß diese Einheit nicht als Einheit selbst, sondern als Idee der Einheit des Seins zu verstehen ist, der ersten der Tetraktys von Idealzahlen der reingeistigen Sphäre.[44] Die Stufung erfolgte demnach aus verschiedenen Blickwinkeln, einmal vom Transzendent-Einen, andermal vom Immanent-Einen aus. Den jeweiligen Argumentationszusammenhang für sich betrachtet, haben sie hierarchiestrukturell einen nahezu analogen Leistungssinn, woraus sich meine Skalierung erklärt.

In ebensolcher Weise werde ich beim gleich gelagerten Problem der Aristotelischen und dem ähnlich gelagerten Problem der Geistlehre des Mittelplatonismus samt artverwandten Lehren in einem späteren Faszikel verfahren. Damit soll nicht suggeriert werden, daß sie absolut stimmig sind, sehr wohl aber möchte ich damit erweisen, daß sie Vergleichbares zu leisten haben, nämlich qua genera maxima die jeweiligen Kategoriengefüge abzuschließen. Ob dieses Schließen nichts als ein Verschließen (geschlossenes System/Dogmatik / skr. *darśana/dṛṣṭi*) oder darüber hinaus auch ein Aufschließen (sich öffnende Systematik/Deiktik / skr. *upadeśa/diṣṭi*) ist, das hängt natürlich

[44] Cf. J. Halfwassen, Der Demiurg, p. 61, unter Heranziehung von Aristoteles, De anima 404^{b}16–27.

von den inhaltlichen Bestimmungen des obersten Genus ab, die ich keinesfalls versäume zu liefern.

Erwägungen zu der Problematik, die unter dem noologischen Aspekt der Relation zwischen Erkenntnissubjekt und Erkenntnisobjekt(en) = Idee(n) angestellt wurden, adjektivisch in dem platonistischen Begriffspaar intellectiv-intelligibel (*noerón-noētón*) gefaßt, führten auch schon zu dem Resultat, daß sich die divergierenden Standpunkte, die sich im Laufe der diesbezüglichen Entwicklung der Lehre herauskristallisierten, auf die uneindeutigen, ja widersprüchlichen Aussagen dazu in Platon's Werken selbst zurückführen lassen.[45] Wie man nun gewisse Schwankungen und Mehrdeutigkeiten in den Originaldarstellungen deutet: unterweisungsspezifisch als psychagogischen Kunstgriff, literaturwissenschaftlich als künstlerische Freiheit des Autors, biographisch oder werkhistorisch als geistigen Entwicklungs- und Meinungsfindungsprozeß, epistemologisch als sachliche Ungenauigkeiten, doxographisch oder kohärenztheoretisch als in einem arithmetischen Mittelwert auszugleichende Abweichungen oder, wie das für dieses mehrteilige Buch von mir generell gefordert wird, strukturphilosophisch als dynamische Manifestationen des Geistes, welche Gründe für die Oszillationen und Ambiguitäten auch immer vorgebracht werden mögen, das ist Ausdruck des jeweiligen Philosophieverständnisses, das man an diesen Sachverhalt heranträgt. Nur das letztere hat jedoch eine definitive Antwort, und das gerade, ohne die anderen ausschließen zu müssen.

Nebenbei darf ich noch erwähnen, daß im ›Timaios‹ bei der Formung der Weltseele (*psuchḗ*) das Chi (Χ), ein tetradisches Gebilde, ins Spiel gebracht wird.[46] Auch wenn dieses

---

[45] So J. Pépin, Éléments pour une histoire de la relation entre l'intelligence et l'intelligible chez Platon et dans le néoplatonisme, insbesondere pp. 40-44, zu Passus bei Platon selbst.

[46] Cf. Platon, Timaios 34a9-36d7.

Mythologem astronomisch, als das sich kreuzförmige Schneiden von Ekliptik und Himmelsäquator zu erklären sein sollte und über die Pythagoreer bis auf den Alten Orient zurückgehen dürfte, muß die Frage nach einer tieferen geistigen Bedeutung des Bildes erlaubt sein. So brachte es schon der frühe Kirchenvater Iustinus der Märtyrer (ca. 100-165) mit der christlichen Gottesvorstellung in Verbindung: die Weltseele des ›Timaios‹ mit dem Sohn Gottes und das Chi mit dem Kreuz Christi.[47] Schriftgeschichtliche Anhaltspunkte sprechen, das noch zur Ergänzung, für die Ableitung der Ziffer 4 aus der Kreuzform *X*.[48] Im Kontext solcher Vier(tel)ungen müßte der Svastika (Wortbildung aus skr. *su* = gr. *eũ*, dt. gut, wohl, recht und skr. *asti* = gr. *estí*, dt. ist: Symbol des Glücks, im Deutschen heute mit Hakenkreuz übersetzt und mit den fürchterlichsten ‚Assoziationen' eines zwölfjährigen [‚tausendjährigen'] Abschnitts deutscher Geschichte besetzt) erst noch einer ideologiefreien, geisttheoretisch orientierten Symbolforschung unterzogen werden. Leider wird dies wegen der unseligen ariertümelnden Aufladung, die diesem von den Anfängen dokumentierter Kulturgeschichte an über den gesamten Erdball verbreiteten Ursymbol der Menschheit[49] widerfuhr und der Gegenreaktion seiner Tabuisierung in der Bundesrepublik Deutschland derzeit und in nächster Zukunft nicht durchführbar sein. „Seine hypnotische Verwendung durch die Nazis ist

---

[47] Cf. K. Schreiner, Abecedarium, pp. 152-154.

[48] Cf. A. K. Coomaraswamy, Selected Papers, 2.227 (*Kha* and Other Words Denoting "Zero," in Connection with the Indian Metaphysics of Space).

[49] Überblick zu diesem Themengebiet ganz allgemein: T. Wilson, The Swastika. The Earliest Known Symbol and its Migrations; in religiöser Hinsicht: W. Hayes, The Swastika. A Study in Comparative Religion. Eine Literaturliste dazu liefert J. Choain, Introduction au Yi King, pp. 265-266.

ein fürchterlicher Betrug an einem Kulturschatz, der der ganzen Menschheit gehört."[50]

Aus exakt diesem Grund ist es mir, einem sich in der BRD Aufhaltenden, auch nicht möglich, meine Ausführungen zur tetradischen Kognitionsstruktur mit den ihnen gemäßesten, damit bisher noch nie in Verbindung gebrachen Verbildlichungen, den mannigfachen, in nahezu allen Kulturen und zu allen Epochen nachweisbaren Varianten des Svastika's, zu veranschaulichen. Was für ein Schaden für die holistisch verfahrende Philosophie, die alle Wesensaspekte des Menschen anrühren will! Anstelle dessen füge ich anschließend die Nicht-Abbildung eines chinesischen, auf den polaren Gegensatzpaaren von Yīn (陰) und Yáng (陽), deren Strichdarstellung (爻 *yáo*): -- und — und den daraus gebildeten (acht) Trigrammen (八卦 *bā guà*) des ›Yì-jīng‹ basierenden Svastika's (chin. 卍 [Unicode Nr. 5350] *wàn* oder 卐 [Unicode Nr. 534D] *wàn*) ein,[51] welches bestätigt, daß dieses Symbol verschiedene Proportionen des Wirklichen und Geistigen nicht nur, wie bekannt sein dürfte, in Indien, sondern in allen Erdregionen, mit ihren verschiedenen Kulturtraditionen, darstellt.

---

[50] J. Choain, Introduction au Yi King, p. 212.

[51] Cf. J. Choain, Introduction au Yi King, pp. 113, 142–147, 208–220.

CHINESISCHES YĪN-YÁNG BĀ-GUÀ WÀN（陰陽八卦卍）
(J. Choain)

Ebenso wie das kosmische Modell des ›Timaios‹ bewegt sich der gleichfalls der spätesten Schaffensphase zugehörige Versuch des ›Philebos‹, die Bestandteile der Wirklichkeit prinzipientheoretisch in Form einer Tetraktys zu explizieren, im Umkreis des Pythagoreismus:

(Υ3$_1$)[Υ0]{Υ0} Unbegrenztes (*ápeiron*), Zerstreutes und Zerrissenes (*diéspastai kaì diéschistai*)[52];

(Υ3$_2$)[Υ3]{Υ2} Grenze (*péras*), Gleiches, Gleichheit, Zweifaches, Zahl im Verhältnis zu Zahl, Maß gegenüber Maß (*tò íson kaì isótēta … tò diplásion … pròs arithmòn arithmòs è métron ē̃j pròs métron*)[53];

(Υ3)[Υ2]{Υ3} Gemeinsames (*koinón*), aus beidem Gemischtes (*meiktón*) und als eins gesetztes Produkt dieser (*'én toũto tithénta tò toútōn ékgonon 'ápan*); gemischtes und entstandenes Sein/Wesen (*meiktēn kaì gegnēménēn ousían*), unter den vieren drittes genannt (*tō̃n tettárōn tríton elégomen*)[54]; dieser Gattung werden auch Wohlergehen/Gesundheit und Harmonie zugerechnet (*en 'ō̃j kaì 'ugíeian, oĩmai dè kaì 'armonían, etítheso*)[55];

(Υ4) Ursächliches/Grund (*aitía/aítion*), Bewirkendes (*poioũn*), Weisheit (*sophía*), Geist (*noũs*), bzw. wahrhafter und göttlicher Geist (*alēthinòn 'áma kaì theĩon .. noũn*), Viertes (*tétarton*), d.h. viertes Genus (*Tetártou moi génous aũ*

[52] Cf. Platon, Philebos 25a3.

[53] Cf. Platon, Philebos 25a8-b1.

[54] Cf. Platon, Philebos 31c8-9; 27b8-9.

[55] Cf. Platon, Philebos 31c10-11.

prosdeĩn phaínetai);[56]

⟨Y5⟩[ϒ2½] ein eventuelles (*Tách' án*) fünftes (*pémptou*), das die Aufteilung ermöglicht (*diákrisín tinos dunaménou*).[57]

Aus der Anwendung des Prinzipienschemas auf die Seele gemäß deren Lustempfinden (*'ēdonḗ*) und Geist/Einsicht/Wissen (*noũs/phrónēsis/epistḗmē*) ergibt sich folgende Akoluthie der Lebensformen (*bíoi*):

(ϒ1) Lust (*'ēdonḗ*) ohne Geist/Einsicht/Wissen (*noũs/phrónēsis/*

[56] Ausführung in Platon, Philebos 16c5-17a5; 22c5-6; 23c1-27d11; 30a9-31b8; idem, Timaios 50c6-51b6. Einiges zu den inhaltlichen Bestimmungen der Prinzipien bei P. Wilpert, Eine Elementenlehre im Platonischen Philebos. Dem Vierten oder vierten Genus bei Platon als Einheitsprinzip entspricht im Pythagoreismus in etwa die Monas, im Vedānta das Eine (*eka*) oder Nicht-Zweiheitliche (*advaita*).

[57] Cf. Platon, Philebos 23d10-11; die Stelle Aristoteles, Metaphysica 986^{a}15-21, auf die vom Bearbeiter der verwendeten Platon-Ausgabe hingewiesen wird, liefert m.E. keine Erhellung dessen, was unter der fünften Gattung verstanden werden soll, da der Passus in der ›Metaphysik‹ selbst nicht klar ist; er könnte darauf deuten, daß damit der Himmel (*ouranós*) ⟨ϒ2½⟩ gemeint ist, aus dem die manifesten Trennungen hervorgehen; ich erkühne mich vorzuschlagen, die Allgemeinheit dieser Aussage im ›Philebos‹ einmal darauf zu untersuchen, ob hier nicht das allen Aufteilungen in Prinzipien (Gattungen) vorausgehende Un-Urgrundprinzip ⟨Y5⟩ gemeint sein könnte, wie es m.E. in Damaskios, De principiis, ⟨ed.⟩ L. G. Westerink, 1.84.17-18 = ⟨ed.⟩ C. É. Ruelle, 1.56, mit der Überunerkennbarkeit (*'uperágnoia*) gegeben ist, in welcher weder erkannt noch nicht erkannt (*oúte gignṓskein oúte agnoeĩn*) wird; zu letzterer Thematik, die einen wichtigen Aspekt der »Strukturtheorie der Re-flexion« darstellt und im Band I der ›Widerspiegelung des Geistes‹ mit dem Skalenwert (λ_5) versehen als Komponente der Gesamtsystematik erklärt wurde, werde ich, so es mir vergönnt ist, in einem Bändchen, der ›Widerspiegelung des Geistes III‹, zu welchem ich bereits eine Materialsammlung erarbeitete, eine Anthologie aus verschiedenen philosophischen Traditionen vorlegen; eine erste Übersicht dazu im indisch-europäischen Gegenüber gebe ich in H. P. Sturm, Weder Sein noch Nichtsein, pp. 231-244.

epistḗmē), hinter der dritten Stelle stehend (*porrōtérō d' estì tō̃n triteíō̃n*)[58];

(Υ2) Geist/Einsicht – der Ursache verwandt und in etwa von besagter Gattung (*'oti noũs mèn aitías ẽ̄n suggenẽ̀s kaì toútou schedòn toũ génous*)[59]– ohne Lust;

(Υ3) ein Drittes, anderes als diese, beiden Überlegenes (*tríton, 'éteron mèn toútōn, ámeinon dè amphoĩn*),[60] eine aus beiden bestehende, gemischte, gemeinsam gewordene (*'o sunamphóteros, ..., ex amphoĩn summeichtheìs koinòs genómenos*)[61], in welcher gemeinsamen Gattung Leid und Freud' naturgemäß zugleich zu entstehen scheinen (*En tō̃j koinō̃j moi génei 'áma phaínesthon lúpē te kaí 'ēdonḕ gígnesthai katà phúsin.*);[62] diese dritte Gattung ist nicht aus irgendwelchen zweien gemischt, sondern besteht aus dem Gesamt des durch die Begrenzung gebundenen Unbegrenzten (*ou gàr 'o duoĩn tinoĩn esti meiktòn ekeĩno, allà sumpántōn tō̃n apeírōn 'upò toũ pératos dedeménōn*);[63] ihre Beschaffenheit (*'éxin*) läßt weder Schmerz durch Zerstörung noch Freude/Lust durch Wiederherstellung (*tō̃n mḗte diaphtheiroménōn mḗte anasō̃jzoménōn ennoḗsōmen péri*) aufkommen und ist ein Lebewesen (*zō̃jon*), dessen Geist, dem zugewandt (*ennoḗsōmen perì*),

⟨Υ'4⟩ weder irgend leiden noch sich freuen kann, weder stark noch schwach (*mḗte ti lupeĩsthai mḗte 'ḗdesthai mḗte*

58 Cf. Platon, Philebos 22e3.

59 Cf. Platon, Philebos 31a7-8.

60 Cf. Platon, Philebos 20b8-9.

61 Cf. Platon, Philebos 22a1-2.

62 Cf. Platon, Philebos 31c2-3.

63 Cf. Platon, Philebos 27d8-9.

méga mēte smikrón),[64] was eigentlich die göttlichste Lebensweise darstellt (*pántōn tōn bíōn estì theiótatos*): sich weder zu freuen noch betrübt zu sein (*mè chaírein mēdé lupeīsthai*), weder Freuen noch das Gegenteil (*oúte chaírein theoùs oúte tò enantíon*)[65], wobei der in der Seele (*psuchḗ*) wohnende Geist (*noūs*) und die Weisheit (*sophía*)[66]

(Υ4) dem Guten (*agathón*), Vollendeten (*teleṓtaton*), Hinreichenden (*'ikanón*),[67] wie wahrhaften, göttlichen Geist (*alēthinòn 'áma kaì theīon .. noūn*)[68] näherstehen und ähnlicher sind.[69]

Der Charakterisierung dieser Lebensweise (*bíos*) jenseits von Leid und Freud, der höchsten, gottähnlich-geistigen, wird in einem früheren Textabschnitt des Dialogs verblüffenderweise ein nahezu identisch beschriebener Bíos gegenübergestellt und abgelehnt, indem der Interlocutor auf Sokrates' Frage, ob jemand mit Einsicht, Geist, Wissen und Gedächtnis leben wolle, Lust aber weder stark noch schwach (*'ēdonēs dè metéchōn mēte méga mēte smikrón*), ebenso auch keinen Schmerz (*mēd' aū lúpēs*) empfände, sondern demgegenüber völlig leid(enschafts)los (*apathès*) wäre, dies als nicht gut und somit nicht erwählenswürdig (deontische Perspektive) verneint, und Sokrates dann die gemischte Lebensform vorschlägt, die als wünschenswert

[64] Cf. Platon, Philebos 32d9-e7; 55a6-8.

[65] Cf. Platon, Philebos 33a1-c4.

[66] Cf. Platon, Philebos 30c9-10.

[67] Cf. Platon, Philebos 20d1-11.

[68] Cf. Platon, Philebos 22c3-9.

[69] Die Hauptgedanken zu den drei Lebensformen in pythagoreisierender Darstellungsweise sind ausgeführt in Platon, Philebos 20d1-4, 21d9-23b10.

bejaht wird.[70]

Die Sachlage wird noch komplizierter, wenn man die Ápeiron-Péras-Meiktón-Gliederung im ›Timaios‹ hinzuzieht, die davon abweichend nicht zur Untergliederung der Lebensweise, sondern der Seele des Kosmos (*psuchḗ*) dient (an der alle anderen Lebewesen teilhaben), und das zudem in abweichender Rangfolge. Die Einteilung besteht zwar auch darin aus drei Gattungen, dem Unteilbaren (*ameristou*), ewig dasselbe bleibenden Sein (*kaì aeì katà tautà echoúsēs ousías*) oder Selben (*tautoũ phúseōs*) (Υ3), dem Anderen (*toũ 'etérou*), Teilbaren (*meristoũ*) (Υ1) und einer dritten, aus beiden zusammengerührten (*tríton ex amphoĩn en mésōj sunekerásato*) (Υ2), doch setzt er letztere in die Mitte zwischen die beiden anderen, das Unteilbare und das zufolge des Körperlichen Teilbare (*en mésōj toũ te ameroũs autõn kaì toũ katà tà sṓmata meristoũ*).[71]

Einige Textpassagen weiter erfahren wir dann, daß den inkarnierten Seelen erstens aufgrund gewaltsamer Eindrücke (*pathḗmata*) auf den Körper alle die gleiche Art Sinneswahrnehmung (*aísthēsin*) (Υ10), zweitens aus Lust und Schmerz gemischte Liebe (*'ēdonẽj kaì lúpēj memeigménon érōta*) (Υ11) eingeboren werde, außer diesen Furcht und Zorn (*phóbon kaì thumòn*) wie das mit diesem Einhergehende (*'epómena autoĩs*) und das von irgend gegensätzlicher und unterschiedlicher Beschaffenheit (*'opósa enantíōs péphuke diestēkóta*) (Υ2); die Seele, welche das Körperliche durch Verstand/Lógos überwunden habe (*lógōj kratḗssas*), kehre aber zur Idealform des ersten und

---

70 Cf. Platon, Philebos 21d9–e7: *Eí tis déxait' àn aũ zẽn 'ēmõn phrónēsin mèn kaì noũn kaì epistḗmēn kaì mnḗmēn pãsan pántōn kektēménos, 'ēdonẽs dè metéchōn mḗte méga mḗte smikrón, mēd' aũ lúpēs, allà tò parápan apathḕs pántōn tõn toioútōn. Oudéteros 'o bíos, õ Sṓkrates, émoige toútōn 'airetós, oud' állōj mḗ pote, 'ōs egõjmai, phanẽj. Tí d' 'o sunamphóteros, õ Prṓtarche, ex amphoĩn summeichtheìs koinòs genómenos;*

71 Cf. Platon, Timaios 35a1–8.

edelsten Zustands zurück (ϒ3).[72] Das entspräche, das Sensuale einmal beiseite gelassen, interessanterweise der Seelenteilung, wie sie in der ›Politeia‹ vorliegt: das Unteilbare korrelierte mit dem Verstandeshaften (*logistikón*) (ϒ3), das Teilbare mit dem Leidenschaftlichen (*epithumētikón*) (ϒ1) und das Mittlere mit dem Antreibend-Muthaften (*thumoeidés*) (ϒ2).[73]

Nehmen wir diese beiden Stellen des ›Timaios‹ wörtlich, bei der ersten die Mittelstellung des Gemischten, d.h. eine Höherwertigkeit (*ámeinon dè amphoĩn*) ist nicht, wie im ›Philebos‹ gegeben, bei der zweiten die Parallelität zu anderen Platonischen Reihen- bzw. Stufenfolgen, die den Schluß zuläßt, daß im ›Timaios‹ das übliche Schema zur Anwendung kommt und die Einteilungen aufeinander abgestimmt sind, dann liegt hier eine Ungenauigkeit oder Schwankung vor, die ich, so ich nicht insgesamt irre, nicht zu erklären weiß.

Zu erwähnen gilt es noch, daß dem Text gemäß erst dann, wenn die schwer mischbare Natur des Anderen (*tḕn thatérou phúsin dúsmeikton oũsan*) mit dem Selben (*eis tautòn*) gewaltsam zusammengefügt/harmonisiert ist (*sunarmóttōn biaj*) und die drei (*tría*) mit dem Sein zu einer ganzen Gestalt/Idee zusammengerührt sind (*autà ónta sunekerásato eis mían pánta idéan*), die Erschaffung der Seele als solcher vollbracht ist, daß aber bei allen weiteren Teilungen die gleiche schematische Mischung aus dem Selben (*ék te tautoũ*), dem Anderen (*kaì thatérou*) und dem Sein (*kaì tẽs ousías memeigménēn*) vorgenommen

---

[72] Cf. Platon, Timaios 42a3–b2 … d1–2: *'Opóte dḕ sṓmasin emphuteutheĩen ex anágkēs, kaì tò mèn prosíoi, tò d' apíoi toũ sṓmatos autõn, prõton mèn aísthēsin anagkaĩon eíē mían pãsin ek biaíōn pathēmátōn súmphuton gígnesthai, deúteron dè 'ēdonẽj kaì lúpēj memeigménon érōta, pròs dè toútois phóbon kaì thumòn 'ósa te 'epómena autoĩs kaì 'opósa enantíōs péphuke diestēkóta. … lógōj kratḗsas eis tò tẽs prṓtēs kaì arístēs aphíkoito eĩdos 'éxeōs.*

[73] Cf. Platon, Politeia, 435a–441c; ca. 413d–444a; 580d–583a; 588b–589b (592b).

wird,[74] was sowohl heißt, daß alles Entstandene einem fraktalen Muster gemäß aufgebaut ist, als auch daß die Gattungen oder Idealtypen an sich überhaupt kein Sein besitzen, daß sie gar nicht existieren, sondern nur Strukturkomponenten darstellen, die jegliches Seiende oder einzelne konstituieren bzw. nach denen dieses zu (re-)konstruieren ist. Danach ist alles, was ist, eins und vieles. Die Konstruktionsprinzipien als gedachte (und insofern seiende, vergegenständlichte, als Gedankenobjekte) sind qua Selbstinklusion davon anscheinend nicht ausgenommen: „Zuerst einmal wollen wir von den vier [Gattungen] drei wegnehmen und, indem wir zwei davon [sc. das Unbegrenzte und die Grenze] in vieles zerspalten und zerrissen sehen, versuchen, beide wieder zu einem zusammenzufügen, um zu erkennen, wie denn jedes dieser beiden eins und vieles war."[75]

Sollte eine solche Definition von Irgend-Etwas und Jeglichem im Werk Platon's etwas Besonderes oder gar Neues sein? Mitnichten! Finden wir im ›Staat‹ strukturell und bisweilen bis in die verwendete Begrifflichkeit hinein doch Analoges, mit zwei kleinen Unterschieden allerdings, der Verwendung noch deutlicherer Kategorien und einer konsequenteren Argumentation und Artikulation, die keine noch so unterschwelligen ontogenealogischen Anspielungen von seiten des Meisters erkennen lassen. Danach liegen die dem Erkenntnisvermögen des Meinens oder Vorstellens (*dóxa*) erscheinenden Ob-jekte, Gemeintes oder Vorgestelltes (*doxastón*), d.h. sinnlich oder seelisch

---

[74] Cf. Platon, Timaios 35a6-b3; auf die verschiedenen Einteilungsschemata Platon's werde ich im Kapitel 6 von Faszikel II/6 im Kontext von Klassifikationen der Hindu-Philosophie zurückkommen.

[75] Platon, Philebos 23e3-6: *Prõton mèn dè tõn tettárōn tà tría dielómenoi, tà dúo toútōn peirõmetha, pollà ʻekáteron eschisménon kaì diespasménon idóntes, eis ʻén pálin ʻekáteron sunagagóntes, noẽsai pẽj pote ẽn autõn ʻèn kaì pollà ʻekáteron.* Meine Erläuterungen in eckigen Klammern. Die zwei sind, wie aus o.c. 24a1-2, hervorgeht, das Unbegrenzte (*ápeiron*) und das Grenzen Habende (*péras échon*), das Begrenzte also.

Wahrgenommenes, Gegenständliches in seinen kognitiv-volitional-affektiven Repräsentanten, Bewußtseinsinhalte, Relatives, Vieles, Quantitables also (hier eine Auswahl einiger im Werk vorfindlicher Gegensatzpaare) – Schönes–Häßliches (*kalá–aischrá*), Gerechtes–Ungerechtes (*díkaia–ádika*), Heiliges–Unheiliges (*'ósia–anósia*), Eines–Vieles (*'én–pollá*), Doppeltes–Halbes (*diplásia–'ēmísea*), Großes–Kleines (*megála–smikrá*), Leichtes–Schweres (*koũpha–baréa*) – bei Platon bekanntlich „in der Mitte zwischen lauter Seiendem (Υ1) und gänzlich Nichtseiendem (Υ2), … hat Anteil an beidem, am Sein und Nichtsein (Υ3), und darf richtigerweise keines von beiden lupenrein genannt werden (Υ4).“[76] „Jedes einzelne also des Vielen, ist es denn eher als es nicht ist (*Póteron oũn ésti mãllon ẽ ouk éstin*) das (*toũto*), was irgendwer sagen könnte, daß es ist? … Dieses ist nämlich zwei-/mehrdeutig/neutral [Oder: Dieses steht nämlich in der Mitte zwischen mehrerem/beidem] (*epamphoterízein*) und es kann von keinem desselben mit Bestimmtheit gedacht werden: weder Sein (*oút' eĩnai*) (-Υ1) noch Nichtsein (*oúte mẽ eĩnai*) (-Υ2), noch beides (*oúte amphótera*) (-Υ3), noch keines von beiden (*oúte oudéteron*) (-Υ4).“[77]

---

[76] Platon, Politeia 478d1-e7: *metaxù keĩsthai toũ eilikrinõs óntos te kaì pántōs mẽ óntos … tò amphotérōn metéchon, toũ eĩnai te kaì mẽ eĩnai, kaì oudéteron eilikrinès orthõs àn prosagoreuómenon.*

[77] Cf. Platon, Politeia 479b9-c5: *Póteron oũn ésti mãllon ẽ ouk éstin 'ékaston tõn pollõn toũto 'ò án tis phẽj autò eĩnai; … kaì gàr taũta epamphoterízein, kaì oút' eĩnai oúte mẽ eĩnai oudèn autõn dunatòn pagíōs noẽsai, oúte amphótera oúte oudéteron.* Alternative (hilfsverbale) Übersetzung der entscheidenden Aussage: „… Dieses ist nämlich zwei-/mehrdeutig/neutral [Oder: Dieses steht nämlich in der Mitte zwischen mehrerem/beidem] und es kann von keinem desselben mit Bestimmtheit gedacht werden: weder daß es ist (*oút' eĩnai*) (-Υ1) noch daß es nicht ist (*oúte mẽ eĩnai*) (-Υ2), noch beides (*oúte amphótera*) (-Υ3), noch keines von beiden (*oúte oudéteron*) (-Υ4).“ J.-P. Dumont, Οὐδὲν μᾶλλον chez Platon, p. 32, hat zwar den Zusammenhang zwischen dem »nicht eher« (*ou(dèn) mãllon*) in der von Platon, Politeia 479b9-10, gestellten Frage und der

Angesichts dieser Tatraktystik in der sich der Begründungsproblematik voll bewußten Philosophie der Stiftungszeit griechischer Metaphysik kann nicht mehr daran gezweifelt werden, daß Platon den Zusammenhang zwischen der Re–flexionsstruktur und deren Artikulationsformel(n), die jedem Bewußtseinsakt inhärieren,

(Υ1) Sensuales – Position,
(Υ2) Mentales – Negation,
(Υ3) Intellectuales – Sowohl-Position–Als-auch-Negation,
(Υ4) Supra-Essentiales – Weder-Position–Noch-Negation,

wenigstens erahnte. Obzwar ich in mehreren meiner Werke akribisch aus den Originalen dokumentiert darauf aufmerksam machte,[78] verhallte meine diesbezüglich Entdeckung bisher ungehört. Ob der Wichtigkeit dieses Sachverhalts, der bedenklichen Tatsache, daß er in der einschlägigen Forschung bisher übergangen wurde, der durchgängigen Weigerung von Fachgelehrten, diesen trotz meiner schon vor mehr als zwanzig Jahren zum ersten Mal vorgelegten Darstellung und in manchen

---

Pyrrhonschen Formel der Vierfach-Unbestimmtheit, überliefert bei Eusebeios, Praeparatio evangelica 14.18.2-4 (758c-d) ... 14.18.7 (759b-c) ≈ ⟨ed./tr.⟩ F. Decleva Caizzi, Pirrone Testimonianze 53 (aus Aristokles), pp. 54-55, bemerkt, doch nicht erkannt, daß damit der hier vorgestellte positive wie negative Thesenvierkant zu verbinden ist und der skeptischen Formel, die in der Forschung schon öfters (höchstwahrscheinlich fälschlicherweise) als von der indischen (mahāyānistischen) *catuṣkoṭi* (Thesenvierkant) herstammend postuliert wurde, Pate gestanden haben dürfte. Auch in D. A. Dilworth, Nāgārjuna's *catuṣkoṭikā* and Plato's *Parmenides,* kommt das Platonische Tetralemma der ›Politeia‹ nicht vor, was ob des direkten thematischen Bezugs auf den Thesenvierkant des Madhyamaka ein bezeichnendes Licht auf den Zustand der diesbezüglich ‚führenden' Forschung wirft.

[78] Cf. H. P. Sturm, Die vier Stadien des Ent–Setzens, pp. 435-437; idem, Weder Sein noch Nichtsein, pp. 289-295.

Fällen direkten Aufforderung, ihn zur Kenntnis zu nehmen und wegen seiner außerordentlichen Bedeutsamkeit, gerade im Hinblick auf seine Stellung in der asiatischen Philosophie, der indischen und chinesischen, in der wissenschaftlichen Öffentlichkeit zu würdigen, gereicht es mir zur Pflicht, hier wenigstens darauf aufmerksam zu machen.

Um den Wahrheitsgehalt solcher ‚Spekulationen', der sowohl im Alltag als auch in der Wissenschaft als bedeutungslos, lächerlich, ja ver-rückt (gr. *á-topon,* wörtlich: nicht an seiner Stelle, deplaciert, d.h. unstatthaft, widersinnig, absurd, verkehrt, sonderbar) abgetan wird, zu hinterfragen, werde ich folgend von der Prinzipienlehre des ›Philebos‹ ausgehen, um damit einhergehend auf das Elementarschema der sogenannten Idealzahlenlehre der »Ungeschriebenen Lehre« einzugehen und auf einen zusätzlichen transkulturalen Aspekt hinzulenken. Meine oben bereits vorgelegten tentativen strukturtheoretischen Vorschläge, dieses Problem pythagoreisierender Genealogie nach Analogieverfahren des ‚späten' und ‚esoterischen' Platon anzugehen, sollte dabei gegenwärtig gehalten werden.

Die hermeneutische Schwierigkeit, die ich, ich sage mit voller Absicht ich, weil es Gescheiteren oder Gelehrteren nicht so ergehen mag, die hermeneutische Schwierigkeit, die ich mit der Philebos-Variante habe, fällt in meiner Darstellung schon dadurch auf, daß ich die erste, rein formale Hierarchie mit drei Skalierungen versah, scheint sie doch oberflächlich besehen, so also, wie mir von der Mainstream-Wissenschaft unterstellt wird, Wissenschaft zu betreiben, mehrere Ordnungsmuster zuzulassen, zwei sich über die gesamte Hypostasenerstreckung vom Materiellen bis zum Obersten, Vierten, reichende, die mit der zweiten, auf die Individualseele bezogenen Staffelung in derselben Schrift in etwa korreliert, und eine hyperkosmische, die nach der folgend diskutierten Prinzipienstruktur der Idealzahlenlehre der sogenannten »Ungeschriebenen Lehre« zu verstehen ist.

Platon's Anwendung mehrfacher Formen von Tetraktystik reicht also von den Hauptwerken über die literarischen Spätwerke hinaus bis in seine sogenannte »Ungeschriebene Lehre« hinein. Von deren Bestandteilen nimmt die heutige Forschung an, im ›Siebten Brief‹ Mitteilung zu besitzen: „Man kann wohl nicht zweifeln, daß es die Lehre von der Eins und der unbestimmten Zwei ist, die Plato als seine eigentliche Sache ansieht und deren schriftliche Darlegung er für unmöglich erklärt. Es ist ja diese Lehre, die vor allem Aristoteles als die eigentlich platonische Philosophie darstellt und kritisiert."[79]

Zum umstrittenen und nur mit Mühe zu verstehenden Gesamtkonstrukt der Idealzahlenlehre der »Ágrapha«,[80] die eine Art angewandter pythagoreisch-tetraktyscher Rasterung von BewußtSeins-Ebenen darstellt, gibt es mittlerweile eine Anzahl scharfsinniger Auslegungen.[81] Auf deren Subtilitäten, über die die Giganten der Doxographie seit längerem grübeln, will und kann ich mich hier nur im Rahmen meiner Methodenvorgaben einlassen. Legt man die formale pythagoreisierende Prinzipienlehre im ›Philebos‹ nach dem aus, was für das Grundraster der Idealzahlenlehre der ›Ágrapha‹ gehalten wird, müssen Grenze (*péras*) bzw. Eines (*'én*) und Unbegrenztes (*ápeiron*) bzw. unbestimmte Zweiheit (*aóristos duás*) in die Geistsphäre (Υ3) gehoben werden, da Konkretes (von lat. *concrescere*, zusammenwachsen) erst als deren Mischung oder Vermengung, als aus Bestimmendem und Bestimmbarem bestehend (= Bestimmtes)

---

79 H.-G. Gadamer, Dialektik und Sophistik im siebenten platonischen Brief, p. 30.

80 C. Schefer, Platons unsagbare Erfahrung, pp. 57–60, spricht von einem „Rätsel des Prinzipiengegensatzes" und der „Aporie ‹Monismus–Dualismus›", scheint den Sinn dessen strukturtheoretisch aber nicht bis zum Letzten durchdrungen zu haben.

81 Beispiel- und Vorbildhaft dazu K. Gaiser, Platons ungeschriebene Lehre, pp. 115–145.

gedacht[82] und als Grundwebmuster alles Seienden offengelegt werden kann: Bezüglichkeit, Verhältnishaftigkeit, Vergleichbarkeit, Relativität, Relationalität, Quantifizierbarkeit.

Von Aristoteles, einem Eingeweihten in die Geheimlehre der Alten Akademie, erfahren wir, daß darin das Eine und die Zahlen Sinnlichem und den Dingen übergeordnet (... *toùs arithmoùs parà tà aisthētá ... tò 'én kaì toùs arithmoùs parà tà prágmata poiẽsai ...*), die Zahlen Grund/Ursache des übrigen Seienden seien (*tò toùs arithmoùs aitíous eĩnai toĩs állois tẽs ousías*) und das Wesen (*ousía*) ausmachten, das Stoffliche aber das Große-und-Kleine (*'úlēn tò méga kaì tò mikròn eĩnai*) und das Unbegrenzte (*tò ápeiron*) sei, woraus (*ex ekeínōn*) durch Teilhabe (*katà méthexin*) am Einen die Ideen [, die Zahlen] wären (*toũ 'enòs tà eídē eĩnai [toùs arithmoús]*).[83]

„Die Wirkung des Einen auf die Zweiheit ist eine Art *Begrenzung, Be-stimmung und Ver-endlichung* des Unbegrenzten, des Unbestimmten und des Unendlichen oder, wie Platon auch gesagt zu haben scheint, eine Art *Gleichmachung des Ungleichen. Die Seienden, die aus der Wirkung des Einen auf die Zweiheit hervorgehen, sind daher eine Art Synthese, die sich als Einheit-in-der-Vielheit manifestiert und eine Ver-endlichung und Be-stimmung des Unendlichen und Unbestimmten ist. ... Das Sein geht aus zwei ursprünglichen Prinzipien hervor und ist somit eine Synthese, ein Gemischtes aus Einheit und Vielheit, Bestimmendem und Unbestimmtem, Begrenzendem und Unbegrenztem.* Platon wird sich sogar dazu durchringen, eine Kurzfassung dieses Themas in den Schriften zu geben, im besonderen im *Philebos.*“[84] Im Kontext dieses Dialogs läßt derselbe Autor denn auch durchblicken, daß das von ihm so genannte Hervorgehen eigentlich gar kein

---

82 Cf. Platon, Philebos 24a1-28d2.

83 Cf. Aristoteles, Metaphysica 987^b18-33.

84 G. Reale, Zu einer neuen Interpretation Platons, p. 208.

Hervorgehen, sondern ein Enthaltensein von Bestandteilen ist. „*Das Sein als solches enthält in sich die Grenze und das Unbegrenzte* (*das* „*Peras*“ *und das* „*Apeiron*“), *die sich daher als gleichnotwendige, wesentliche Bestandteile erweisen.* Diese Feststellung *gilt für jedes beliebige Sein, angefangen bei den Ideen selbst,* ...“[85]

Mit dem Bauplan des Platonischen Spekulationsgebäudes als ganzem ist diese Vorstellung nur dann vereinbar, wenn unter dem Einen als Gegenüber der Zwei-Vielheit nach derivativem (oder emanatistischem) Kumulationsprocedere prinzipientheoretisch entweder etwas anderes gefaßt ist als unter dem absoluten Einen, das als supranumerisches Ur-Eines (*‘én/ monás*) bzw. das »Vierte« (*tétarton*) des ›Philebos‹ den Urgrund, ja Un-Grund vor allem Gründen (Υ4) über den Polen von Grenze und Unbegrenztem darstellte,[86] oder wie beim Noũs entweder Schwankungen zwischen beiden Bereichen bzw. eine Erstreckung über beide Bereiche angenommen wird, den des seienden Geistes und den des überseienden, dem diese Bezeichnung eigentlich gar nicht zukommt. Man beachte im ›Philebos‹ die Aufwertung des (wahren, göttlichen) Geistes (*noũs*) zum Erst- und Einheitsprinzip, ein Beispiel für die Oszillation seiner Verortung an der Spitze der Hierarchie oder an deren zweiter Stelle. Aber auch eine Zwischenstellung oder Überlappung ist denkbar, was im Liniengleichnis daran sichtbar wird, darauf kommen wir noch, daß der Lógos-Noũs und seine Erkenntnisobjekte zusammen mit deren Vereinigungs- oder Grundpunkt (*archḕ toũ pantós*), dem Ununterstellten (*anupótheton*) oder Absoluten, ein und demselben Linienabschnitt zugeordnet sind.

Die metaphysischen Traktate sind, wie im vorliegenden

---

85 G. Reale, Zu einer neuen Interpretation Platons, p. 358.

86 Kurze Übersicht über die Thematik bei C. Schefer, Platons unsagbare Erfahrung, pp. 201–210, mit Dokumentation.

Werk immer wieder betont, ausgehend von den derzeit bekannten drei Stiftertraditionen, voll davon. Von ihrem Beginn an finden wir hier einen Bereich, in dem die Kennzeichnungen verfließen. Allein die Definition für das Letzte und Höchste aus der frühen Phase der griechischen Philosophie, die der Gründer der rigoros dialektischen Schule der Megariker, Eukleides, Schüler von Sokrates, vorbringt, spricht dazu Bände. „Dieser legte dar, daß das Gute eines ist, mit vielen Namen benannt: bald Weisheit, bald Gottheit, bald Geist usw. Das dem Guten Entgegengesetzte aber hob er auf, indem er sagte, es sei nicht.“[87]

Die unbestimmte Zweiheit muß doch immer schon aus zwei ‚Einheiten‘ bestehen, d.h. in der Einheit der zwei sind prinzipiell, nicht genealogisch, zwei Einheiten in vollständigem Durch-einander enthalten, eines ist durch das andere und umgekehrt konstituiert. Wenn dem so ist, kann es doch nicht anders sein, als daß dieses Zwillings-Gebilde die Urform der seienden Einheit, des einen Seins ausmacht, ohne im kausalen Sinne erzeugt zu sein, bewegen wir uns doch im Bereich des nicht-werdenden Überkosmischen jenseits von Raum, Zeit (Dimensionen) und sinnlich Stofflichem. Wer mit den Schriften des Meisters aus Athen oder Aigina vertraut ist, weiß sich damit unversehens mit der zweiten Hypothesis des ›Parmenides-Dialogs‹ konfrontiert, die im sogenannten Neuplatonismus für die dialektische Explikation der zweiten, der Geist-Hypostase gehalten wurde.[88]

---

[87] Diogenes Laërtios, De vitis dogmatis ... 2.106: *‘oũtos ‘èn tò agathòn apephaíneto polloĩs onómasi kaloúmenon· ‘otè mèn gàr phrónēsin, ‘otè dè theón, kaì állote noũn kaì tà loipà. tà d’ antikeímena tõj agathõj anḗjrei, mḗ eĩnai pháskōn.*).

[88] Cf. Plotinos, Enneaden 5.1.8.23-26 § 49; H.-R. Schwyzer, Die zweifache Sicht in der Philosophie Plotins, pp. 87-89; J. Halfwassen, Der Aufstieg zum Einen, pp. 189-191.

„Diese »Generierung« ist natürlich nicht als zeitlicher Prozeß, sondern als Metapher für eine ontologische Strukturanalyse aufzufassen; sie soll die prozeß- und zeitfreie Seinsordnung dem nachvollziehenden Erkennen diskursiv näherbringen. Alles, was ist, *ist* in dem Maße, in dem es ein Begrenztes, Bestimmtes, Distinktes, Identisches, Beharrendes ist und als solches an der Ur-Einheit als dem Prinzip aller Bestimmtheit teilhat. Nichts ist *Etwas,* sofern es nicht *ein* Etwas ist. Es kann aber nur darum Etwas und eines sein und an der Einheit *teilhaben,* weil es zugleich am Gegenprinzip der unbegrenzten Vielheit teilhat und dadurch ein *Anderes* als die Einheit selbst ist. Seiendes ist darum wesentlich *Einheit in der Vielheit.* Die Funktion der beiden Prinzipien ist insofern der aristotelischen Unterscheidung von Form- und Materialprinzip analog. Seiendes ist definiert als das aus den beiden Prinzipien durch Begrenzung und Bestimmung des Materialprinzips seitens des Formprinzips »Generierte« und gleichsam Gemischte. Dies ist der Kern der *ontologischen Grundkonzeption* Platons. Daraus folgt, daß die Prinzipien selber kein Seiendes, sondern als die Konstituentien alles Seienden *vor*seiend sind, und zwar die Einheit als Bestimmtheitsprinzip *über*seiend, das unbestimmte Materialprinzip als Nichtseiendes eher *unter*seiend. Der Begriff »jenseits des Seins« wird im übrigen auf eine konsistente Weise aus der Zulassung einer Vielheit im Sein, die den Eleatismus berichtigte, abgeleitet; falls die eleatische Disjunktion von Einheit und Vielheit beibehalten wird, muß diese Zulassung die Einheit unweigerlich in eine Stellung jenseits von Sein drängen."[89]

[89] H. J. Krämer, Plato and the Foundations of Metaphysics, pp. 78–79, ⟨it.⟩ p. 156, mit Ausnahme des letzten Satzes zitiert nach G. Reale, Zu einer neuen Interpretation Platons, p. 208, Kursivierungen bis auf die letzte des Zitats nach der amerikanischen Ausgabe. Die Begründung für die Übersteigerung des Einen zum Nicht- und Überseienden, die H. J. Krämer, 'ΕΠΕΚΕΙΝΑ ΤΗΣ ΟΥΣΙΑΣ, pp. 6–10, in der Auseinandersetzung

Man beachte den vorletzten Satz des Zitats: „als Nichtseiendes eher *unter*seiend“. Daraus kann geschlossen werden, daß sich der Gelehrte bei der Einordnung der unbestimmten Zwei-/Vielheit in die Prinzipienhierarchie zwar schwertut („eher“), dennoch aber zu verstehen gibt, daß sie als Prinzip, d.h. einer der beiden Bestandteile, die alles Seiende ausmachen, vorseiend ist. Wenn man schon über dem Sein (*epékeina tẽs ousías*) (des Sonnengleichnisses) nichts denken kann, wie sollte man es dann erst unter dem Seienden können? Handelt es sich womöglich um Unterwelten oder Höllen der Esoterik, Religionen und Mythen? Um einen Elefanten, der auf einer Schildkröte stehend die Erde trägt, wie in dem Bild, das John Locke (1632-1704) aus der Literatur der seefahrenden Welteroberer, den damaligen Globalisten, aufgeschnappt hatte und damit abendländische Vertreter der Substanz-Lehre mit Hilfe ‘armseliger indischer Philosophen’ lächerlich machte?[90]

Das kann in diesem Zusammenhang doch nur heißen, daß das Unterseiende nicht spürbar und widerständlich ist wie das (Dinglich-)Materielle als Grundlage sinnlichen Erfahrens, daß es sich hierbei also um »Geistmaterie« handelt, um das Ideenmaterial, das, wie oben bereits ausgeführt, dem Demiurgen im ›Timaios‹ durch Daraufblicken zur Komposition von Seele und Kosmos dient, die selbig bleibende Gestalt/Idee (*tò katà tautà eĩdos échon*), das Seiende (*tò ón*), Ewige (*tò aídion*), das Feststehende/Verharrende (*mónimon*) und Beständige (*bébaion*), durch Geisteinssicht Erkennbare (*nooúmenon*), mit Geist, Verstand und Einsicht (*noũs/metà lógou/pròs tò lógōj kaì phronḗsei*) und dessen/deren Erkennen (*nóēsei*) allein zu Erfassende

Platon’s mit dem Eleatismus sieht, stellt m.E. keine Erklärung dar, da Zenon Eleates diese Erkenntnis offensichtlich schon vorweggenommen hatte, cf. H. P. Sturm, Prinzipien-Triadik oder Prinzipien-Tetradik?, pp. 46-47 (mit Dokumentation).

90 Cf. J. Locke, An Essay concerning Human Understanding, p. 175.

(*perilḗpton*): „ein sich auf dieselbe Weise verhaltendes Gebilde, unentstanden und unvergänglich, weder anderes von anderswoher in sich aufnehmend noch selbst in anderes irgendwohin(ein) gehend, unsichtbar, auch sonst nicht wahrnehmbar, das, worauf also der Geisteinsicht zufiel daraufzuschauen."[91]

Wäre das Unbegrenzte, Große-Kleine, die unbestimmte Zweiheit, hier die, wie es im ›Timaios‹ heißt, am Geistigen auf höchst aporetische Weise teilnehmende und schwerst zu fassende Mater und Empfangende (*mḗtēr kaì 'upodochḗ* = Materie) bzw. Prägemasse (*ekmageĩon*)[92] am unteren Rand des Seienden oder die in der Plotinschen Hypostasenhierarchie gar nicht mehr als Hypostase bezeichnete aktual unseiende, durch einen Bastard-Schluß erschlossene Sensualmaterie am Fuße, ja unter dem Fuß des Bewußt-Seins-Spektrums, dann könnte es doch keinesfalls als Prinzip vor allem Kosmischen (Geschaffenen) stehen.[93] Der Platonismus und seine christlichen Nachahmer, Ausdeuter oder Verfälscher fanden für dieses Problem

---

[91] Platon, Timaios 52a1–5: *tò katà tautà eĩdos échon, agénnēton kaì anṓlethron, oúte eis 'eautò eisdechómenon állo állothen oúte autò eis állo poi ión. aóraton dè kaì állōs anaísthēton, toũto 'ò dḕ nóēsis eilēchen episkopeĩn·*

[92] Zu den beiden Materien im ›Timaios‹ in Zusammenhang mit der *creatio ex nihilo* des Hl. Augustinus cf. H. P. Sturm, »Im Anfang war ... ?«, pp. 100–106 = ›Widerspiegelung des Geistes II/3‹. Ob man die Lehre von der *creatio ex nihilo* in ihrem Anfangsstadium nicht selbst im Sinne der ‚Idealzahlenlehre' deuten könnte, überlasse ich zur Entscheidung aufmerksamen und mitdenkenden Lesern, welchen Geschlechts auch immer.

[93] Der Schematik gemäß müßte die (singuläre) Geistmaterie qua *tò noētón* in ihrem pluralen Aspekt die Ideen (*tà noētá*) sein, die singuläre Stoffmaterie, seit Aristoteles, cf. z.B. idem, De generatione et corruptione 320a2–3, *'úlē* (*'upokeimenon*, Unterlage und *dektikón*, Aufnahmefähiges) genannt, plural verstanden die Sinnendinge bzw. -gegenstände (*prágmata*); ohne das jetzt inhaltlich im Detail ausführen zu können, verweise ich hier auf die ›Enneade‹, in der eine Erörterung dazu durchgeführt wird: Plotinos, Enneaden 2.4.1.1–2.4.16.27 §§ 1–66.

keine überzeugende Lösung.[94] Es ist hausgemacht, weil die Ableitung nicht mit dem phänomenal Gegebenen, sondern mit Abstraktionen begonnen und zudem durch eine mehrdeutige Sprache ein evaluatives und aitiologisches Verständnis suggeriert wird, das sich z.B. hinter Ausdrücken wie wahrer und seiender oder Werden, Sein, Wesen, Gutes, Erkenntnis und Wissen ermöglichend, verursachend oder gewährend, verbirgt.

Durch diese Vermengung wird der Sinn der Prinzipienspekulation aber verzerrt, handelt es sich bei ihr doch nur um ein Re-Konstrukt, dessen Elemente ebensowenig real sind wie dieses selbst, das ein bloß theoretisches Hilfsmittel darstellt, dessen Anwendung eine logisch-reflektorische Folgerichtigkeit ohne Ausnahme von der Regel erfordert und den Zweck hat, den Geist durch theoretische Einsicht von seinem Verstelltwerden durch Ob-jekte, äußeren wie inneren, zu befreien und aufzufordern, ihn in die Ab-solutheit zu retransformieren. Aus dieser Perspektive betrachtet, existieren weder mehrere Materien noch existiert eine Materie; es ‚gibt' überhaupt keine.

Fassen wir die Anfangsgründe der Idealzahlenlehre als eine noologische Strukturanalyse (Form) ohne sinnliche Füllung (Inhalt) bzw. mit der Form als Inhalt auf, dann kann man um einiges besser verstehen, warum der Materie darin der Status eines Momentums innerhalb des Geistes zuzusprechen ist. Stellen wir aber den Bezug zur Sinnenwirklichkeit her, dann dürfte ebenso einleuchten, warum die empirische Stofflichkeit zudem darin ihren Platz haben muß. Schließlich ist es ein Unterschied, ob sich der Kopf am Widerstand einer Tischkante eine Wunde geschlagen hat oder ob sich ein gedachter Kopf an der gedachten Widerständlichkeit einer gedachten Tischkante eine gedachte Wunde geschlagen zu haben denkt. Ein weiterer Unterschied ist es, ob die Idee des Kopfes zusammen mit der

---

94 Weitere Bemerkungen zur Materie und deren Ableitungsschemata wie zur unbestimmten Zweiheit im Faszikel II/5.

Idee des Sich-Geschlagen-Habens an die ideelle Widerständlichkeit der Idee der Tischkante mit der Idee einer Wunde ideiert wird. Sensuale, mentale, intellectuale Materie, drei Materien? Derivationismus, Emanatismus, Genetizismus und ähnliches: ein Mythos („Metapher", wie es in einem obigen Zitat eines einschlägigen Forschers hieß).

Wie sollte ein Grenzenloses, dem Sein gegenüber (*tẽs ousías*) Absolutes/Jenseitiges (*epékeina*), mit dem Unbegrenzten (*ápeiron*) qua Archḗ, das nur in Gegenstellung zur Grenze (*péras*) zu denken ist, mit irgend etwas in Verbindung treten können, um das Sein zu begründen? Wie ein apriorisches Prinzip eine Grenze (*péras*) bilden, so prinzipientheoretisch nicht je schon ein Zweites hinzugedacht würde: ein Diesseits und Jenseits der Grenze? Wenn davon auszugehen ist, daß: „Wovon nämlich das Erste (das) ist, was man fürwahr nicht einsieht, der Schluß aber und das Mittlere aus dem, was man nicht einsieht, zusammengeflochten sind, was für eine Möglichkeit bestünde, um solch eine Übereinstimmung zu (einer) Wissen(-schaft) zu machen?"[95], dann kann doch weder ein das Geistige und Sein Übertreffendes noch ein dadurch Bestimmtes, Erkanntes oder Ding, ein eindeutig Definiertes, Gewußtes im strengen Wortsinne sein oder existieren, und es muß ersteres, wie nach Platon mit Bestimmtheit zweiteres, eine Täuschung (*apátē*) sein.

Eine Vorläuferkonstruktion von Geist und Unbegrenztem, die den Ableitungshiatus zwischen dem Absoluten und Relativen überbrücken zu können glaubt, liegt mit der Noũs-Lehre von Anaxagoras aus Klazomenae (ca. 500–427) vor. „Denn der Geist (*noũs*) ist etwas Unbegrenztes/Unendliches (*ápeiron*), Unabhängiges/Eigenmächtiges/Selbständiges (*autokratès*) und

[95] Platon, Politeia 533c5–7: *'Õj gàr archḕ mèn 'ò mḕ oĩden, teleutḕ dè kaì tà metaxù ex 'oũ mḕ oĩden sumpéplektai, tís mēchanḕ tḕn toiaútēn 'omologian potè epistḗmēn genésthai;*

vermischt/verbindet sich mit keinem Gegenstand/Ding (*mémeiktai oudenì chrēmati*), sondern ist allein er selbst an sich (*allà mónos autòs ep' eōutoũ estin*)"[96]; und obwohl gänzlich abgesondert von allem anderen,[97] ist er der absolute/abgeschiedene Anfang aller Bewegung.[98] Wer mit dem antiken griechischen Denken einigermaßen vertraut ist, wird wissen, daß diese Art von Metaphysik mit Aristoteles ihre Fortsetzung und Ausgestaltung erfahren hat (mehr dazu im Kapitel 2.2).

Ist der Anfang jedoch Anfang im wörtlichen Sinne, so nicht mehr absolut, es sei denn, er ist nicht wirklich Anfang und die Bewegung bzw. das dadurch Bewegte nicht real. Hinduismus und Buddhismus mit ihrer Lehre von der Wandelwelt als Māyā[99] und die Lehre des Advaita-Vedānta von der Entstehung des Alls durch Verkehrung oder Perversion (*vivarta-vāda*)[100] wären die Antwort. Weil er die komplizierten Bezüge der Noologie ähnlich konsequent durchdachte und folglich aporetisch bestimmte, hat man die Resultate von Plotins Philosophieren seit dem Aufkeimen der comparative philosophy einige Male schon mit entsprechenden Philosophemen indischer Systeme

---

[96] Cf. Anaxagoras B12, 2.37.18-20 = M38: *noũs dé estin ápeiron kaì autokratès kaì mémeiktai oudenì chrēmati, allà mónos autòs ep' eōutoũ estin.*

[97] Cf. Anaxagoras B12, 2.39.2-4 = M38(§3): *pantápasi dè oudèn apokrínetai oudè diakrínetai 'éteron apò 'etérou plḕn noũ.*

[98] Cf. Anaxagoras B13, 2.39.14-15 = M40: *kaì epeì ḗrxato 'o noũs kineĩn, apò toũ kinouménou pantòs apekríneto, ...*

[99] Die inner-hinduistischen Auseinandersetzungen um den Status und die Rolle von *māyā* zeugen davon, darauf muß hier aufmerksam gemacht werden, daß es sich dabei um eine komplexe Kategorie handelt, die nicht auf die Simplizität reduziert werden kann, die den Verstand westlicher Durchschnittsintellektueller kennzeichnet.

[100] Cf. H. P. Sturm, Die vier Stadien des Ent–Setzens, pp. 515-516.

verglichen.[101] Die Einheitsfront akademischer Ver(ge)walt(ig)er des philosophischen Erbes der alten Griechen breitet über diese Tatbestände jedoch den Mantel des Schweigens.

Ist die Verdoppelung des Einen in ein überseiendes, ein hypermathematisches Singulum und eine erste seiende Einheit aller Zwei-/Vielheit angesichts dessen noch auszuschließen? Stellt dieser Sachverhalt ob seiner Ambiguität nicht schon im Alt-, sondern auch im Neupythagoreismus wie im Mittel- und Neuplatonismus gleicherweise ein echtes Problem dar, das sich auch in der ausufernden Vervielfältigung über- und innerkosmischer Prinzipien bemerkbar macht? Um einen Eindruck davon zu vermitteln, werde ich im Faszikel II/5 das komplexe Schema von Proklos (412-485) wiedergeben.

„... Pythagoras erklärte, daß das Prinzip von allem die Einheit (*monáda*) sei, durch die Teilhabe daran werde alles einzelne Seiende eines (*'èn*) genannt. Und diese, in ihrer Selbst-Identität erfaßt, wird als Einheit (*monáda*) erkannt, aber gemäß Andersheit (*kath' 'eterótēta*), zusammengestellt/addiert mit/zu sich selbst (*episuntetheĩsan d' 'eautẽ*) bringt sie die so benannte unbestimmte Zweiheit (*aóriston duáda*) zustande, ... Als die höchsten Prinzipien von allem tauchten, wie gesagt, sowohl die erste Einheit als auch die unbestimmte Zweiheit auf. Aus diesen, sagt man, entstand von den Zahlen die Eins und nach diesen wieder die Zwei, aus der ersten Einheit die Eins, aus der Einheit und der unbestimmten Zweiheit die Zwei. Zweimal nämlich die Eins ist zwei, und bei Noch-nicht-Vorhandensein der Zwei unter den Zahlen, wäre auch das Zweimal nicht unter diesen, sondern es wurde aus der unbestimmten Zweiheit gewonnen, und so gingen aus dieser und aus der Monade die zahlhafte Zwei hervor. Dementsprechend wurden auch die

[101] Hier nur der Hinweis auf das bisher ausführlichste Werk dazu: J. F. Staal, Advaita and Neoplatonism; Übersicht bei T. McEvilley, The Shape of Ancient Thought, pp. 549-594.

übrigen Zahlen aus diesen zustandegebracht, das Eine einerseits immer begrenzend (*aeì peratoũntos*), die unbestimmte Zweiheit andrerseits zwei erzeugend und die Zahlen zu einer unendlichen Menge (*eis ápeiron plē̃thos*) ausdehnend.“[102]

Zusammenfassend und abschließend ein Vorschlag zur Deutung dieser mysteriösen Doktrin zu Beginn der abendländischen Metaphysikgeschichte: das Eine an sich nämlich als Höchstes anzunehmen (ϒ4), das dem untergeordnete Unbegrenzte qua Zweiheit und Geistmaterie (ϒ3½.2) dem ihm im zweiten Schritt beigeordneten Einen, in Beziehung zum Sein stehenden, als Ein-Geist (ϒ3½.1) gegenüberzustellen, um so den Geist als Einheit zu bilden (ϒ3). Dies ist als ein kumulatives Verfahren anzusehen. Wie sich darauf zurückführend die Zahlen und auf diesen basierend das Seiende entfalten lassen, ist mir ohne Initiation in die alt-akademischen Mysterien allerdings nicht möglich, irgendwie zu fassen. Den philosophiewissenschaftlichen Gelehrten kann es trotz aller vorgeblichen Einsichten diesbezüglich nicht anders gehen. Bestenfalls werden Mathematiker Einfälle zur Lösung der Aufgabe haben. Eventuell könnte hierzu die Erzeugung des Dualzahlensystems aus Eins und Null, dessen Vorläufer Gottfried Wilhelm Leibniz

---

[102] Sextos Empeirikos, Adversus mathematicos 10.261 … 10.276–277, K. Gaiser, Platons ungeschriebene Lehre, pp. 499 … 501, Testimonium 32: … *‘o Puthagóras archḕn éphēsen eĩnai tō̃n óntōn tḕn monáda, ‘ē̃s katà metochḕn ‘ékaston tō̃n óntōn ‘èn légetai· kaì taútēn kat’ autótēta mèn ‘eautē̃s noouménēn monáda noeĩsthai, episuntetheĩsan d’ ‘eautē̃j kath’ ‘eterótēta apoteleĩn tḕn kalouménēn aóriston duáda … anékupsan ára archaì pántōn katà tò anōtátō ‘ḗ´te prṓtē monàs kaì ‘ē aóristos duás· ex ‘ō̃n gínesthaí phasi tó t’ en toĩs arithmoĩs ‘èn kaì tḕn epì toútois pálin duáda, apò mèn tē̃s prṓtēs monádos tò ‘én, apò dè tē̃s monádos kaì tē̃s aorístou duádos tà dúo. dìs gàr tò ‘èn dúo, kaì mḗpō ‘upokeiménou en toĩs arithmoĩs toũ dúo oudè tò dìs ē̃n en toútois, all’ elḗphthē ek tē̃s aorístou duádos, kaì ‘oútōs ek taútēs te kaì tē̃s monádos egéneto ‘ē en toĩs arithmoĩs duás. katà tautà dè kaì ‘oi loipoì arithmoì ek toútōn apetelésthēsan, toũ mèn ‘enòs aeì peratoũntos, tē̃s dè aorístou duádos dúo gennṓsēs kaì eis ápeiron plē̃thos toùs arithmoùs ekteinoúsēs.*

im Strichcode des chinesischen ›Buches der Wandlungen/Yì-jīng‹[103] sah,[104] zum Vorbild dienen.

Die Dualität zwischen der Grenze (*péras*) = Eines (*'én*) ≟ Einheit/Monade = Ursache von Gutem (ϒ3½.1) und dem Unbegrenzten (*ápeiron*) = Indefinite Zweiheit (*aóristos duás*) = Großes-Kleines (*méga kaì mikrón*) = Ursache von Schlechtem (ϒ3½.2) ergibt strukturtheoretisch ja nur dann Sinn, wenn man die beiden Komponenten als Geistkonstituenzien, Wesen/Essenz (Einheit) und Stoff/Substanz (unbestimmte Zweiheit), als (zeitlose) Archetypen versteht, die vereint die strukturtheoretische, (in der Platonik) als seiend gedachte Einheit/Monade polarer (kreativer) Gegensätze, eine Kategorie im Stile eines nichtschaffend-schaffenden, autopoietischen Geistes und Sein-Nichtseins bilden: Sowohl–Als-auch (ϒ3).

Von diesem Blickwinkel aus betrachtet, wäre die sogenannte Idealzahlenlehre der ›Ágrapha‹ also nur eine auf die Grundstruktur reduzierte Darstellung der Geistkonstitution, die in jedem kognitiven Akt ‚immanenter' Natur mitpräsent ist und durch die Geschichte der Philosophie hindurch unter verschiedenen Gegensatzpaaren firmiert: Bestimmendes–Bestimmtes, Absolutes–Relatives, Identität–Differenz, Unität–Pluralität, Ursprung–Entstandenes, Gottheit–Geschaffenes, Sein–Seiendes, Männliches–Weibliches, Nichts–Etwas usw. usf. und jeweils vice versa.[105] Daß über die geistimmanenten Konstituenzien im Platonismus nach der Epoche seiner Gründer intensiv nachgedacht wurde, und zu welchen Ergebnissen man dabei kam, dazu werde ich im Faszikel II/5 einiges mitteilen.

---

[103] Cf. Yì-jīng, ⟨tr.⟩ R. J. Lynn; ⟨tr.⟩ D. R. Schilling; ⟨tr.⟩ R. Wilhelm.

[104] Cf. G. W. Leibniz, Abhandlung über die chinesische Philosophie, pp. 194-199; R. Loosen, Leibniz und China, pp. 141-142.

[105] Vom durch mehrfach selbstreferentielles Denken (Re-flexion) rekonstruierten Aufbau der Kognition nebst *cogitatum* handeln die knapp 700 Seiten von ›Widerspiegelung des Geistes I‹.

Um diese, für ‚Uneingeweihte' (darunter sind im hiesigen Falle all diejenigen zu zählen, die, wie ich, nicht in die Mysterien der Platonischen Akademie initiiert wurden) sicherlich schwer verständliche, ernsthafte Denker nicht ruhen lassende Diskussion einigermaßen abzurunden, gebe ich folgend einen längeren Passus aus der kulturüberschreitenden Metaphysik-Literatur wieder, nicht dem Platon(ismus)-Spezialistentum, sondern einem Genre der Weisheitsliebe, das sein Wissen aus allen diesbezüglich bedeutenden Traditionen, neben der griechischen besonders der indischen, schöpft und deshalb aufgrund seines Blicks aus der Ferne auf die westliche Philosophie und des dadurch bedingten differenten Blickwinkels nicht selten dem blinden Fleck der gewohnten Sichtweise entgeht. Daß ich selbst den darin zur Anwendung kommenden konstruktiven metaphysischen Ansatz und seine Methode der Durchführung ob der rational-reflektorischen Begründungsschwierigkeit bzw. -unmöglichkeit nicht bzw. nicht uneingeschränkt und kommentarlos teile, braucht dem Versteher der metatheoretisch verfahrenden Strukturtheorie, die von dem ausgeht, was dem Alltagsbewußtsein, also jedem der frühesten Kindheit entwachsenen und einigermaßen seelisch gesunden Menschen phänomenal unmittelbar gegeben und einsichtig ist, nicht eigens gesagt zu werden.

„Die Materie ist, wie man weiß, für Platon nichts als das Objekt eines «Bastard-Denkens»: wenn sie eigentlich unerkennbar ist, dann weil sie nicht in einem abgetrennten Zustand, einem reinen Zustand existiert; sie ist nichts als die unterkosmische Wurzel der trennenden Vielheit, die der Welt der Individuation inhärent ist. // Dank der Immanenz der «Materie» im Absoluten selbst in Form der intelligiblen Andersheit kann der nicht-materielle oder «essentielle» Aspekt in der Totalität manifester Realitäten immanent sein. Alles, was *ist,* ist gleichzeitig sowohl unauflöslich eins und vieles, essentiell und substantiell, oder wenn man es vorzieht, indem man diesen Ausdrücken nur einen analogen Sinn gibt, «spirituell» und «materiell». Wenn Platon und Plotin in einer bisweilen radikalen Weise die intelligible Welt und die sensible Welt unterscheiden, geschieht das mehr aus Gründen spiritueller Methodologie, denn aufgrund eines wirklichen Dualismus die Lehre betreffend. Die Ideen selbst sind schon «Gemischte» und wenn sie dem Werden und der räumlichen Äußerlichkeit entgehen, ist ihre Unterscheidung, die das Fundament des Sinnesbewußtseins bildet, nur aufgrund der intelligiblen Andersheit selbst möglich. // Daher die perfekte Kontinuität der Welt oder eher der Welten, wo sich jeder Grad vom anderen aufgrund einer anderen Mischung von «Essenz» und «Substanz» unterscheidet: es gibt keinen reinen Geist gegenüber einer «reinen Materie». Die «reine» Materie kann per definitionem nicht im Akt existieren: sie ist reine Potentialität, radikale privative Unbestimmtheit. Wenn die Essenz reiner Akt und unendliche Aktualität ist oder Prinzip logischer Unterscheidung sowie ontologischer Permanenz und Konsistenz im Chaos des Werdens, dann in der Eigenschaft, nicht wirklich *rein* zu sein: die Grenze des Philebos oder das Schöpfungswort ist nicht reine Essenz in dem Sinne, wie der Intellect vom Einen unterschieden ist. Und wenn es «schöpferisch» ist, dann aufgrund der Schöpferkraft, die *im* Einen ist, aber nicht strikt identisch mit ihm. Die reine Essenz ist jenseits der Essenz: sie ist Hyperessenz. Der reine Geist ist mehr als «spirituell», d.h. mehr als «personal»: er ist reines Bewußtsein jenseits des Selbstbewußtseins. Sobald die Essenz ist, ist sie nicht nur Prinzip der Begrenzung, sondern sie ist nur Prinzip essentieller Begrenzung, intelligibler Bestimmung, weil sie sich sozusagen selbst durch ihre grenzenlose Vielfalt ihrer intelligiblen Aspekte begrenzt und definiert."[106]

---

[106] G. Vallin, La perspective métaphysique, pp. 163-164, Abschnitte von mir mit // kenntlich gemacht; cf. o.c., pp. 162-166; zum „Bastard-Denken" (*logismōj tini nóthōj*) gibt der Verfasser Platon, Timaios 52b3,

An anderen Stellen seiner Werke bringt der zitierte Denker die gemischte Gattung, aber auch das Ápeiron (ἄπειρον) des ›Philebos‹, das von ihm so genannte pure Chaos, die radikale Unbestimmtheit, formloser und chaotischen Weltzustand ohne Gestaltungen oder Strukturen, indem er sie „Nichts“ bzw. „reines Nichts“ nennt und so terminologisch vom „Nicht-Sein“, unter dem er das Absolute faßt, unterscheidet, aber auch die Andersheit (ἑτερότης) des ›Sophistes‹ als platonistische Materie nicht ohne eine gewisse Berechtigung mit der Vedānta-Vorstellung von der Māyā in Verbindung,[107] die, das muß noch erwähnt werden, ebenso nicht eindeutig und zwischen den

---

an; mit der »Andersheit« (*'eterótēs*) wird, wie in G. Vallin, La perspective métaphysique, p. 106, ausgewiesen, auf die Interpretation des Anderen (*'éteron*) in Platon, Sophistes 257b3-260a3, durch Plotinos, Enneaden 2.4.5.28-35 §§ 15-16, bzw. Enneade 2.4 ganz: »Über die beiden Materien«, Bezug genommen, in der die intelligible und die sensuelle Materie erläutert werden. Mit Selbstbewußtsein müßte das «Personal-» oder Ichbewußtsein, d.h. der durch Seelisches getrübte absolute Selbstreflex des Geistprinzips, gemeint sein, das sehr wohl die Struktur des Geistes hat, nur eben, um es mit dem zitierten Autor zu sagen, in einem anderen ‚Mischungsverhältnis‘ von Einheit/Essenz und Vielheit/Substanz. R. Hahn, Material Causality, Non–Being, and Plato's Hypodoche, pp. 57-59, 60-64, zeigt, wie die Aufnehmende (*'upodochḗ*) des ›Timaios‹ das Ápeiron, die absolut leere, unbestimmte Materialursache, das Unbegrenzte des ›Philebos‹ und das Héteron, die Andersheit des ›Sophistes‹ zusammenbringt: als Bedingung nämlich von Differenzierung überhaupt und Strukturierung wie Bewegung der eidetischen Fülle in Form des Nichts oder absoluter Leere, des Materialgrunds alles Seienden auf der noetischen und als Bedingung materieller Bestimmtheit/Unterscheidung aller Erscheinung in Form des Raumes oder Orts (*chṓra*) auf der dianoetischen Ebene (Ausdrucksweise nach dem englischsprachigen Originaltext).

[107] Cf. G. Vallin, Lumière du Non-dualisme, pp. 15 ((Pourquoi le non-dualisme asiatique? (Eléments pour une théorie de la philosophie comparée)), 62, 66-67 (Nature intégral et Nature mutilée), 133-134 (Réflexions sur la sagesse et la révolte), 159-161 (Les deux vides); idem, Voie de gnose et voie d'amour, pp. 28, 131-152; idem, Être et individualité, pp. 10-19, 395-414.

verschiedenen Richtungen des Hinduismus umstritten ist wie die platonistische von der Geistmaterie, der *aóristos duás,* dem *ápeiron,* auch *méga kaì mikrón,* Großes-und-Kleines, anders ausgedrückt: Sowohl-Großes–als-auch-Kleines (Υ3), genannt, in der westlichen Tradition.

Ob in der sogenannten »Ungeschriebenen Lehre« an der obersten Stelle womöglich eine entmythifizierte Ur-Syzygie oder ein Ur-Androgyn früh-kosmogonischen Charakters vorliegt, das Eine und die Ein-Zweiheit auf einmal, und welche Rolle dann der Geist oder das Sein spielt, die eigentlich die Mittlerfunktion zwischen den Extremen des Nicht-Manifesten (Absoluten) und des Manifesten (Relativen) innehaben, und wie dieses Mythologem oder Mysterienwissen in der Folge davon mit den klaren ‚hypostatischen' Hierarchien des übrigen Werks Platon's zusammengeht, solche Überlegungen sind unter Berücksichtigung des Umstands, daß Platon orphisch-pythagoreische, also mythische oder quasi-mythische Entwürfe der GeistWelt zum Vorbild für seine Prinzipienlehre nahm, durchaus angebracht. Die Lösung des Rätsels liegt offensichtlich im Vierten des ›Philebos‹, in der vierten Gattung des Grundes (*aitía*), des Bewirkenden (*poioũn*), des Geistes (*noũs*) [!], oder genauer, des wahrhaften, göttlichen Geistes (*alēthinòn ʻáma kaì theĩon .. noũn*) und der Weisheit (*sophía*) über oder vor der Grenze und dem Unbegrenzten.

Warum Platon, wie ich meine, zwei ‚Prinzipien'-Theorien formulierte, eine eigentlich so genannte, pythagoreische, geistspezifische, und eine uneigentliche, davon nicht immer und überall deutlich unterscheidbare, von mir so genannte hypostatische, auf die Ebenen des Wirklichen referierende, was bei seinen unmittelbaren und mittelbaren Nachfolgern zu einem wahren Kategorienlabyrinth und uns in ein solches führte, kann nur im telestisch-meletischen Aspekt seiner Lehre gelegen haben, wenn man nicht annehmen will, daß er im Gegensatz zu dem ihm vorgeworfenen Idealismus einen unterschwelligen

Realismus vertreten habe, einen Realismus der Art, unterschätzt oder nicht beachtet zu haben, daß die Welt nicht Produkt eines objektiven (‚realen') Geistes, sondern, indem wir dieser sind, Ausgeburt unseres Geistes ist. Aufgrund der bereits erwähnten Höherwertigkeit des Seins in der platoni(sti)schen Tradition wäre dies, gerade in der Auseinandersetzung mit asiatischen, besonders südasiatischen Ausdrucksformen der Philosophie trotz meines Plädoyers für eine einheitsmystische Lesart der Platonischen Meta-Physik durchaus einmal zu bedenken. Vielleicht stellte sich dadurch auch eine Erklärung für die von mir – trotz aller einzuräumenden Isomorphie – festgestellten Differenzen im Leistungssinn zwischen den Weisheitslehren von West und Ost ein.

Dies gilt es auch zu beachten, wenn neue, avantgardistisch anmutende, auf die altgriechische Metaphysik rekurrierende Entwürfe, wie der mathematisch-logisch formalwissenschaftliche unter dem Motto „auf dem Weg zum mystischen Monismus"[108] in Betracht gezogen werden. Da diesem eine enorme Relevanz hinsichtlich der *Wieder*holung (nicht Wieder*holung*) der antiken Philosophie unter Einbeziehung ihrer ansonsten kaum beachteten östlichen Entwicklungsstränge zukommt, indem er auf grundlegende überzeitliche Einsichten ausgeht bzw. von diesen ausgeht, mute ich es den Interessierten an dieser (geeigneten) Stelle zu, einen längeren Passus samt tabellarischem Diagramm davon zur Kenntnis zu nehmen, in dem von exakt der Grundstruktur des BewußtSeins ausgegangen wird, die die »Strukturtheorie der Re-flexion« als Struktur aller Strukturen und jedweden Kognitionsakt konstituierend (cognitional framework) auswies.

„*Die Natur der Philosophie.* Als physische Objekte überleben wir dank unserer Unterscheidung im Wachzustand zwischen

[108] Cf. U. Blau, Grundparadoxien, grenzenlose Arithmetik, Mystik, pp. 105, 112.

wahrgenommenen Objekten **A**, subjektiven Wahrnehmungen **B** und der Gnade ihrer (un)gewissen Strukturgleichheit **C**. Die wissenschaftliche Suche nach einem schärferen Bild **B** der mysteriösen Affaire **A** verschärft seit Beginn der Neuzeit die kategoriale Trichotomie **TR = A | B | C** und seit dem 19. Jahrhundert die philosophische Frustration, Stagnation und Vernebelungsakrobatik. ... Die kategoriale Trennung und strukturelle Verbindung zwischen Subjekt und Objekt entsteht und verschwindet zwangsläufig mit dem zeitlich-natürlichen Bewusstsein-von-etwas, das fortwährend pragmatisch objektiviert und strukturiert, also verfestigt und trennt, gefangen in der gedanklichen Falle der logischen Elementarsatzstruktur $Pa_1...a_n$. Und solange wir in dieser Falle stecken, führt die Betrachtung, d.h. Objektivierung, der *reinen* Strukturen zwangsläufig zum Mengenplatonismus, denn reine Strukturen sind zeitlos-leere Formen, die grenzenlos nichts als sich selbst reflektieren. Diese Einsicht ist zweitausend Jahre älter als die Mengenlehre:

> Form ist Leere, Leere ist Form. Es gibt keine Form ohne Leere, es gibt keine Leere ohne Form. (Prajñāparamitā-Sūtra)

Zugegeben, *Form* und *leer* – Sanskrit: *Rūpa* und *shūnya* – sind buddhistisch ursprünglich anders gefärbt als heute mengentheoretisch. *Rūpa* war sinnlich Wahrnehmbare zeitlich entstehende und verschwindende Form, und *Shūnyatā* war nicht einfach die Leere, sondern zugleich das Potenzial aller Formenfülle – das unsichtbare strukturlose Kontinuum, ... Jedenfalls hat die untrennbare Verbindung *Rūpa-Shūnya* im Mahāyāna-Buddhismus für den Mengenplatonisten logisch-etymologisch faszinierenden Verweischarakter. *Shūnya* kam durch die Araber nach Europa, wurde dort *chiffre* und *zero,* also die Ziffer 0, die leere Menge Ø, und die Selbstentfaltung von *shūnya* im ewigen Formenspiel *Samsāra* verweist auf die zeitlich-imperative Entfaltung von Ø zum reinen Mengenuniversum **V**, in dem sich alle reine Formalwissenschaft abspielt. … kurz zum westlichen Gegenstück bei Platon. Sein reines Ideenuniversum ist in der dritten **TR**-Kategorie zum reinen Mengenuniversum V geschrumpft. Aber das ontologische Grundrätsel, die Trennung-und-Verbindung der drei Kategorien, ist seit Platons Akademie geblieben und wird bis heute akademisch verdrängt, da Mystik jede Wissenschaft sprengt. Das war wohl auch Platon klar, als er das Zeitlos-Eine im *Timaios* zur Weltseele der kosmischen Triade entfaltete:

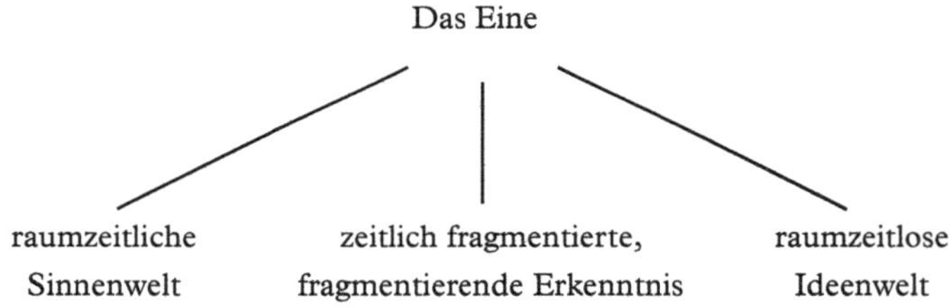

mit anthropo-kosmischer Isomorphie (a) ←→ (b), die heute zum anthropischen Rätsel der Kosmologie wurde:

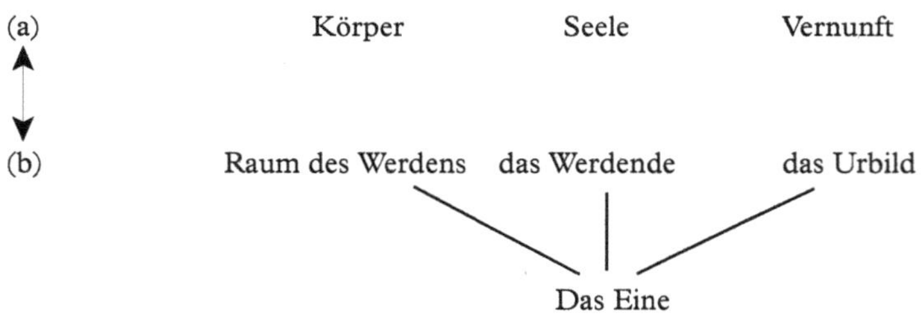

Dazu zwei Passagen aus dem *Timaios*. Zur Triade …"[109]

---

[109] U. Blau, Grundparadoxien, grenzenlose Arithmetik, Mystik, pp. 15–16; die genauen Nachweise für die angekündigten, hier nicht wiedergegebenen beiden Zitate, im Text belegt mit Timaios 6 und 18, ⟨tr.⟩ O. Apelt, lauten: Platon, Timaios 30a1–30c2; 50c9–e7; die Schrift innerhalb des Diagramms gegenüber der im Original durchgehend gleichen

Im Anschluß an die Explikation der formalen Basis, die aus der kategorialen Trichotomie von

(Υ1) Physisch-Konkretem, Raumzeitlich-Intersubjektivem,
(Υ2) Psychisch-Mentalem, Raumlos-zeitlich-Subjektivem,
(Υ3) Rein-Formalem, Raumzeitlos-Übersubjektivem,
(Υ4) plus einer vierten Größe, dem Einen oder Selbst,[110]

besteht, und unter Zuhilfenahme einer tetralemmatischen Formel erläutert wird,[111] beginnt unser Logiker zu rechnen und zu

---

Schriftgröße wurde von mir leicht verkleinert; die falsche bzw. ungenaue Schreibweise von Sanskrit-Wörtern habe ich nicht korrigiert; der im Original fehlende genaue Textnachweis für das frei wiedergegebene Teil-Zitat lautet: Prajñāpāramitāhṛdaya-Sūtra 3; hier der Text einer leicht verfügbaren Edition mit englischer Übersetzung und Kommentar: ⟨ed./ tr.⟩ E. Conze, Buddhist Wisdom Books, p. 103; folgend der dortige Text mit meiner Übersetzung: *iha Śāriputra rūpaṃ śūnyatā śūnyata-eva rūpaṃ, rūpān na pṛthak śūnyatā śūnyatāyā na pṛthak rūpaṃ, yad rūpaṃ sā śūnyatā yā śūnyatā tad rūpaṃ; evam eva vedanā-saṃjñā-saṃskāra-vijñānaṃ* (Hier, Śāriputra, ist Form Leere wie Leere Form; Form ist nicht unterschieden von Leere, Leere ist nichts unterschieden von Form; was Form ist, das ist Leere, was Leere ist, das ist Form; gleiches gilt für die Empfindung, Wahrnehmung, Willensimpulse/-tendenzen, das Bewußtsein.). Was es damit traditionsspezifisch auf sich hat, ist im Kommentar von o.c., pp. 103-107, nachzulesen; re-flexionsstrukturell handelt darüber das theoretische Grundlegungswerk ›Widerspiegelung des Geistes I‹. Unter „Vernunft" versteht der zitierte Logiker nach der neuzeitlichen Vertauschung von Verstand (lat. *intellectus*) und Vernunft (lat. *ratio*) das, was von mir vielmehr dem Geist, vormals Verstand (gr. *noûs* / lat. *intellectus*) im weitesten Sinne, zugerechnet wird (man beachte die Bemerkung am Schluß meiner Darstellung dieses mengenplatonistischen Ansatzes).

[110] Cf. U. Blau, Grundparadoxien, grenzenlose Arithmetik, Mystik, pp. 13, 65-66, 104, 277; idem, Die Logik der Unbestimmtheiten und Paradoxien, pp. 50, 53[11] (unter Bezugnahme auf Ārya Nāgārjuna), 63-66.

[111] Cf. U. Blau, Grundparadoxien, grenzenlose Arithmetik, Mystik, pp. 23, 108 (unter Bezugnahme auf Ārya Nāgārjuna).

rechnen und … „Nicht absurd erscheint mir die Vermutung, dass die historische Verschärfung der Subjekt/Objekt-Spaltung unserer praktisch/theoretischen Vernunft die Philosophen schließlich zwingen wird, das **K**-Argument *für* die individuelle $\psi \leftrightarrow \varphi$-Interaktion ebenso ernst zu nehmen wie die wachsende neurophysikalische Evidenz *gegen* diese Wechselwirkung. Vielleicht ziehen sie dann die einzige logisch mögliche Lösung in Betracht, die beide Hälften unserer gespaltenen Vernunft ernst nimmt und integriert: den zeitlosen mystischen Monismus mit dem Subjekt/Objekt-Kollaps $\psi = \varphi$ jenseits aller zeitlich-natürlichen Vernunft. Es gibt nur *ein* Bewusstsein, *eine* Realität, *einen* Urheber, *eine* Kausalität, *ein* Subjekt und *ein* Selbst* (Υ4), das sich durch den kategorialen Trick **TR** (Υ3) in den kosmischen Prozess (Υ2/1) verwandelt (Υ3), um sich myriadenfach raumzeitlich fragmentiert subjektiv von innen (Υ2) zu erleben, objektiv von außen (Υ1) zu erkennen und zu ahnen (Υ'3): Das alles (Υ2/1) bin (Υ3) ich selbst – und nichts davon (Υ4).“[112] „Der Stern * verweist … auf Vielheiten, die ich *inkomprehensibel* nenne, da sie keine formalen Einheiten, weder Mengen noch echte Klassen sind und durch den Stern nur imperativ angedeutet werden. (*) Geh so weiter, und darüber hinaus!“[113] Bezogen auf die kategoriale Trichotomie lautet dieser Imperativ: „kurz: Schau um dich (Υ1) | in dich (Υ2) | über dich (Υ3/4)! Noch kürzer der Imperativ von Delphi: Erkenne dich

---

[112] U. Blau, Grundparadoxien, grenzenlose Arithmetik, Mystik, p. 112; unter dem **K**-Argument wird o.c., p. 106, die triviale 80–90%ige, René Descartes zugeschriebene Korrelation zwischen subjektiv eher angenehmem und biologisch eher zweckmäßigem Verhalten verstanden. Wer über die Skalierung von „bin“ mit (Υ3) verwundert ist, schlage H. P. Sturm, Prinzipien-Triadik oder Prinzipien-Tetradik?, pp. 21, 35–39, 61–74, auf.

[113] U. Blau, Grundparadoxien, grenzenlose Arithmetik, Mystik, p. 7.

selbst (ϒ4)!“[114]

Was damit propagiert wird, ist, auch wenn es formalwissenschaftlich einen noch so bedeutenden Beitrag zur Rückgewinnung eines allumfassenden Menschen- und Weltbilds leisten und eine Erweiterung von dessen Darstellungsmöglichkeiten bieten sollte, weder Philosophie im Platonischen Sinne einer Gesamtheit von Theorie und Geistschulungspraxis noch Mystik, das/ein religiöse/s Pendant dazu, von der Erreichung des Ziels der Weisheit gar nicht erst zu reden, sondern bestenfalls philosophie-affines Denken oder Philosophiewissenschaft und Mystizismus bzw. Mystikologie. Ebensowenig ist, wie aus der Darstellung vorschnell geschlossen werden könnte, die „raumzeitlose Ideenwelt“ mit dem Noûs im platonistisch-überseelischen Sinne gleichzusetzen, in welchem und durch welchen die unmittelbare Schau des Seins, die Ideenschau, vollzogen wird, sondern günstigstenfalls seine so zu charakterisierende zum Individuum, dem abstrakten begriffsgebundenen Denken hin ausgerichtete Unterseite oder Schwundform, die im Liniengleichnis von Platon, wie wir noch sehen und diskutieren werden, unter dem Namen *diánoia* zwar über das Werdende hinausgehoben und im Bereich des Seins angesiedelt ist, der dort jedoch genau der kognitive Vollzug zugeschrieben wird, der nach dem im Fokus stehenden Mengentheoretiker über alle Grenzen hinaus – wo das auch immer sein und enden mag – entfaltet werden soll: die Rechenkunst.

Das Selbst (skr. *ātman*) und per Definitionsproblematik damit auch sein Gegenüber, das Nicht-Selbst, sind, obwohl im Modus der Vorläufigkeit, wie durch die vorliegende Argumentation demonstriert, an-denkbar und voraus-berechenbar, in letzter Hinsicht weder logisch denkbar noch berechenbar, wie weit hinaus oder darüber hinaus ich auch denke und rechne.

---

[114] U. Blau, Grundparadoxien, grenzenlose Arithmetik, Mystik, p. 13.

Kurz, beide sind „*inkomprehensibel*", nicht nur das Selbst oder Eine, sondern auch das Andere und Viele, und dadurch nur durch Verwindung der *comprehensio,* der Nicht-Identifikation mit dem *comprehendere* samt *comprehensum* in ‚Nicht-Erfahrung zu erfahren'[115]. Wer dem Fundament nicht traut, wie sollte sich der in dem baustatisch berechneten und demgemäß schließlich errichteten Gemäuer sicher fühlen?

Wir sind wieder und weiter beim ›Philebos‹. Betreffs des kategorialen Rangs des Vierten (*tétarton*), der vierten Gattung darin kann gesagt werden, daß er als nahezu identisch mit dem Vierten (*turīya*/*caturtha*/*turya*) der ›Māṇḍūkya-Upaniṣad‹, dem dortigen genus maximum, das für Ātman-Brahman steht, anzunehmen ist.[116] Dies wird besonders deutlich, wenn wir die zweite Hierarchie des ›Philebos‹, die unter Einbeziehung der Lust die menschliche Seite in den Blick nimmt, und die vierfältige BewußtSeins-Schichtung heranziehen, auf die der Meister im besagten Dialog seine Spekulationen selbst reduziert: „Also wirst Du sagen, daß

(Υ4) in der Natur (*en … phúsei*) des Zeus durch die Macht des Ursächlichen (*dià tẽn tẽs aitías dúnamin*) fürwahr einerseits

(Υ2) eine königliche Seele (*basilikẽn mèn psuchẽn*),

(Υ3) andrerseits ein königlicher Geist (*basilikòn dè noũn*) wohnt (*eggígnesthai*),

(Υ1) in anderem (*en d' állois*) aber anderes Schönes (*álla kalá*), benenne man es nach etwas, das einem beliebt. …

Meine nun nicht, o Protarchos, daß wir diese Aussage etwa

---

115 Cf. dazu H. P. Sturm, Die vier Stadien des Ent–Setzens, pp. 248-249.

116 Cf. Māṇḍūkya-Upaniṣad 7, 〈ed.〉 J. L. Shastri, Upaniṣatsaṅgrahaḥ, p. 20.

umsonst geäußert haben, sondern sie stimmt mit jenen überein, die vormals schon verkündet haben, daß

(ϒ3) der Geist (*noũs*) für immer (*aeì*)
(ϒ2/1) über das All (*toũ pantòs*)
⟨ϒ4⟩ herrscht (*árchei*).“[117]

Thematisch ist dazu eine (sehr dunkle) Stelle aus dem ›Zweiten Platonischen Brief‹ verwandt, dessen Authentie allerdings umstritten ist.[118] Dort spricht Platon mit dem ausdrücklichen Hinweis, in Rätseln (*di' einigmõn*) zu reden, von einer Dreiheit, deren Urprinzip der König von allem ist.

(ϒ4) „Um den König (*basiléa*)
(ϒ1) des Alls ist alles und alles ist
(ϒ4) Seinetwegen, und er ist die Ursache (*aítion*) alles Schönen;
(ϒ3) ein Zweites ist um das Zweite

---

[117] Platon, Philebos 30d1-8: *Oukoũn en mèn tẽj toũ Diòs ereĩs phúsei basilikẽn mèn psuchẽ́n, basilikòn dè noũn eggígnesthai dià tẽn tẽs aitías dúnamin, en d' állois álla kalá, kath' 'ó ti phílon 'ekástois légesthai. ... Toũton dẽ tón lógon 'ēmãs mẽ́ ti mátēn dóxẽjs, õ Prṍtarche, eirēkénai, all' ésti toĩs mèn pálai apophēnaménois 'õs aeì toũ pantòs noũs árchei súmmachos ekeínois.* Ich übersetze *állois* entsprechend der von mir benutzten zweisprachigen Ausgabe als Neutrum, wodurch der Bezug ganz allgemein zu „anderem“ hergestellt wird, nicht, wie häufig übersetzt, zu „anderen“ (maskulin), mit der dann erforderlichen und erfolgenden Textergänzung „Göttern“. Das Herrschen habe ich qua Überlegenheit der Macht des ursächlichen Zeus an die erste Stelle (ϒ4) gestellt, wohl wissend, daß es re-flexionsstrukturell auch an die zweite (ϒ3) gestellt werden könnte.

[118] Cf. L. Brisson, The Platonic Background in the *Apocalypse of Zostrianos,* pp. 179-187; J.-H. Waszink, Porphyrios und Numenios, p. 40 (mit Verweisen auf Stellen in der Sekundärliteratur in den Noten 2 und 3).

(Υ2) und ein Drittes um das Dritte.“[119]

Die hypostatische Gleichordnung mit der ›Māṇḍūkya-Upaniṣad‹ gilt freilich ungeachtet der Frage, ob Platon die Verwirklichung des Höchsten, den meisten indischen Philosophen eine Selbstverständlichkeit, für möglich gehalten hat oder nicht. Diese sollte man wohl basierend auf der Forschungshypothese beantworten, daß es sich bei den »Ágrapha«, die so »ungeschrieben«, wie die dafür gewählte moderne Bezeichnung eingibt und unter Heranziehung des ›Philebos-Dialogs‹ aufgewiesen wurde, gar nicht ist, um eine esoterische Unterweisung bzw. eine Art Einweihung handelt, deren Stellung im Gesamtaufbau der Platonischen Lehre einer Weihestufe griechischer Mysterienkulte entspricht:

(Υ1) das Schriftwerk ≙ der Reinigung;
(Υ2) der mündliche Unterricht, i.e. die »Ungeschriebene Lehre« ≙ der niederen Weihe, den Kleinen Mysterien;
(Υ3) die Schau (*epopteía*) oder das Erfahren (*patheĩn*) ≙ der höheren Weihe, den Großen Mysterien.[120]

Darüber, wie weit, ja ob man einer der ausführlichsten Überlieferungsquellen der ›Ágrapha‹, den Darstellungen des langjährigen, die esoterischen Lehren ausplaudernden Platon-Schülers

---

[119] Cf. Platon, Epistula 2, 312e1–4: *Perì tòn pántōn basiléa pánt' estì kaì ekeínou 'éneka pánta, kaì ekeĩno aítion 'apántōn tõn kalõn· deúteron dè péri tà deútera, kaì tríton péri tà tríta.*

[120] Cf. C. Schefer, Platons unsagbare Erfahrung, pp. 109–110, 40–41, 112–118, mit ausführlicher Dokumentation; ich werde auf das Thema dreier Lehrstufen von Weisheitslehren im Kapitel 7 des Faszikels II/6 zurückkommen; daß solche Stufungen letztlich auf der reflektorisch zu rekonstruierenden Kognitionsstruktur basieren, wurde in der Forschung meines Wissens bisher nicht thematisiert, das heißt, wohl nicht erkannt.

Aristoteles, die ob dessen Verkennung und Ablehnung der Ideenlehre seines Lehrers und quasi-realistischer Tendenzen von gefärbten Darstellungen (Entstellungen), Verzerrungen wie Irrtümern keinesfalls frei sein können, trauen darf, sollen sich die Historio-Doxographen gerne weiter den Kopf zerbrechen.[121] Zwar haben viele von ihnen entweder vom Mysterien- oder Mystikcharakter antiker Philosophiezweige kaum eine Ahnung oder wenn doch, bringen sie diesen genau mit der Irrationalität in Verbindung, der sie – im Bewußtsein des geraden Gegenteils – selbst unterliegen, da es den meisten von ihnen aber sowieso nicht um wahre Reflexion oder Reflexion des Wahren geht, sind sie so frei, sich mit solchem Gedankenmaterial ‚objektiv', d.h. völlig unbeteiligt, in endlosen, für sie selbst und andere inhaltlich und existentiell belanglosen Kommentaren zu ergehen. Solch abgehobene Spekulationen können weltweit nur eine gute Handvoll Spezialisten durchführen und/oder nachvollziehen. Und einige von diesen können es sehr gut. Diese

---

[121] J. Wippern, Einleitung, pp. XVIII-XX, nimmt zur Doppelfunktion der unbestimmten Zweiheit (*aóristos duás / interminabilis dualitas*) als Geist- und Stoffmaterie, die für die schwindelerregenden Kommentare zu Bedeutung, Funktion und Stellenwert dieser Kategorie innerhalb verschiedener Lehrentwicklungen mitverantwortlich sein dürfte, Stellung; Weiteres dazu und zu tetraktyschen Gebilden im Denken von Platon und Aristoteles und der antiken Interpretationsliteratur bei W. Theiler, Untersuchungen zur antiken Literatur (Einheit und unbegrenzte Zweiheit von Plato bis Plotin), besonders pp. 469-483, mit vier Diagrammen, o.c., pp. 475-477, von denen das zu Xenokrates im Kapitel 2.2 wiedergegeben wird; aus der Vielzahl von Interpretationen nenne ich hier nur einige: C. J. de Vogel, Rethinking Plato and Platonism, pp. 190-206; H. J. Krämer, Der Ursprung der Geistmetaphysik, p. 468, über das Verzeichnis von Wörtern und Begriffen, s.v. Dyas; idem, Plato and the Foundations of Metaphysics, pp. 203-218, Testimonienkompilation in englischer Übersetzung o.c., pp. 191-217; Gegendarstellung zu Krämer bei K. Oehler, Antike Philosophie und byzantinisches Mittelalter, pp. 149-152 (Zum Ursprung der Geistmetaphysik); cf. G. Reale, Zu einer neuen Interpretation Platons, pp. 199-209; Textkompilation bei K. Gaiser, Platons ungeschriebene Lehre, pp. 474-557, Nrn. 22-72 (Anhang).

leiten daraus das Recht ab, sie legitimerweise allein nachvollziehen und dem Rest der Welt durch Nicht-Übersetzen der unter Betracht stehenden Originalpassus vorenthalten zu dürfen. Dafür entlohnt sie dieser Rest dennoch fürstlich, noch froh darüber, mit derart ‚weltfremdem Zeug' ohne Bedeutsamkeit nicht belästigt zu werden. Der Schaden, der daraus durch die Obstruktion der Vergeistigung der Menschheit entsteht, ist zum Glück nicht meßbar.

Wie leicht oder schwer dieses Platonische Mysterium mit ähnlich erscheinenden antik-indischen „Geheimlehren"[122] oder alt-chinesischen Überlieferungen, die sich auf das Geheimnisvolle (玄 *xuán*) oder gar Über-Geheimnisvolle (玄之又玄 *xuán zhī yòu xuán*) berufen,[123] verglichen werden kann, das werden die letzten beiden Faszikel des vorliegenden Werkes zeigen. So findet sich das Gemischte als Produkt aus entgegengesetzten Prinzipien (*mixtum compositum*) auch in der Hindu-Tradition an nicht gerade unbedeutenden Stellen. Sowohl in der berühmten ›Bhagavad-Gītā‹ als auch im Kommentar zum ›Yoga-Sūtra‹ ist es auf Stufe (Ƴ2) vorzufinden. Ebenso ist in indischen Weisheitslehren die Sache mit der materiellen Grundlage des Wirklichen, die Problematik der Unterscheidung in eine ‚geistige' und ‚sinnliche' Materie wie die Unsicherheit, welche nun gemeint und an welcher Stelle sie eingeordnet werden sollte, aufzuweisen. In der philosophischen Orthodoxie Indiens wird diese Thematik hauptsächlich unter den Kategorien von Natur

---

[122] Cf. P. Deussen, Sechzig Upanishad's des Veda, p. 2: „*Upanishad* (vertrauliche Sitzung , später »Geheimlehre«), weil sie dem Schüler, wohl gegen Ende der Lehrzeit und unter Ausschluß des weiteren Schülerkreises, mitgeteilt zu werden pflegten." Das Wort Upaniṣad ist gebildet aus skr. *upa-ni-√sad,* etymologisch entsprechend gr. *'upó-ení-'izō,* dt. nahe/dabei-nieder/unten-sitzen/setzen: »zu Füßen sitzen«.

[123] Cf. Lǎozǐ, Dào-dé-jīng 1.8–1.9, 〈ed./tr.〉 T. Izutsu; ausführlich dazu im abschließenden Teilband der vorliegenden Abteilung II der ›Widerspiegelung des Geistes‹ zum Daoismus.

(*prakṛti*/*pradhāna*) und Urstoff (*virāṭ*) gefaßt, die dem Urwesen (*puruṣa*) gegenüberstehen und sich mit ihm zusammenschließen (dazu im Faszikel II/6).

Im Faszikel II/7 zur chinesisch-daoistischen Philosophie werden uns »Grenze« (極 *jí*) respektive oberste Grenze (太極 *tài jí*) im Sinne des frühdaoistischen Einen (一 *yī*) wie des Seins (有 *yǒu*) als Übergangskategorie(n) zwischen dem nicht-daoisierbaren, d.h. nicht begehbaren, nicht (be)nennbaren Universal-Dào (常道 *cháng dào*)[124] und dem Kosmos, im Daoismus Himmel-und-Erde (天地 *tiān dì*) genannt, begegnen. Und wir werden noch einiges Weitere zum Ur(un)wesen und zur Ursubstanz(-losigkeit), ihren vertauschbaren Stellungen innerhalb früher ostasiatischer Realitätshierarchien hören. Will man einmal dorthin gelangen, die Tetraktystik der anfänglichen und der klassischen Periode der hellenischen Philosophie überhaupt rational mit- und nachvollziehen zu vermögen, dann bestenfalls durch sensationelle Funde diesbezüglicher Dokumente, wahrscheinlicher aber durch Kenntnisnahme vergleichbarer Philosopheme aus den beiden anderen Stiftertraditionen dessen, was man berechtigterweise Philosophie nennen kann, der aus Bhārata und der aus Zhōnghuá, nicht aber ohne das cognitional framework, das categorial framework aller categorial frameworks, rekonstruiert zu haben. Außerdem ist eins nicht zu vergessen, die Berücksichtigung kosmogonischer Mythen alter Kulturen. Die Strukturierung einiger der davon am klarsten gegliederten lieferte, wenigstens von außen, historio-doxographisch also, betrachtet, die Blaupause für die pythagoreischen und platoni(sti)schen Prinzipienspekulationen, welche die praktischen Mysterienvollzüge in beiden Schulen begleiteten. Das anzuerkennen, würdigt die Philosophie keinesfalls herab, waren jene doch in ihren tiefsinnigsten, auf das Wesentliche

---

124 Cf. Lǎozǐ, Dào-dé-jīng 1.1, 〈ed./tr.〉 T. Izutsu; Genaues dazu in ›Widerspiegelung des Geistes II/7‹ zum Daoismus.

reduzierten Ausdrucksformen, im Ergebnis nicht weniger stimmig als diese, indem sie nichts anderes als Objektivationen der intuitiv erfaßten, doch (noch) nicht re-flektierten Kognitionsstruktur darstellen.

„Außerdem weist der Platonische Philosophiebegriff, den wir bisher zu klären versucht haben, eine große Nähe zu Hauptströmungen außereuropäischer Philosophie auf. So ist die Lehre der altindischen Upanischaden wesenhaft eine Philosophie der Einheit von Seele (âtman) und Weltgrund (brahman), und Schankara entwickelt um 800 n. Chr. eine Einheitslehre als Lehre von der Nicht-Zweiheit (a-dvaita). Ebenso gibt es im klassischen chinesischen Taoismus eine Lehre von der allumfassenden großen oder erhabenen Einheit (ta yih [大一] oder t'ai yih [太一]), der allerdings das Tao oder das Nichts noch vorausliegt. So heißt es bei Lao-tse: «Das Tao schuf die Eins, die Eins schuf die Zwei, die Zwei schuf die Drei, die Drei schuf die zehntausend Wesen» (c. 42), und bei Chuang-tse lesen wir: «Himmel und Erde sind mit mir zugleich entstanden, die zehntausend Wesen sind mit mir eins» (II). So verschieden die Sprache der chinesischen Weisen von der Sprache der griechischen Philosophen ist, so verwandt ist der Grundgedanke, der durchaus als ein philosophischer angesehen werden darf. Der sachgerecht aufgefaßte Philosophiebegriff Platons läßt die Weisheit der indischen und chinesischen Denker weniger fremd erscheinen, ermöglicht auf der Grundlage gemeinsamer Ausgangspunkte und Ziele eine Begegnung der so verschiedenen Kulturen und verhilft hoffentlich auch dazu, den herrschenden Provinzialismus der europäischen Philosophie zu überwinden."[125] Und das aus dem Munde eines

[125] K. Albert, Über Platons Begriff der Philosophie, p 63, meine Einfügung der chinesischen Schriftzeichen; cf. idem, Platonismus, p. 50; idem, Philosophie der Philosophie (Studien zur Philosophie der Philosophie), p. 442; o.c. (Mystik und Philosophie), pp. 215-216; Darstellungen der

anerkannten Vertreters der institutionellen Gelehrsamkeit!

Viel mehr als die Problematik vorzustellen und einen Anstoß zu geben, die Diskussion um die kulturüberschreitende Komparatistik inhaltlich über den nah- und mittelöstlichen Raum hinaus bis in den süd- und ostasiatischen auszuweiten, gar eine plausible Lösung inhaltlicher (konkreter) Probleme anzubieten, war mit diesen formalen/strukturellen (abstrakten) Bemerkungen nicht beabsichtigt. Auf den Ergebnissen der mehrfach rückbezüglich verfahrenden philosophischen Strukturtheorie basierend kann sie nun aber methodisch fundiert in Angriff genommen werden. Bedenkt man, daß die soeben zitierte Feststellung ausschlaggebender Schnittpunkte der drei Stiftertraditionen dessen, was man altgriechisch φιλοσοφία (*philosophía*) nannte, und die damit einhergehend geäußerte Hoffnung auf Überwindung der Provinzialität der westlichen Philosophie-Forschung vor mehr als einem Vierteljahrhundert niedergelegt wurde, so kann man die Errungenschaften, welche sich durch die diesbezüglichen wissenschaftlichen Bemühungen seither eingestellt haben, nur erbärmlich und trostlos nennen. Dem sollen die noch zu veröffentlichenden drei Faszikel der ›Widerspiegelung des Geistes II‹, insbesondere die letzten beiden zu Indien und China, abhelfen.[126]

„Lehre von der Einheit alles Seienden im Sein" neben westlichen Philosophierichtungen in o.c. (Mystik und Philosophie), pp. 220–240 (Vedānta), 241–252 (Daoismus), 253–258 (Zen und japanische Philosophie).

[126] Folgend ein Flußdiagramm zur »Ungeschriebenen Lehre« nach J. Wippern, Einleitung, p. XIX; man beachte dabei die problematische Verortung der unbestimmten Zweiheit (*aóristos duás*).

PLATONS PRINZIPIENSTRUKTUR DER »UNGESCHRIEBENEN LEHRE« (nach J. Wippern)

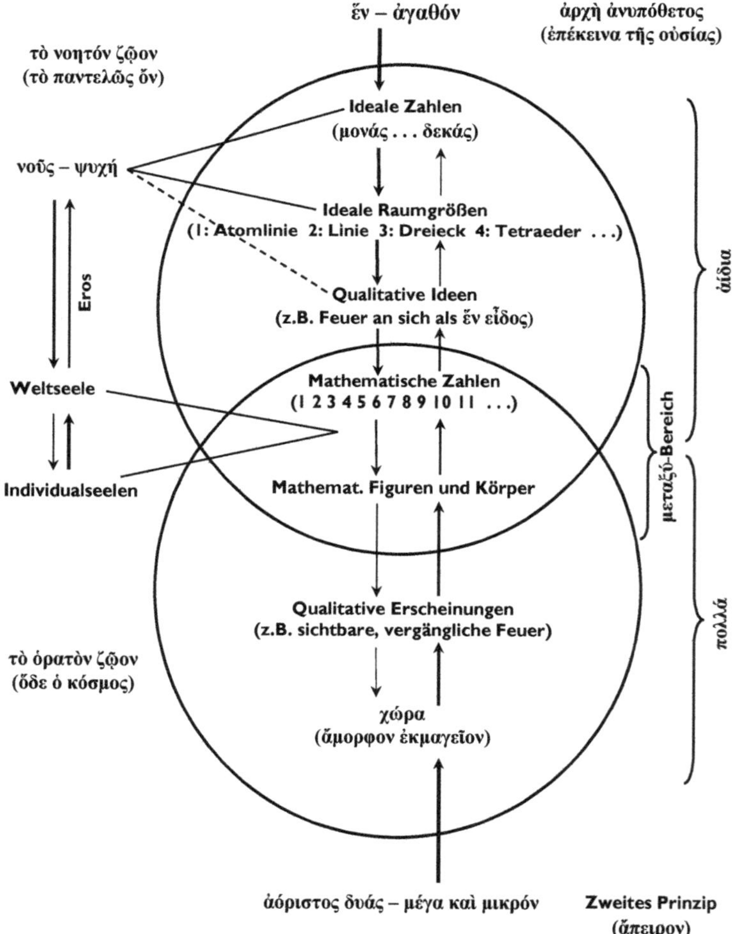

PLATONS PRINZIPIENSTRUKTUR DER »UNGESCHRIEBENEN LEHRE« (nach J. Wippern)

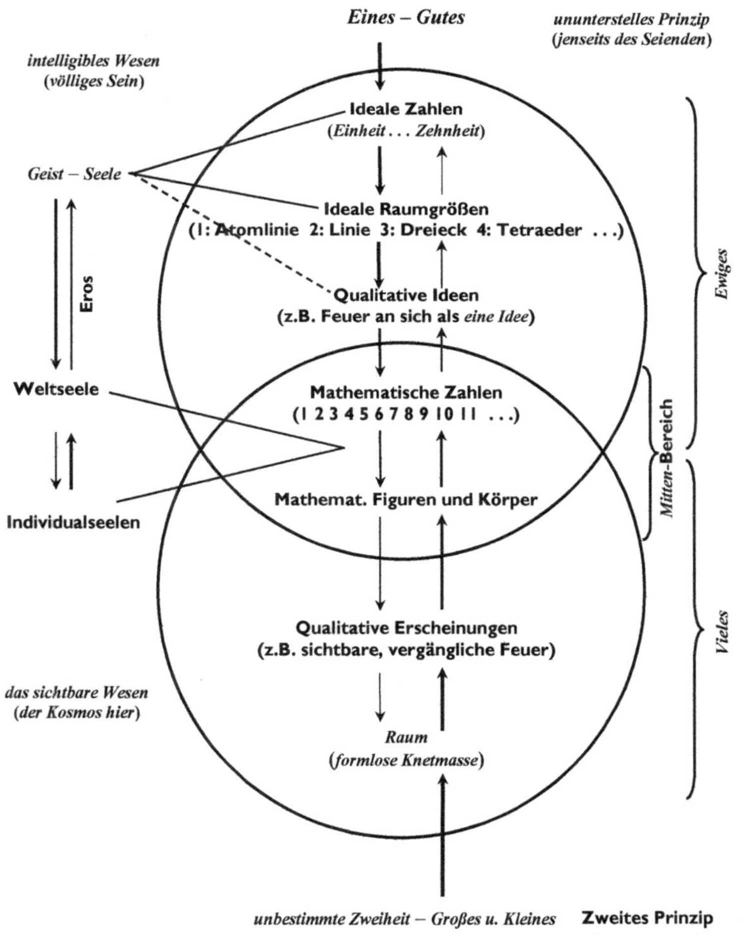

Mit Blick auf den Sinn einzelner Untereinheiten, ihr Verhältnis zueinander und ihre inhaltlichen Bestimmungen können wir bedauerlicherweise nichts Ge-scheites, d. h. Geschiedenes, Unterschiedenes (Distinktes) denken, doch ist es wenigstens möglich, auf der Basis reflexionsstrukturellen Wissens Vorschläge zur Restrukturierung zu unterbreiten, um das zu fördern, was beim Studium philosophischer Grundlagenliteratur geschehen sollte: Selbsttransformation durch Selbsterkenntnis. Da es dem (heutigen) Normalmenschen und Wissenschaftler, auch dem Philosophierenden, und somit leider auch mir, verwehrt ist, über die inneren Anschauungen zu verfügen, die es zulassen, Berichte aus der Mysterienwelt zu überprüfen, ist es derzeit nicht möglich, die darin mitgeteilten Informationen mit den gegenwärtig zur Verfügung stehenden Erkenntnismitteln zu verifizieren. Das heißt nicht, daß dies grundsätzlich und für immer ausgeschlossen sein muß, da aufgrund gewisser außerordentlicher, von der Objektwissenschaftsideologie geleugneter psycho-mentaler Fähigkeiten oder, um es im Fehlvorstellungen hervorrufenden Jargon des Evolutionismus auszudrücken, Entwicklungsstufen von Lebewesen, nur unter Nichtbeachtung diesbezüglicher Evidenzen in unterschiedlichen Erkenntnisbereichen bestritten werden kann, daß die Wahrnehmungsvermögen einzelner und einzelner Gattungen, hier des Menschen, gerade seine inneren, irgendwie über tiefere und/oder weitere oder einfach nur andere Felder und Schichten des Wirklichen, und sei es mit Hilfe technischer Vorrichtungen, erstreckte, erstreckt oder erstrecken wird, als dies alltäglich der Fall oder bisher erforscht ist, quasi nach der Einsicht, daß in jedem Menschen eine Fledermaus schlummert, die ohne Augen ausgezeichnet ‚sehen' kann. Den erkenntnistheoretischen Beweis dafür, daß wir die Potenz zur Allwissenheit – für die antike Philosophie und Religion, besonders die indische, aber auch die chinesische und mit Abstrichen die griechische, eine Selbstverständlichkeit – in uns tragen, habe ich unter Berufung auf

Mainstream-Wissen etablierter Universitätsgelehrsamkeit im theoretischen Grundlegungsband, der ›Widerspiegelung des Geistes I‹, geführt.[127]

Es sind allerdings nicht in erster Linie die Wissenschaftssparten der Biologie, Anthropologie oder Psychologie, die uns derzeit zu diesen Welten wieder einen Zugang eröffnen, das Verdienst dafür ist vielmehr den fortgeschrittensten Ansätzen der härtesten aller Objektwissenschaften, der modernen Physik, genauer gesagt, den Quanten- und Energiewissenschaften zusammen mit den Informationstechniken (im angelsächsichen Sprachraum Informationstechnologie [information technology] genannt, ein Ausdruck, der von uns unhinterfragt auf seine abweichende Bedeutung übernommen wurde), zuzuerkennen, die mit ihren radikalen Paradigmenwechseln die categorial frameworks dimensionaler Starre und damit längere Zeit und bei einem Großteil der sogenannten strengen Wissenschaftler und der gutgläubigen Bevölkerung für unumstößlich, universal und allein gültig gehaltene materialistisch-mechanistische Naturgesetzlichkeit auf experimentellem Wege nur als eine (einseitige) Perspektive der sogenannten wissenschaftlichen Betrachtung ins Wanken bringen und sich auf dem Wege ihrer kühnsten Interpretationen, ohne es, Ausnahmen gibt es, zu wissen und zu wollen, den philosophischen Erkenntnissen der Stifterkulturen annähern, die von jeher erwiesen haben, daß es keine beobachtungsunabhängige Objektivität gibt und objektwissenschaftliche Betrachtungen immer nur perspektivisch sein können, d.h. niemals abschließbar und endgültig sind. Die

[127] Cf. H. P. Sturm, Die vier Stadien des Ent–Setzens, pp. 176–179; ich beschränke mich hier auf die Angabe einer einzigen Stelle meines genannten Werkes, das insgesamt nichts anderes als die argumentative Untermauerung des erwähnten Beweises darstellt, an der ich mich sogar auf einen der mystizistischen Spinnerei unverdächtigen Professor der Philosophiewissenschaft mit mehreren Akademie-Mitgliedschaften berufen kann.

Dimension dieser Einsicht(en) scheint bisher leider auch den erwähnten Ausnahmen nicht aufgegangen zu sein. Nicht nur daß nach wie vor eine realistisch-materialistische Deutung der neu entdeckten Phänomene vorherrscht, deren unkritische Übernahme durch Spiritualismus und Esoterik verstärkt bisweilen den objektivistischen Charakter des gegenwärtigen Weltbilds und behindert die Öffnung hin zu einer geist-orientierten Sichtweise.

Daß die meisten der an der Forschungsfront Schaffenden (und noch mehr ihre Auftraggeber), die das brisante Wissen um den Zusammenhang von Geist (Information) und Stoff (Materie) und folglich über die Beeinflußbarkeit des psychomentalen Geschehens via objektwissenschaftlicher Informations-, Energie- und Strahlungstechnik anwenden (lassen), dies tun, ohne dafür die entsprechenden ethisch-moralischen Voraussetzungen mitzubringen, die Weisheitsjüngern früher den Eintritt in die Schulung erst ermöglichten, sollte nicht nur aufrechten Wahrheitssuchern bewußt sein, zu denken geben und sie zu Handlungen veranlassen, die dieser Entwicklung einen Riegel vorschieben.

„In den mündlichen Lehrvorträgen gebrauchte Platon … ein viergliedriges Strukturschema, bei dem alle Teile, auch die Mittelglieder, das gleiche Verhältnis zueinander haben: den Zusammenhang der Dimensionen

(Υ4) Zahl –
(Υ3) Linie –
(Υ2) Fläche –
(Υ1) Körper.“[128]

[128] K. Gaiser, Platons ungeschriebene Lehre, p. 92, meine Einfügung von Ordinalen. In der genannten Schrift wird das Strukturmodell der Platonischen Seinslehre mit Schwerpunkt auf dem Mathematischen rekonstruiert und in zahlreichen Diagrammen verbildlicht; gewisse

Das Gleiche werden wir bei dem langjährigen Schüler der Akademie, Aristoteles, in der Weise wiederfinden, daß er die tetraktysche Einteilung der Seele in ihrer von ihm als primitiv verkannten naturalistischen Form, wie sie vor ihm lebende Denker vertraten, zwar ablehnt, sie insgeheim aber als Stadienskala in seine Lehre vom Ablauf des Erkenntnisprozesses und der diesen vollziehenden seelisch-kognitiven Vermögen und Organe integriert. Tetraden sind eben die strukturellen Bedingungen jeglicher Bewußtseinstätigkeit.

„Die Forschung hat sich allzu lange von der Vorstellung beherrschen lassen, daß der Neuplatonismus nur eine Philosophie der Verbiegungen ursprünglich platonischer Gedanken sei. Die Zukunft wird immer deutlicher zeigen, wie falsch diese Annahme war. Im Gegenteil: wir werden eines Tages überrascht sein zu sehen, wie gering an Zahl und Gewicht die wirklich originären Beiträge des Neuplatonismus gewesen sind. Der Neuplatonismus knüpft an die bis in die römische Kaiserzeit ununterbrochen wirksam gebliebene Tradition der mündlichen Lehren Platons an. Der Neuplatonismus ist die erste Platon-Renaissance in weltgeschichtlichem Stil. ... Damit ist, so meine ich, auch deutlich, daß es sich heute bei dem Unternehmen der Erschließung und Rekonstruktion der innerakademischen Lehren Platons nicht um das handelt, was man gerne abwertend eine sogenannte neuplatonische Interpretation Platons nennt. Dieser Vorwurf übersieht die Tatsache, daß das neue Bild des esoterischen Platon sich auf Zeugnisse stützen kann, die einer Überlieferung entnommen sind, welche direkt oder indirekt auf Platon selbst zurückgeht. Es ist vielmehr so, daß das mit Hilfe dieser Belege gewonnene Platon-Bild die neuplatonische

---

Abweichungen von meinen Untergliederungen dürften aus der unterschiedlichen Forschungsintention erklärbar sein.

Platoninterpretation vielfach bestätigt."[129] Fragt sich natürlich, wer die Möglichkeit und ein Interesse daran hatte, das „Platon-Bild" eineinhalb Jahrtausende zu verfälschen, und ob es Vertreter derselben Weltanschauung sind, die dessen Restitution am entschiedensten bekämpfen und verhindern. Hierzu sollte man die Überlieferungsgeschichte der griechischen Philosophie seit dem (ausgehenden) Altertum endlich einmal ‚objektiv' unter die Lupe nehmen, woran unter den gegebenen institutionellen Forschungsbedingungen – woran das wohl liegen mag? – eingestandenermaßen nicht einmal zu denken ist.

Der Befund von den vier Kardinalprinzipien der Platonischen Lehre wird durch die Erschließung der sogenannten »Ungeschriebenen Lehre« Platon's zwar verstärkt, doch liefern die Schriften reichlich Material zu bestätigen, daß das, was von der neueren Forschung hinsichtlich der »Ágrapha« herausgefunden wurde, strukturell auf ein Minimum reduziert, für das gesamte Werk gilt. Um das weiter zu erhärten, will ich mit den Beispielen beginnen, die nicht nur am bekanntesten, sondern auch am prägnantesten sind, den sogenannten Gleichnisreden der ›Politeia‹. Die darin vorgetragenen Allegorien gelten, wenn man so will, schon traditionell als Schemata von BewußtSeins-Gliederungen, in unterschiedlichen Hinsichten allerdings, und stellen damit die klassischen Vorbilder dessen dar, was mit der »Strukturtheorie der Re-flexion«, d. h. dem nach deren Methodik konzipierten Werk hier erstrebt wird. Anhand dieser lassen sich dann weniger offen zutage getretene Muster verwandter Natur in Platon's Büchern entdecken und entschlüsseln.

Wie Platon selbst, beginnen wir mit dem Sonnengleichnis. Dabei handelt es sich um eine Quadrupel-Konstellation des

---

[129] K. Oehler, Antike Philosophie und byzantinisches Mittelalter, pp. 93–94 (Der entmythologisierte Platon); cf. den Sammelband ⟨ed.⟩ J. Wippern, Das Problem der ungeschriebenen Lehre Platons; J. Halfwassen, Der Aufstieg zum Einen, pp. 197–210, 423–425.

Sehens/Wahrnehmens und Denkens/Wissens, die der re-flexionstheoretischen Vorgehensweise nicht nur in der Aufzählung ihrer Momente, sondern zusätzlich in der reflektorischen Auffindung von deren Sinnzusammenhang, wenn auch in bildhafter Einkleidung, am allernächsten steht. Die von mir gewählte Anordnung der Bestandteile des Sonnengleichnisses folgt dem Gesichtspunkt struktureller Stimmigkeit und nur diesem, wodurch gewisse Kategorien, die sonst auf verschiedene Ordnungsniveaus zu verteilen sind, hier in einer Klasse zusammen auftauchen, wie z. B. a) Seele (ϒ2(2)) und b) Geist (ϒ2(3)) in der Klasse der Erkenntnisorgane (ϒ2). In der Unterscheidung von (Sinnes-)Wahrnehmung und (Geist-)Wahr-nehmung: a) bei nächtlichem Dämmerschein oder b) bei Tageshelle ist die Wahrheits- und Seinsschichtung: kaum Sehen – Sehen : Meinen/Meinung (*doxázein/dóxa*) – geistiges Einsehen, erstere drei im Werdebereich, letzteres im Seinsbereich, wie sie in den beiden anderen Gleichnisreden weitergedacht wird, implizit. Danach ergibt sich folgende Anordnung:

[*Wahrnehmungsobjekte:*]

(ϒ1(1)) Solches (*ekeĩná tis*), das
a) von nächtlicher Dunkelheit umgeben ist oder
b) vom Tageslicht beschienen,

(ϒ1(1)) Wahrgenommenes (*aisthētá*),

(ϒ1(1)) Sichtbares (*'orṓmena*);

[*Erkenntnisobjekte:*]

(ϒ1(2)) a) das Entstehende und Vergehende als Bereich der Meinung (*gignómenón te kaì apollúmenon ... dóxas*) oder

(ϒ1(3)) b) das Seiende als Bereich der Wahrheit (*alḗtheiá te kaì tò ón*),

(ϒ1(2/3)) Erkennbares (*gignōskoménon*),

(ϒ1(3)) geistig Einsehbares/Eingesehenes (*noētón*),

(ϒ1(3)) geistig Eingesehenes/Einsehbares (*nooúmena*);

[*Wahrnehmungsorgan:*]

(Υ2$_{(1)}$) Auge (*ómma*),

(Υ2$_{(1)}$) Gesichtssinn (*toũ ‘orãn aísthēsis*),

(Υ2$_{(1)}$) das sonnenartig(st)e (*‘ēlioeidē̃s/‘ēlioeidéstatón*) Sinneswerkzeug (*tō̃n perí tàs aisthḗseis orgánōn*);

[*Erkenntnisorgane:*]

(Υ2$_{(2/3)}$) Vermögen des Erkennenden (*tō̃j gignṓskonti tḕn dúnamin*),

(Υ2$_{(2)}$) Seele (*psuchḗ*),

(Υ2$_{(3)}$) Geist (*noũs*);

[*Vermittlungsinstanz:*]

(Υ3) die dritte Gattung (*génos tríton*) als das Medium, das Verbindende/Joch (*zugón*):

(Υ3$_{(1)}$) Licht (*phō̃s*), das Sonnenartige (*‘ēlioeidē̃s*) [bzw. Sonnenartigste (*‘ēlioeidéstatón*)], das dem Sichtbaren/Gesehenen Sichtbarkeit (*toũ ‘orãsthai dúnamis*) verleiht und dieserart (sinnliches) Sehen (*ópsis*) ermöglicht wird,

(Υ3$_{(3)}$) wie der Sohn/Nachkomme des Guten (*tòn toũ agathoũ ékgonon*), das Gutartige (*agathoeidē̃s*), das dem Erkennbaren/Erkannten qua Sein (*tò ón*) Wahrheit (*alḗtheia*), Erkenntnis (*gnō̃sis*) und Wissen (*epistḗmē*) zuteilwerden läßt und es sich auf diese Weise zeigt,

(Υ3$_{(2)}$) daß die Seele (*psuchḗ*)

(Υ3$_{(3)}$) Geist besitzt (*noũn échein phaínetai*), beide selbst aber

[*Grundbedingung von Wahrheit und Wirklichkeit:*]

(Υ4$_{(1)}$) einerseits von Helios, der Sonne bzw. dem Sonnengott (*‘ḗlios/theós*) ausgehen, die/der einerseits dem Sichtbaren nicht nur Sichtbarkeit, sondern auch Werden, Wachstum und Nahrung (*génesis, aúxē, trophḗ*) ermöglicht,

(Υ4(2/3)) wie andererseits der Erkennbarkeit von der Idee des Guten Wahrheit ermöglicht und dem Erkennenden das [Erkenntnis-]Vermögen eingeräumt wird (*tò tḕn alḗtheian paréchon toĩs gignōskoménois kaì tõj gignṓskonti tḕn dúnamin apodidòn tḕn toũ agathoũ idéan*), diese als Grund von Wissen und Wahrheit, sofern erkannt wird, zu denken ist (*aitían d' epistḗmēs oũsan kaì alētheías, 'ōs gignōskoménēs mèn dianooũ*), und Erkanntwerden (*gignṓskesthai*), Sein und Seiendheit (*eĩnai te kaì ousía*) begründet (*aítios*) werden von dem nicht Sein seienden, sondern an Vorrang und Mächtigkeit noch bis jenseits des Seins hinausragenden Guten (*ouk ousías óntos toũ agathoũ, all' éti epékeina tẽs ousías presbeíaj kaì dunámei 'uperéchontos*), das zwar Wissen und Wahrheit ermöglicht/gewährt, selbst aber an Vortrefflichkeit/Schönheit noch über diesen ist (*epistḗmen mèn kaì alḗtheian paréchei, autò d' 'upèr taũta kállei estín*).[130]

[130] Cf. Platon, Politeia 506b3-509b10; der Platonischen Wahrheitslehre gemäß sind alle diesbezüglichen Begriffe aus dem Bedeutungsfeld »Ursache«, »Grund« hier wissensspezifisch als *rationes cocnoscendi* übersetzt. Es ist darauf hinzuweisen, daß der Unterschied zwischen den Termini „das Gute" (selbst) und „die Idee des Guten" aus der Verwendung im Text nicht zu bestimmen ist; dies gilt auch für die Textstellen o. c. 517b9, wie o. c. 534b-c, wo gefordert wird, die Idee des Guten durch Sonderung/ Wegnahme von allem anderen begrifflich zu definieren; wer dazu nicht in der Lage sei, von dem könne man nicht behaupten, das Gute selbst zu erkennen (*Oukoũn kaì perì toũ agathoũ 'ōsaútōs· 'òs àn mḕ échēj diorísasthai tõj lógōj apò tõn állōn pántōn aphelṑn tḕn toũ agathoũ idéan, ... oúte autò tò agathòn phḗseis eidénai ...*); der Umstand, daß die Verwirklichung des Guten, wie noch gezeigt werden wird, nicht prinzipientheoretisch, sondern nur erfahrungshaft-existentiell vollzogen werden kann, bringt einen weiteren Prinzipien-Aspekt des Terminus ins Spiel, der nach der Strukturtheorie der Re-flexion unumgänglich ist und erklären könnte, warum Platon in Zusammenhang mit dem Guten mitunter von der Idee des Guten (der Idee der Ideen also) spricht, worauf ich schon in H. P. Sturm, Weder Sein noch Nichtsein, pp. 294-295, vor fast 20 Jahren

An diesem Beispiel wird einsichtig, daß die Binnengliederung des Geistigen im Neuplatonismus (*noũs – nóēsis – noētón*) nur eine kontrahierte Form des transzendental-phänomenologisch erschließbaren Kognitionsgeschehens (Erkenn(end)er – Erkenntnis – Erkennbares/Erkanntes, sei es im Bereich des Sensualen oder im Bereich des Mentalen, umgekehrt formuliert, daß das normale Erkennen nur eine distrahierte Form unmittelbaren Geistgeschehens, d.h. der Geiststruktur selbst darstellt.

Geschichtet in die Sinnen- und die reine Geistebene liest sich das in der einschlägigen Forschungsliteratur wie folgt: „Ursprung und Quelle des Lichtes aber ist die Sonne, der höchste himmlische Gott. Als Herr (κύριος) des Lichtes verursacht (ποιεῖ, 508 A 5; vgl. αἰτιάσασθαι A 4) Helios
1) das Sehen des Auges,
2) das Gesehenwerden des Sichtbaren,
3) die Einheit von Sehendem und Gesehenem im Sehakt (508 A 4 - 8) … Der Einheitsgrund der Ideen und des Denkens, das Gute als das absolute Eine, ist mithin
(1) das Prinzip der Erkennbarkeit der Ideen;
(2) das Prinzip der Erkenntniskraft des Nous;
(3) das Prinzip des aktualen Wissens, d.h. aber der Einheit von Denken und Sein im Erkenntnisakt.“[131]

---

hinwies; aus transzendentalphilosophischer Perspektive dazu H. M. Baumgartner, Von der Möglichkeit, das Agathon als Prinzip zu denken, pp. 92-101. Es ist aber auch nicht auszuschließen, daß diese Unschärfe mit der Unschärfe bei der Positionierung des Noũs zu tun hat, die auf (Υ3) und/oder (Υ4), beiden, oder dazwischen liegen kann.

[131] J. Halfwassen, Der Aufstieg zum Einen, pp. 248 … 253; warum die Propositionen der beiden Reihen zur besseren Übersichtlichkeit nicht korreliert, sondern (1) und (2) gegenüber 1) und 2) umgestellt wurden, will nicht einleuchten. Zur irreführenden Übersetzung von *noeĩn* mit »Denken« nahm ich in den technischen Vorinformationen von H. P. Sturm, Die vier Stadien des Ent-Setzens, pp. 42-44, Stellung; einen

Der vermeintlich am offenkundigsten gegliederte Aufbau ist im Liniengleichnis vorfindlich.[132] Es staffelt die Erkenntnisweisen und ihre Gegenstände ganz prosaisch unter Anwendung von Kategorien aus dem Bedeutungsfeld des Erkennens, und zwar auf folgende Weise:

(ϒ2) (Schein-)Meinung, bloßes Vermeinen, leeres Wähnen, Vermuten und Vorstellen (*dóxa*) auf der Ebene des Meinbaren (*doxastón*) bzw.

(ϒ1) Sichtbaren (*'oratón*), untergliedert in

(ϒ½.2) Vergleichung durch Ähnlichkeit oder Erraten (*eikasía*)

(ϒ½.1) von Bildern (*eikónes*) wie Schatten (*skiaí*) und

(ϒ1/2.2) Mutmaßen über, Überzeugtsein, Fürwahrhalten von, Glauben an (*pístis*)

(ϒ1/2.1) Gestalten, Figuren und (Lebe-)Wesen, Pflanzliches und Verfertigtes/Gerätschaften um uns herum (*tá te perì 'ēmãs zõja kaì pãn tò phuteutòn kaì tò skeuastòn 'ólon génos*).

(ϒ2/3.2) Diskursiv-formales, abstraktes Denken (*diánoia*)

(ϒ2/3.1) mit nur indirektem Bezug zu Bildern (*'ōs eikósi*) und sichtbaren Gestalten (*'orōménois eĩdesi*), während die Seele (*psuchḗ*) eben nicht mit Sichtbarem selbst, sondern mit geistigen Bildern (*eikósi*) operiert, die deutlicher (*enargési*) sind als die der darunterliegenden Erkenntnisbereiche, indem sie diese als Hypothesen/Voraussetzungen (*'upothésesi*) benutzt, um das von den [metempirischen] Wissen(schaft)sdisziplinen geschaute (*theōroúmenon ... téchnōn*) anzuwenden, wie

Überblick über die verschiedenen Definitionen von »Denken«, mit dem üblichen Bias moderner Fachgelehrter allerdings, gibt R. Eisler, Wörterbuch der philosophischen Begriffe, 1.253-264, s.v. Denken.

[132] Cf. Platon, Politeia 509c1-511e6, 533b1-534a9.

innerhalb der Geometrie (*geōmetría*) oder dergleichen, damit das erkannt werde, was ausschließlich
(ϒ2/3.2) mit abstraktem Denken einsehbar ist (*'à ouk àn állōs ídoi tis è tē̃j dianoíaj*), 'ohne sich und anderen wegen des allgemeinen angenommenen Einleuchtens dafür eine weitere Begründung zu geben, sondern sie axiomatisch für richtig haltend, das weitere davon ableitend, um demgemäß beim angestrebten Resultat der Untersuchung anzugelangen'[133].
(ϒ3.1) Wahrheit (*alḗtheia*), Wissen (*epistḗmē*), Klarheit (*saphḗneia*) und Erkenntnis (*gnō̃sis*) durch (Geist-)Erkenntnis/(Geist-)Einsicht (*nóēsis/noũs*)
(ϒ3.2) mit Hilfe der Ideen/Urformen und durch sie (hindurch) (*autoĩs eídēsi di' autō̃n*), 'indem der Lógos selbst/unmittelbar/an sich (*autòs 'o lógos*) mittels des dialektischen Vermögens (*tē̃j toũ dialégesthai dunámei*) Unterlagen schafft (*tàs 'upothéseis poioúmenos*), nicht Ausgangspunkte (*ouk archás*), sondern wirkliche/seiende Grundlagen (*allà tō̃j ónti 'upothéseis*) als Zugänge/Aufstiege und Anläufe/Angriffe (*'oĩon epibáseis te kaì 'ormás*), damit er' {'durch Aufhebung alles Hypothetischen/Unterstellten (*tàs 'upothéseis anairoũsa*)'}
(ϒ4) 'bis zum Un-Unterstellten/Voraussetzungslosen, an den Allgrund/Allursprung gelange, diesen ergreifend
⟨ϒ3'⟩= dann wieder, sich haltend an das von jenem Gehalte-
=⟨ϒ3⟩+⟨ϒ4⟩ ne/Ausgehende (*pálin aũ echómenos tō̃n ekeínēs echoménōn*), bis zum Ende hinabsteigt (*'oútōs epì teleutḕn*

[133] Cf. Platon, Politeia 510c6-d2: *taũta mèn 'ōs eidótes, poiēsámenoi 'upothéseis autá, oudéna lógon oúte 'autoĩs oúte állois éti axioũsi perì autō̃n didónai 'ōs pantì phanerō̃n, ek toútōn d' archómenoi tà loipà ḗdē diexióntes teleutō̃sin 'omologouménōs epì toũto 'oũ àn epì sképsin 'ormḗsōsi.* Schlußteil des Abschnitts freier paraphrasiert, zur Kenntlichmachung dennoch zwischen einfachen Anführungsstrichen oben.

> *katabaínēj,*), sich auf überhaupt nichts Sinnliches berufend (*aisthētōj pantápasin oudenì proschṓmenos*), sondern auf die Ideen/Formen selbst/allein/unmittelbar, von einer/m zur/m andern (*all' eídesin autoĩs di' autõn eis autá*), und (so) auch in den Ideen/Formen endigt (*kaì teleutãj eis eídē*).'[134]

Mit den Beschreibungen ab der Wahrheits- oder Wissensebene könnte einerseits ausgedrückt sein, daß sich sowohl der Noũs seine Ideen als auch der Logos seine Hypothesen, seine so zu nennenden Lógoi (Vernunftgründe oder Universalien) selbst gibt, er der ‚Denker' des ‚Zu-Denkenden' als eines (bereits) ‚Gedachten' ist. Ist hierin nicht wenigstens ein Aspekt des Programms der spätestens seit Kant so genannten Transzendentalphilosophie zu entdecken, das J. G. Fichte »Wissenschaftslehre« nannte und ich »Re-flexions-Philosophie« oder »Strukturtheorie der Re-flexion« nenne? Die mehr oder minder deutliche Annäherung des Lógos an die Funktionen des Noũs verstärkt den transzendentalen Duktus dieses Passus. Mit meiner Skalierung des letzten Abschnitts deute ich andrerseits eine ‚mysti(zisti)sche' Auslegungsmöglichkeit an, indem nach dem Durchgang

---

[134] Cf. Platon, Politeia 511b3-c2; Einfügung in geschweifen Klammern aus o.c. 533c10: *tàs 'upothéseis anairoũsa*; meine Erläuterungen in eckigen Klammern; nahezu wörtlich übersetzter Text zwischen einfachen Anführungszeichen oben: *Tò toínun 'éteron mánthane tmẽma toũ noētoũ légontá me toũto oũ autòs 'o lógos 'áptetai tẽj toũ dialégesthai dunámei, tàs 'upothéseis poioúmenos ouk archás, allà tõj ónti 'upothéseis, 'oĩon epibáseis te kaì 'ormás, 'ína méchri toũ anupothétou epì tẽn toũ pantòs archẽn iṓn, 'apsámenos autẽs, pálin aũ echómenos tõn ekeínēs echoménōn, 'oútōs epì teleutẽn katabaínēj, aisthētõj pantápasin oudenì proschṓmenos, all' eídesin autoĩs di' autõn eis autá, kaì teleutãj eis eídē.* B. Bosanquet, Collected Works, 19.260-261 (A Companion to Plato's Republic), stellt die Erkenntnisgraduierung des Liniengleichnisses von Platon, Politeia 509c-51e mit 533a-535a, neben eine ähnliche, zusammengestellt aus idem, Philebos 52a-c mit 55d-59d.

durch das Anhypótheton, das Unbedingte oder Absolute das von diesem Bedingte/Gehaltene/Ausgehende/Herbeigeführte/Umfaßte (*echoménōn*) durch die Erlangung der ideenhaft-geistigen Einsicht und deren Aufrechterhaltung in seiner Wesentlichkeit und Geistigkeit wiederhergestellt wird und bleibt. Die re-flexionstheoretische Erklärung hierfür wurde in der ersten Abteilung der ›Widerspiegelung des Geistes‹ vorgelegt.[135]

---

[135] Den Grundriß der anschließenden Graphik des Liniengleichnisses entnahm ich einer Darstellung von R. N. Iyer, Parapolitics, p. 45, die in E. J. Urwick, The Platonic Quest, p. XII, abgedruckt ist; die Hinzufügung der »Materie« aus dem ›Timaios‹ zur Linien-Darstellung und die Heraushebung des irrelativen Urgrunds als eigenständigen Schemabestandteil nahm ich vor, um die Gesamtausdehnung der Platonischen BewußtSeins-Struktur vor Augen zu führen. Ausführliche Erläuterungen und Modelle, auch aus der Antike, bei H. Dörrie / M. Baltes, Der Platonismus in der Antike, 4.84/97, Text 108.0a-108.2, Kommentar: 4.332-355. Eine Tabelle der vier Erkenntnisvermögen von Wahrnehmung, Meinung, Denken und Geisterkenntnis und ihrer Gegenstände bei Platon, Aristoteles, Hume und Kant entwirft R. S. Brumbaugh, Plato on the One. The Hypotheses in the *Parmenides,* pp. 193[6]-194. Ich gebe sie anschließend an die Abbildungen des Liniengleichnisses in deutscher Sprache wieder. Die Übersetzungen der obersten Erkenntnisvermögen sind wörtlich und nach der modernen Einteilung ihrer Hierarchie gegeben: *Understanding* = Verstand; *Reason* = Vernunft. Deshalb sind sie gegenüber der von mir gewählten Einteilung vertauscht.

PLATON – LINIENGLEICHNIS
(inspiriert durch R. Iyer)

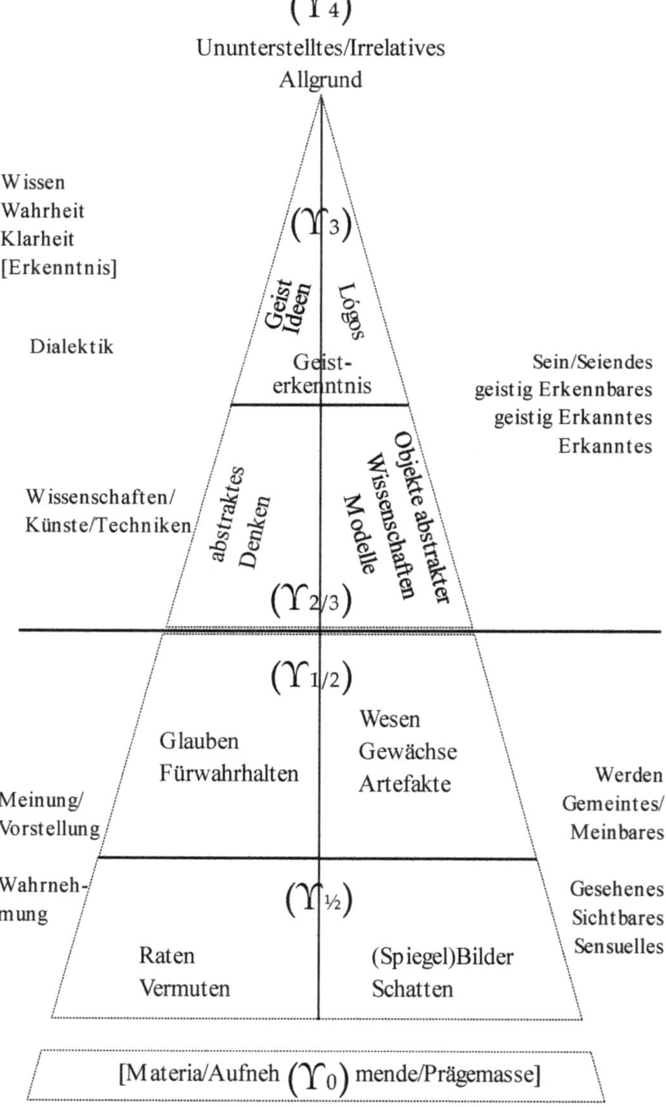

PLATON – LINIENGLEICHNIS

(inspiriert durch R. Iyer)

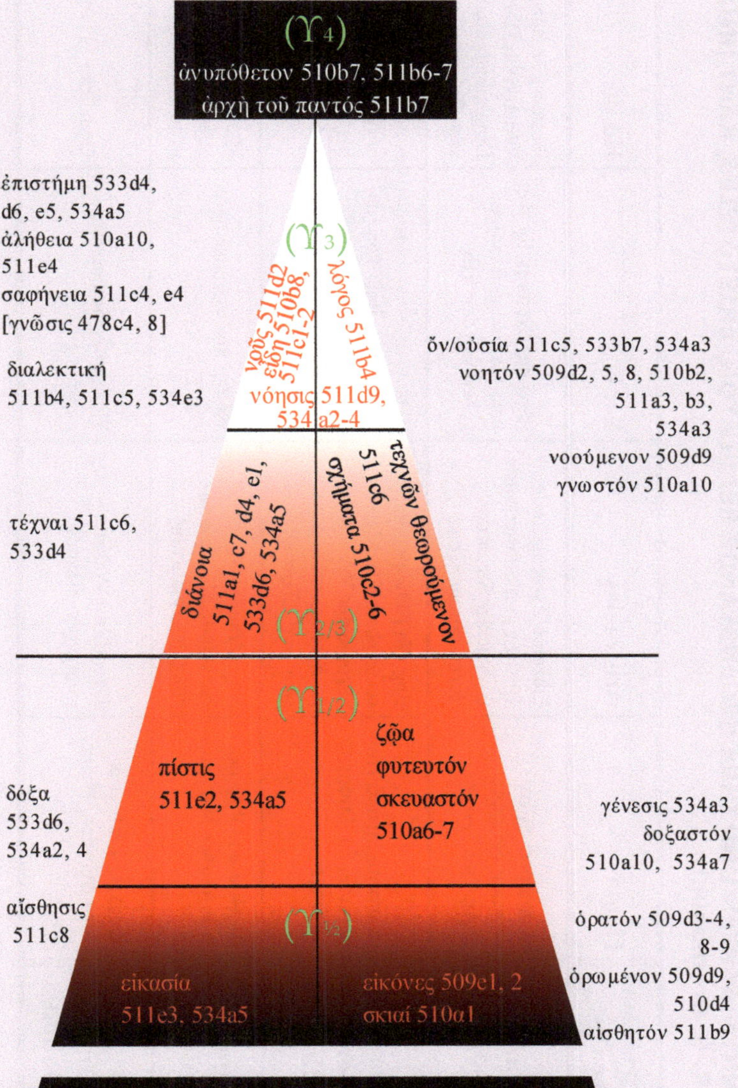

$$(\Upsilon_3 + \Upsilon_{2/3}) : (\Upsilon_{1/2} + \Upsilon_{\frac{1}{2}}) = \Upsilon_3 : \Upsilon_{1/2} = \Upsilon_{2/3} : \Upsilon_{\frac{1}{2}}$$

ERKENNTNISARTEN UND IHRE GEGENSTÄNDE BEI PLATON, ARISTOTELES, KANT UND HUME (nach R. S. Brumbaugh)

Philosoph / Vermögen	Platon	Aristoteles	Kant	Hume
1. Vernunft (Reason)	Grundformen von Werten; ein metaphysisches System	Einzelne Zweckgründe; Einsicht in die funktionale Einheit der Struktur durch tätigen Geist	Ideal des Systems, für das kein Gegenstand (an)gegeben werden kann	Illusionärer Bezug von Wörtern auf inexistente Dinge; bedeutungslose, vage Behauptung
2. Verstand (Understanding	Invariante Strukturformen und Funktionsbeziehungen	Begriffe (scheinen eingeteilte abstrakte Klassen allgemeiner Wahrnehmungsgegenstände zu sein: evtl. „Formgründe“)	Vielfalt von Begriffen (die Konstruktionsregeln für typische Objekte sind)	entweder erfundene oder herkömmliche Ideenreihen
3. Meinung (Opinion)	Objekte und ihre normale kausale Verknüpfung	Allg. Wahrnehmungsgegenstände plus Erinnerung (= „Erfahrung“)	Vielfalt der Vorstellung plus Erinnerung	Ideen = durch Vorstellung modifizierte Eindrücke
4. Wahrnehmung (Sensation)	Aspektevielfalt von Gegenständen; Phänomene	Eigentliche Wahrnehmungsgegenstände	Vielfalt der Sinneswahrnehmung	Eindrücke

Vergleicht man die Lehre von den Erkenntniskategorien des Linien- mit der des Sonnengleichnisses, so springt in die Augen, daß es sich beide Male um vier Bestandteile handelt. Wer jetzt annimmt, daß infolgedessen beide deckungsgleich wären, hat zu schnell und falsch geschlossen. Wenn letzteres nämlich den Idealtyp verkörpert, dann liegt bei ersterem nicht nur eine Abweichung vor, sondern ein Verstoß gegen die Strukturlogik. Denn strukturell gleiche Elemente kommen darin doppelt vor. Sieht man einmal von der Derivationsproblematik ab, die zudem eine inhaltliche Bestimmung darstellt, wie sie natürlich auch im Sonnengleichnis auftritt, so ist festzustellen, daß die Bestandteile: Abbildungen (*eikónes*) und Raten/Abbilden/Vergleichen/Vermuten (*eikasía*) zusammen mit dem Gegenstandserkennen (*zõja/phuteutón/skeuastón*) im Bereich des Glaubens, Fürwahrhaltens und Überzeugtseins (*pístis*), sowie gleichzeitig das Formalgeschehen des abstrakten Denkens (*diánoia*), das Gegenstände nur noch vermittelt, als deren Ideen/Formen (*eídē*) (!), verwendet, die gleiche Struktur besitzen.

Das Verhältnis zwischen gegenstandsbezogenem (*dóxa*) und reinem, in sich bleibendem Denken (*diánoia*) ist jedoch durch die Methode der Abstraktion (des letzteren vom ersteren) bestimmt. Auf welchem Abstraktionsniveau mein Denken aber immer abläuft, die Form dieser Erkenntnisart bleibt die gleiche: Erkennendes/Subjekt : Erkennbarem/Objekt. Formalisierung ist natürlich auch in der Strukturtheorie der Re-flexion zunächst Produkt von Abstraktion, Abstraktion nämlich von allem Konkreten, allem einzelnen: Individuen oder Personen auf der einen, der Subjekt-Seite, und Gegenständen oder Sachverhalten auf der anderen, der Objekt-Seite. Die solcherart auf das Minimum heruntergebrochenen kognitionskonstitutiven Einheiten bilden bei der re-flexionsstrukturellen Methode jedoch den Ausgangspunkt weiterer Formalisierung, nun aber durch Re-flexion (Metatheorie). Während das (mathematische) Denken (*diánoia*) der »Linie«, wie wir sahen, axiomatisch verfährt, ist das re-flexionsstrukturelle apodiktisch, und zwar von Beginn, der Bestimmung der sinnlich wahrgenommenen Ausgangskonstellation als Gegenüber zweier oder mehrerer Sachen oder Sachverhalte an. Das entspricht, wenigstens den Worten nach, fast dem Geist-, Geisteinsicht-, Wahrheits- und Wissensbereich des Liniengleichnisses. Diese Problematik wird uns unter den Rubriken »transzendental« oder »mysti(zist)isch« noch eingehend geschäftigen.

Insofern besteht zwischen Sonnen- und Liniengleichnis kein struktur-komponentieller Parallelismus. Dieser wird durch das dazwischenliegende abstrakte Denken (*'ōs metaxú ti dóxēs te kaì noũ tẽn diánoian oũsan*)[136] in letzterem durchbrochen. Sein Kriterium ist nicht durch Struktur, sondern durch die Stabilität oder Unveränderlichkeit des damit einhergehenden Wissens festgelegt. Diese Zwischeninstanz ist im Höhlengleichnis ebenso nicht vorhanden. Dessen Bildeprinzipien folgen also mehr der Schematik des Sonnengleichnisses: Lichtquelle, Lichtschein, Gegenstandsrepräsentanten (Figuren/Formen = Begriffe), Gegenstände (Schatten/Echos). Dazu gleich Genaueres.

Platon legt den Linienschnitt zwischen Sichtbarem und geistig Einsehbarem also an einer re-flexionsstrukturell betrachtet unzutreffenden Stelle. Ziehen wir diese Trennlinie jedoch über dem abstrakten Denken und beziehen wir das Unbedingte, Voraussetzungslose (*anupótheton*) qua All-Grund (*toũ pantòs archḗ*) als vierten Abschnitt in die Systematik ein, dann ergibt sich eine Korrelation zwischen dem Sonnen- und dem Linienschema auch nach re-flexionsstruktureller Maßgabe. Es ist anzunehmen, daß Platon hierbei Symmetrie und Ebenmaß einen Vorrang vor der Prinzipienmetaphysik einräumte. Meine Auslegung der Höhlenallegorie folgt der Logik der Re-flexionstheorie und damit der des Sonnengleichnisses. Platon selbst

---

[136] Cf. Platon, Politeia 511d5-6.

stellt den Zusammenhang her,[137] wodurch ein Höchstmaß an Konsistenz erzielt und aufgezeigt werden kann, daß die Entwürfe womöglich deshalb nicht deckungsgleich sind, weil mit ihnen verschiedene zu schulende und perfektionierende Mentalfunktionen angesprochen werden sollten.

Die Klassifikation des Liniengleichnisses könnte nach derzeit bevorzugtem historio-doxographischem Verständnis ihre Herkunft Herakleitos, indirekt jedoch der pythagoreischen Proportionenlehre verdanken. „Wir stellen jetzt fest, daß er ... die Beziehungen zwischen den vier Seinsstufen und zwischen den vier Erkenntnismodi in der gleichen mathematischen Sprache ausdrückt, deren wir uns durchweg in der Untersuchung zur Klarlegung der heraklitischen Gedanken bedient haben. Platons Termini für die vier Erkenntnisstufen sind: ἐπιστήμη (a), διάνοια (b), πίστις (c), und εἰκασία (d); die beiden ersten zusammen ($a + b$) heißen νόησις, und die beiden letzten zusammen ($c + d$) δόξα; Platon formuliert nun die Gleichungen $(a + b) : (c + d) = a : c = b : d$, und sagt daß ein entsprechendes Proportionssystem (ἀναλογία) auch für die vier Seinsstufen gilt, die den vier Erkenntnisstufen als Gegenstände dienen."[138]

Die Staffelung des Liniengleichnisses entspricht annähernd den am Ende der ersten Hypothese des ›Parmenides-Dialogs‹ hinsichtlich des Einen an sich verneinten und zum Un(be)-nennbaren, Unerkennbaren, dem Transkognitiven hin überstiegenen Weisen des Erkennens. Dabei hängt die exakte Zuordnung der Erkenntnisniveaus vom Verhältnis des Wissens zur Geisteinsicht und der Wahrnehmung(sgegenstände) zur Materie ab:

---

137 Cf. Platon, Politeia 517a9–c5.

138 H. Fränkel, Wege und Formen frühgriechischen Denkens, p. 282[+1]. Der Einteilung des Autors, cf. zudem o.c., p. 282[2], kann ich mich, wie meine Skalierung verrät, aus meiner Forschungsintention heraus nicht vorbehaltlos anschließen.

(Υ4) „Folglich gehört Ihm [dem Einen]
(–Υ2$_2$) also auch weder eine Benennung (*ónoma*)
(–Υ2$_1$) noch auch eine Aussage/Darlegung/Erklärung (*ló-gos*),
(–Υ3) noch auch irgendein Wissen (*epistḗmē*),
(–Υ1) noch auch Wahrnehmen (*aísthēsis*),
(–Υ2$_3$) noch auch Meinen/Dafürhalten (*dóxa*) zu.

– Es scheint nicht. –

(Υ4) Also wird Es
(–Υ2$_2$) auch weder benannt
(–Υ2$_1$) noch auch ausgesprochen/dargelegt/erklärt,
(–Υ2$_3$) noch auch Gemeint/Vorgestellt,
(–Υ3) noch auch erkannt,
(–Υ1) noch auch irgend Seiendes von ihm sinnlich Wahrgenommen.

Offensichtlich nicht. – Ist es demnach wohl möglich, daß es sich mit dem Einen (Υ4) also dieserart verhält? – Keineswegs, wie ich jedenfalls meine.“[139] Am Ende der zweiten Hypothese sind diese bezüglich des Einen, das i s t, des seienden Einen also, als anwendbar und zutreffend positioniert: „Also dürfte es sowohl

(Υ3) Wissen (*epistḗmē*) als auch
(Υ2$_3$) Meinung/Dafürhalten (*dóxa*), als auch
(Υ1) Wahrnehmung (*aísthēsis*) von
(Υ4) Demselben/Ihm [dem Einen] geben, indem wir gerade all das auch wirklich in bezug auf Dasselbe/Es

[139] Platon, Parmenides 142a3–8: *Oud' ára ónoma éstin autȭj oudè lógos oudè tis epistḗmē oudè aísthēsis oudè dóxa. – Ou phaínetai. – Oud' onomázetai ára oudè légetai oudè doxázetai oudè gignṓsketai, oudé ti tȭn óntōn autoũ aisthántetai. – Ouk éoiken. Ȇ dunatòn oũn perì tò 'èn taũta 'oútōs échein; – Oúkoun émoige dokeĩ.*

ausführen. ... Also auch
(ϒ22) Benennung/Namen (*ónoma*) und
(ϒ21) Aussage/Logos/Erklärung (*lógos*) gibt es von Ihm und Es wird
(ϒ22) benannt (*onomázetai*)
(ϒ21) und ausgelegt/ausgesagt/erklärt (*légetai*).“[140]

Der ›Siebte Platonische Brief‹ weist eine analoge Erkenntnishierarchie auf. Sie weicht von der letztgenannten des ›Parmenides‹ terminologisch jedoch etwas ab. In aller Deutlichkeit wird darin ausgesprochen, daß eine Durchdringung aller Erkenntnisstufen im Aufwärts- und Abwärtsschreiten erforderlich sei (*‘Ē dè dià pántōn autõn diagõgḗ , ánō kaì kátō metabaínousa eph’ ‘ékaston*).[141] Mit ihren oberen beiden Graden, dem Erkennbaren und wahrhaft Seienden, welchem der Noũs durch seine Verwandtschaft und Ähnlichkeit am nächsten steht (*Toútōn dè eggútata mèn suggeneíaj kaì ‘omoiótēti toũ pémptou noũs peplēsíaken*)[142], scheint sie allerdings nur an die Stufe (ϒ4) heranzureichen, ohne über (ϒ3) wirklich hinauszugehen (zur problematischen Stellung des Noũs bei Platon kommen wir in dieser Studie ja ein ums andre Mal zu sprechen).

(ϒ1) Gestalt (*eidõlon*) [3];
(ϒ22) Benennung/Name (*ónoma*) [1];
(ϒ21) Aussage/Aus-/Darlegung/Erklärung (*lógos*) [2];
(ϒ23) wahre/s Meinung/Dafürhalten (*alēthḗs te dóxa*) [4];

140 Platon, Parmenides 155d6-e1: *Kaì epistḗmē dè eíē àn autoũ kaì dóxa kaì aísthēsis, eíper kaì nũn ‘ēmeĩs perì autoũ pánta taũta práttomen. ... Kaí ónoma dḕ kaì lógos éstin autõj, kaì onomázetai kaì légetai.*

141 Platon, Epistula 7, 343e1-2.

142 Platon, Epistula 7, 342d1-2.

(Υ3)	Wissen (*epistḗmē*) [4];
(Υ3₁/Υ4₁)	Geist/Intellect/Verstand (*noũs*) [4];
(Υ3₂/Υ4₂)	Erkennbares und wahrhaft Seiendes (*gnōstón te kaì alēthō̃s estin ón*) [5].[143]

Anschließend an diese Aufschlüsselung möchte ich die Schrittfolge und die Erkenntnisbestandteile im Höhlengleichnis unter Zuhilfenahme der Einteilungen des Linien- und vor allem des Sonnengleichnisses vornehmen,[144] wonach vier Perspektiven der Beobachtung und somit vier Gegenstandsbereiche mit dazugehörigen Deutlichkeitsgraden ihres Gewahrens zu unterscheiden sind:

(Υ1(1))	Die Schatten, d.h. Schein- bzw. Erscheinungsgegenstände (und der Hall),
(Υ1(2))	die von den Gefesselten wahr-genommenen werden,
(Υ1(1/2))	welche zusammen die umrißhafte Ding-Welt und die sinnenorientierten Troglodyten mit ihrem Unverstand (*tē̃s aphrosúnēs*) symbolisieren – das ver-rückte

[143] Cf. Platon, Epistula 7, 342a7-e3; die Zahlenwerte des Originaltexts sind in eckigen Klammern beigefügt. J. Halfwassen, Der Aufstieg zum Einen, pp. 400[348]-401, weist überblickshaft auf den Zusammenhang zwischen dieser und der eben betrachteten Stufung im ›Parmenides-Dialog‹, sowie der BewußtSeins-Skala im Liniengleichnis und der tetraktyschen Hierarchie in der ›Seelenschrift‹ von Aristoteles, die im folgenden Kapitel noch Gegenstand unserer Betrachtung sein wird.

[144] Nach R. Ferber, Notizen zu Platos Höhlengleichnis, pp. 403-405, gehe ich davon aus, daß die Gleichnisse nicht mechanisch konstruiert sind, sondern aufgrund ihres jeweiligen Lehrsinns in den Details und deren Gewichtung voneinander abweichen; sowohl meine Einteilung und Beschreibung der Gleichnisbestandteile wie auch meine Begründung dafür weicht jedoch von den Ausführungen des genannten Essays deutlich ab. Da die Anzahl von Interpretationen der Gleichnisreden Platon's unübersehbar ist, fange ich erst gar nicht an, diesbezügliche Literaturen aufzuzählen.

Bild und die uns ähnlichen ver-rückten Gefangenen (*Átopon … eikóna kaì desmṓtas atópous. ‘Omoíous ‘ēmĩn*); die Schemen an der Höhlenwand und die Echos stellen nur die dunklen Andeutungen

(ϒ2(1)) der Gerätschaften, Gegenstände und Statuen (wie der ihnen zugeschriebenen Sprechgeräusche) dar,

(ϒ2(2)) die von den gerade Entfesselten mit Schmerzen und Funkeln in den Augen (wie unter falscher Zuordnung der Stimmen) wahr-genommen werden

(ϒ2(1/2)) und den nach der schmerzhaften Kehrtwendung erkannten Gegenbereich zu den schattenhaften Gegenständen auf der Höhlenwand versinnbildlichen, den Bereich von Sprache und Begriff mitsamt dem dazugehörigen Begriffs- und Denkvermögen (Begreifen) des Normalmenschen;

(ϒ3(2)) die Wahrnehmung der Umgedrehten ist um so deutlicher, je besser ihre Augen adaptiert sind

(ϒ3(1)) an das Licht, das die Höhle beleuchtet und durch das die Schatten der Gegenstände an die Wand geworfen werden,

(ϒ3(1/2)) was vordergründig bedeutet, daß der Lichtschein zwischen dem Sehen und dem Sichtbaren steht, übertragen aber, daß durch diese Komponente, den Verstand, an dessen erhellende Kraft, die indirekt immer mit-wahr-genommen wird, man sich erst zu gewöhnen hat, die Begriffe von den Dingen erst klar und verstanden werden und Wissen aufleuchtet;

(ϒ2½(2)) nach starkem Schmerzen der Augen und dem Versuch der Ab- und Rückwendung zum anfänglich leichter Wahr-nehmbaren [Analogie zum abstrakten Denken *(diánoia)* des Liniengleichnisses?],

(ϒ4(2)) werden die Entfesselten endlich fähig,

(ϒ4(1)) in die Lichtquelle selbst zu blicken, ein Feuer, das im hinteren Bereich der Höhle brennt,

(Υ4(1/2)) und den Ausgangspunkt wie Einheitspunkt des mit Hilfe einer Wahrnehmungssequenz verbildlichten Wahr-nehmungs-, also ‚Wahrheits'-Geschehens darstellt.

Außerhalb der Höhle wiederholt sich dieser Aufbau auf höherem Niveau. Die sich dort draußen aufhalten, werden, beginnend mit den

(Υ1) Schatten, Spiegel- oder Abbildern der Dinge, übertragen: dem geistig Wahrnehmbaren, Seienden, Ideen,

(Υ2) anschließend der Dinge selbst gewahr, nämlich der geistigen Repräsentanten ersterer, man könnte sie Geisteinsichten nennen;

(Υ3) und um sich an das Leuchten der überirdischen Sphäre, das Medium Geist(intuition), durch das alles ans Tageslicht kommt, sprich miteinander erkennbar wird, schrittweise zu gewöhnen,

(Υ2½) betrachten sie zunächst den Nachthimmel mit seinen leuchtenden und funkelnden Himmelskörpern [Analogie zum abstrakten Denken *(diánoia)* des Liniengleichnisses auf höherer Ebene?],

(Υ4) dann bei hellichtem Tage, und am Ende die taghellstrahlende Sonne (*meth' 'ēméran tòn 'ēlión te kaì tò toũ 'ēlíou*) selbst an sich (*autòn kath' 'autòn*), die Ur-Sache (*pántōn aítios*) eben.[145]

[145] Cf. Platon, Politeia 514a1–518b6; der subjektive Standpunkt wird durch die Indizierung zweiten Grades mit verkleinertem (2), der objektive mit (1) angezeigt. Die folgende Abbildung lud ich vor mindestens 10 Jahren aus dem Internet herunter, ohne allerdings die Netz-Adresse zu vermerken; leider ist die Strichzeichnung im Internet nicht mehr auffindbar; die Kolorierung und einige zeichnerische Ergänzungen stammen von mir.

Platon – Höhlengleichnis
WOW!
C'men
My policy is just.
Blah, blah, blah.
You'll never believe what I just saw!

Innerhalb der Platonischen Höhle, die ein Nachhall der mythischen Welthöhle ferner Vergangenheit sein und selbst einige philosophisch-religiöse Höhlenszenarien des Altertums und Mittelalters inspiriert haben dürfte,[146] werden die sinnlich-doxischen und an Vernunftbegriffe gekoppelten, rationalen, dem Werden(den) zugeordneten Erkenntnisbestandteile, außerhalb die intellectualen, intuitiven, dem Sei(ende)n und dem Geist zugeordneten, mit ihren jeweiligen Exaktheitsgraden, entsprechend dem Gleichnis von der geteilten Linie (die Diánoia ausgenommen) angeführt.[147]

Was das Höhleninnere betrifft, wird die Methode der Wissensgewinnung von Platon mit eindeutigen Worten beschrieben: Alltagswissen (Bewährung) und dessen Systematisierung in den Wissenschaften. Die Schilderung der Wissenskünste, mit Hilfe deren im Reich der Schatten und Echos innerhalb der Höhle um Belohnungen/Auszeichnungen (*timaí*), Lob (*épainoi*) und Ehre (*géra*) gewetteifert wird, liest sich geradezu wie eine Skizze des Ablaufs moderner Wissenschaften: Beobachtung, Datensammlung, Bestimmung der Kausalverhältnisse – zuerst (*prótera*), danach (*'ústera*), gleichzeitig (*'áma*) – d.h. Theoriebildung plus Erklärung und am Ende Prognose (*apomanteuoménōj tò méllon 'ēxein*). „Die Belohnungen/Auszeichnungen aber und das Lob, das da welche einander spendeten, und die Ehre für den, der das Vorbeiziehende am schärfsten sah, und sich am besten merkte, was davon zuerst und was danach und was zugleich zu kommen pflegte, und daher das künftig Eintretende eben am besten vorhersagen konnte, glaubst du, er begehrte noch davon zu besitzen und beneidete

[146] Sieben Variationen des Höhlengleichnisses in Verfolgung ganz unterschiedlicher Erkenntnisinteressen sind gesammelt, übersetzt und interpretiert bei W. Blum, Höhlengleichnisse.

[147] Cf. Platon, Politeia 531c9–535a2; idem, Timaios 27c1–31b4; 51b6–52d1.

die Angesehenen und Mächtigen unter jenen, ...?«[148]

Damit bleibt die Platonische Bestimmung des Stellenwerts von Objektwissen in nichts hinter dem Stand der modernen Wissenschaftstheorie, der einsichts-, und nicht der absichtsgeleiteten natürlich, zurück.[149] Es handelt sich um eine Veranstaltung von ver-rückten Gefangenen (*Átopon ... eikóna kaì desmõtas atópous. 'Omoíous 'ẽmĩn*), deren Kompetenteste sich als Angesehene (*timõménous*) und Mächtige (*endunasteúontas*) gerieren und aufspielen. Die hehre Welt der Wissenschaft qua eingeschränktem Alltag (Begrenzung des Gegenstandsbereichs, Fokussierung auf das Selektierte) und Erfindung bereichsspezifischer Forschungsinstrumentarien wie Forschungsmethoden zusammen mit der Alltagswelt selbst: eine geschlossene Irrenanstalt/Psychiatrie.

Doch könnten im Höhlenszenario zwei Erkenntnisweisen verbildlicht sein, die transzendentale (re-flexionstheoretische) und die mysti(zisti)sche; jene an seine Grenze stoßendes und es damit bewenden lassendes, allgemein nachvollziehbares metatheoretisches Denken, diese begrifflich Grenzen ziehendes Nachdenken und dadurch in seine Entgrenzung unmittelbarer Anschauung und transkategorialer Erfahrung überleitendes Re-flektieren oder Berichten und Auslegen von Inspirationen. Für die Strukturtheorie der Re-flexion kann es eine derartige Unterscheidung aber gar nicht geben, da die erstgenannte

[148] Platon, Politeia 516c7-d5: *Timaì dè kaì épainoi ei tines autoĩs ẽsan tóte par' allẽlõn kaì géra tõj oxútata kathorõnti tà parionta, kaì mnẽmoneúonti málista 'ósa te prótera autõn kaì 'ústera eiõthei kaì 'áma poreúesthai, kaì ek toútõn dẽ dunatõtata apomanteuoménõj tò méllon 'ẽxein, dokeĩs àn autòn epithumẽtikõs autõn échein kaì zẽloũn toùs par' ekeínois timõménous te kaì endunasteúontas, ...*

[149] Cf. R. Puligandla, An Encounter with Awareness, p. 110, Diagramm; in H. P. Sturm, Einleitung in die Strukturphilosophie der Re-flexion in transkulturaler Anwendung (Transkultural-Philosophie), p. 181, übersetzt, minimal ergänzt und koloriert wiedergegeben.

Verfahrensart die Konsequenzen der zweiten unvermeidlich nach sich zieht. Worum es sich nun tatsächlich handelt, darüber kann vor dem Hintergrund der westlichen Tradition allein allerdings nur gemutmaßt werden, was ich anschließend auch noch tun werde, um durch Einbeziehung ähnlich gelagerter Problematiken der indischen Philosophie Fingerzeige auf eine Lösung zu geben, die in gewissen Kreisen und zu gewissen Zeiten des platoni(sti)schen oder platonistisch beeinflußten christlichen, jüdischen und islamischen Weisheitsstrebens durchaus bekannt, ja weit verbreitet war.

Eine solche legt die Erosorgie, ich nenne sie im Bewußtsein, daß gr. *órgia,* etymologisch mit *érgon,* Werk zusammenhängend,[150] heilige Handlung, religiöser Brauch, Opfer(-Weihen), Gottes-, Geheimdienst, Mysterium und Arkanum bedeutet, einmal bei ihrem gehörigen Namen, von der im ›Symposion/Trinkgelage‹ berichtet wird, besonders nahe. Die Initiation in das Liebesmysterium der Schönheit stellt sich im Text Platon's entsprechend dem im Altertum allgemein anerkannten, höchstwahrscheinlich aus vorsokratischer Zeit stammenden, bis aufs vorphilosophische Mysterienwesen zurückzuführenden Kanon philosophischer Disziplinen – Physik (ϒ1), Ethik (ϒ2), Logik (ϒ3) – und dem parallelen dreifältigen Komponenten- bzw. Funktionskomplex des Seelenwesens Mensch – Leib (ϒ1), Seele (ϒ2), Geist (ϒ3) – zweimal vierstufig dar.

„Die Methode besteht in einer dreistufigen qualitativen und quantitativen Reinigung oder Läuterung der Seele durch eine Umorientierung des Eros, der bewegenden Kraft der Seele, weg vom niedereren Bereich zum höheren. Die qualitative Läuterung ist eine fortschreitende Verlagerung der Aufmerksamkeit vom sichtbaren zum geistigen Bereich in drei Wissensstufen, die den drei Schichten des Lebens entsprechen:

[150] Cf. H. Frisk, Griechisches etymologisches Wörterbuch, 2.412, s.v. ὄργια.

physische Schönheit (Υ1), moralische Schönheit (Υ2) und intellectuelle Schönheit (Υ3); das sind die jeweiligen Gegenstände der Körpersinne (Υ1), der ethischen Bestandteile der Seele (Υ2) und des intelligierenden, kontemplativen Vermögens der reflektierenden Seele (Υ3). Die quantitative Läuterung ist eine Verlagerung der Aufmerksamkeit von individuellen Exemplaren der Schönheit (Υ1/2) weg zur idealen Schönheit aller Formen (Υ3) und schließlich zur aboluten Schönheit selbst, die sich dann als eine plötzliche und unmittelbare Intuition offenbart (Υ4). ... In der Tat scheint Platon diese Dreistufen-Progression nicht nur auf sein eigenes Studium der Philosophie angewandt zu haben, sondern auch auf das Studienprogramm in der Akademie, die er gründete.“[151] Ich möchte die Platonische Leiter des Schönen hinauf zum Schönsten folgend ganz und gar textgetreu präsentieren. Sie reicht

(Υ1(1)) von einem (*apò 'enòs*) schönen Körper

(Υ1(2)) zu zwei (*epì dúo*) (und das heißt der Schematik gemäß mehreren) schönen Körpern und dann

(Υ1(3)) zu allen schönen Körpern (*apò duoĩn epì pánta tà kalà sṓmata*), dem in/hinsichtlich der Idee/Urgestalt Schönen (*tò ep' eídei kalón*);

(Υ1) von den schönen Körpern (*apò tõn kalõn sōmátōn*)

(Υ2) zur Schönheit in den Seelen (*tò en taĩs psuchaĩs*), den schönen Handlungen/Bestrebungen/Sitten (*epì tà kalà epitēdeúmata*) bzw. dem Schönen in den Handlungen/Bestrebungen/Sitten und Gesetzen/Bräuchen/Regelungen (*tò en toĩs epitēdeúmasi kaì toĩs nómois kalón*); von diesen

(Υ3) zu den schönen Erkenntnissen/Wissensgegenständen (*epì tà kalà mathḗmata*), der Schönheit des Wissens

[151] J. D. Turner, The Gnostic Threefold Path to Enlightenment, pp. 343-344.

(*epistēmōn kállos*) und von dort schließlich

(Υ4) zur Erkenntnis des Schönen selbst (*kaì gnōj autò teleutōn 'ò ésti kalón*), auf das nur noch mit einer Tirade von Negationen im Weder–Noch-Stile hinsichtlich aller möglichen Aspekte gedeutet wird.[152]

Auf der höchsten, an sich gar nicht mehr als solchen faßbaren Stufe kann sie, wie anschließend aus dem Original dokumentiert werden wird, als Prototyp aller sogenannten Negativen Theologie (*theología apophatikḗ*), Negativen Onto- und Gnoseologie und Anknüpfungspunkt zu allem – von angeblichen Denkern des Abendlands so verstandenen und bezeichneten – indischen Nihilismus, Indifferentismus und Mystizismus betrachtet werden.[153] Insofern muß das Urteil: „Das Äußerste übrigens und auch durch den Neuplatonismus nicht mehr zu Überbietende an »negativer Theologie« im logischen Stile findet sich zuerst auf r e i n gnostischem Boden und ganz im originalen Zuge gnostischer Spekulation: Basilides war es, der lange vor Plotin, zur Zeit des Valentinus, in seiner nihilistischen Theologie vom »nichtseienden Gotte« spricht (...) – und den Negationsrausch eines Dionysius Areopagita über Jahrhunderte nüchtern vorwegnimmt (nüchtern, weil nicht

[152] Cf. Platon, Symposion 210a5-212a8; R. Hahn, Recollecting The Stages of Ascension, pp. 97-98, sieht eine hochgradige Übereinstimmung dieses vierstufigen Aufstiegs mit der Viergliederung des Liniengleichnisses, wozu ich keine uneingeschränkte Zustimmung geben kann; der Grund dafür liegt, wie bereits angemerkt und hinsichtlich seiner Parallelisierung der Vier-Gründe-Lehre von Aristoteles und der Platonischen »Linie« nochmals angemerkt werden wird, in der Phasenverschiebung letzterer gegenüber der reinen Strukturbetrachtung des Sonnengleichnisses.

[153] Interpretative Einbindung der Beschreibung des (göttlichen) Schönen an sich in den Kontext negativer Onto-theologie Europas und Asiens in H. P. Sturm, Leere im Herzen, pp. 132-133; idem, Weder Sein noch Nichtsein, pp. 298-299.

schwelgerisch, sondern aus gnostischer Radikalität).“[154], trotzdem es in weiten, dem griechischen Finitismus,[155] d.h. Empfinden für Grenze, Maß und vollendete Form, unhinterfragt huldigenden Forscherkreisen anerkannt sein dürfte, als eklatantes historiographisches und skandalöses sachliches Fehlurteil entlarvt gelten.

Außerdem ist dem werten Gelehrten offensichtlich entgangen, daß sich der von ihm genannte Urvater christlich-mystischer Spekulation, (Pseudo-)Dionysios Areopagita (6. Jh.), selbst der Stelle aus Platon's ›Symposion‹ zum Wunderschönen, die den vermeintlichen gnostischen Negationsrausch um ein halbes Jahrtausend einsichtsvoll/verstandesmäßig/kognitiv (*gnōstikōs*)[156] vorwegnimmt, wenigstens partiell, bediente.[157] Ob Thomas von Aquin, als er diese Stelle im Werk des Pseud-Areopagiten auslegte, wußte, daß darin Auszüge aus Platon's Negationstirade zum Pulcherrimum (Schönsten/Wunderschönen) bzw. Superpulchrum (Überschönen) enthalten sind,[158] ist

[154] H. Jonas, Gnosis und spätantiker Geist, 1.250; cf. W. R. Inge, Christian Mysticism, pp. 110-111.

[155] Cf. W. Burkert, Kleine Schriften, 2.210 (12. Iranisches bei Anaximandros): „Auch wenn der ‘Finitismus’ des griechischen Geistes gelegentlich übertrieben wurde, bleibt doch bestehen, daß für griechisches Empfinden Vollkommenheit und Grenze, τέλος und τέλειος zusammengehören; ...“

[156] Zur Wortbedeutung und weiteren Stellen in platoni(sti)schen Schriften cf. H. G. Liddell / R. Scott, A Greek-English Lexicon, 1.355d; W. Pape et al., Griechisch-deutsches Handwörterbuch, 2.499d, s.v. γνωστικός.

[157] Cf. Pseudo-Dionysios Areopagita, De divinis nominibus 4.7, ⟨ed.⟩ B. R. Suchla, (1.)151.12-17 (3.701D-704A).

[158] Cf. Thomas de Aquino, In Dionysii De divinis nominibus 4.5, ⟨ed.⟩ R. Busa, S. Thomae de Aquino opera omnia, 066 CDN cp4 lc5, 4.556s, ⟨ed.⟩ E. Alarcón [84848]; C. Pera, S. Thomae Aquinatis In librum Beati Dionysii De divinis nominibus expositio, p 114 §§ 345-346 (Text), pp.

mir nicht bekannt. Die besprochene, als inakzeptabel zurückzuweisende Forschungs‚leistung' macht einen noch verheerenderen Eindruck, wenn man berücksichtigt, daß ein moderner Gnosis-Forscher den Ursprung der Basileideischen Negativen Theologie in Platon's Beschreibung der Idee des Guten der ›Politeia‹ sieht,[159] und ein der Jetztzeit noch näherer in dessen ›Parmenides-Dialog‹,[160] wozu ich präzisieren darf, dessen erster Hypothesis und ihrem Schluß- und Kulminationspunkt.

Wenn es bei der Beschreibung des Höchsten um einen zu perhorreszierenden Negativismus geht, darf der Fingerzeig der abendländischen Gelehrsamkeit auf Indien natürlich nicht fehlen. „Im Grunde ist die Lehre, daß Gott nur mit Verneinungen beschrieben werden kann, weder christlich noch griechisch, sondern gehört der alten Religion Indiens an."[161] Das Fatale an solchen Irrtümern oder (absichtlichen) Unwahrheiten aus dem Munde einflußreicher Wissenschaftsbeamter besteht gerade darin, daß dadurch die Forschung über Jahrzehnte, in nicht wenigen Fällen über Jahrhunderte, beeinflußt, ja bestimmt wird, während die Vertreter des sachgemäßen Urteils entweder gar nicht in den Lehr- und Forschungsbetrieb hineingelassen oder, befinden sie sich schon darinnen, aus diesem mit einem

---

114-115 (Anmerkungen mit der ursprünglichen Textstelle im ›Symposion‹, der Stelle in ›De divinis nominibus‹ und der Version von Marsilio Ficino).

[159] Cf. H. L. Mansel, The Gnostic Heresies of the First and Second Centuries, pp. 146-147.

[160] Cf. R. Mortley, From Word to Silence, 1.157-158. Eine Zusammenstellung von Texten zum Nichts oder Nichtsein aus der antiken Philosophie in französischer Sprache bieten ⟨edd.⟩ J. Laurent / C. Romano, Le Néant, pp. 31-200; cf. R. Mondolfo, L'infinito nel pensiero dell'antichità classica, wo es bloß um Unendlichkeit und Ewigkeit unter verschiedenen Aspekten geht: Zeit, Zahl, Ausdehnung, göttliche Macht, Augenblick, Subjektivität, Antinomienlehre.

[161] W. R. Inge, Christian Mysticism, p. 111.

heuchlerischen sachlichen Vorwand oder offen diffamierend ‚verabschiedet', ins Abseits oder in die Belanglosigkeit gedrängt oder sonstwie zum Schweigen gebracht werden, mit der Folge, daß ihre Einsichten auf unbestimmte Zeit oder gar dauerhaft der Lächerlichkeit ausgeliefert und der Nichtigkeit preisgegeben sind.

Aus Verdrehungen und Verfälschungen solchen Kalibers, die von denen, die sie in die Welt setzen, nicht sehr oft (bei ihnen handelt es sich um bewußte Täuscher und Irreführer) oder gar nicht (bei ihnen handelt es sich um Ignoranten und Phrasendrescher) und von Laien noch viel seltener oder niemals als solche wahrgenommen werden, besteht die fast zweitausendjährige Weitergabe der altgriechischen Philosophie durch sogenannte Literati im Dienste rational auftretender, doch irrationaler Religionslehren inclusive des Glaubenssystems der pseudo-rationalen ‚exakten Wissenschaften' ab der Neuzeit, die an deren Ursprungs- und Letztsinn gar kein Interesse hatten bzw. haben, sondern ihre Theorien, d. h. Ideologien losgelöst von den aus der hellenischen Metaphysik abgeleiteten philosophischen Lebensformen zur Verfolgung eigener, ihrem Vorteil dienender nicht-, un-, gar antiphilosophischer Zwecke ge- bzw. mißbrauch(t)en. „Das Wort »Philosophie« ist heute in Gefahr, durch falsche Anwendung seinen Sinn zu verlieren. Diese Gefahr droht von zwei Seiten: einerseits durch den in Mode gekommenen alltäglichen Sprachgebrauch, nach dem jede Meinung über etwas als Philosophie bezeichnet werden kann, andererseits aus der Entwicklung der Wissenschaften, wobei vor allem Soziologie und Wissenschaftstheorie sich neuerdings nicht selten als Philosophie darstellen und die »klassische« Philosophie als »obsolet« oder »unwissenschaftlich« zu verdrängen suchen."[162] Die beschworene Gefahr ist allerdings

---

162 K. Albert, Philosophie der Philosophie (Studien zur Philosophie der Philosophie), p. 434; zur Verfälschung des Philosophie-Begriffs nimmt

schon längst vorbei, da der Schadensfall bereits vorzeiten eingetreten ist.

Um die angeprangerte Fehleinschätzung auch von der etablierten Interpretationsliteratur zum Platonismus aus richtigzustellen, darf, nein muß ich ein längeres Zitat anführen, das meine Forschungsresultate unter Berufung auf ganz andere Textstellen des überlieferten Platonischen Gesamtwerks in präziser und prägnanter Weise bestätigt und erläutert. „Die altakademische Metaphysik, die von Platons innerakademischer Prinzipienlehre (περὶ τἀγαθοῦ) ausgeht und wesentlich von ihr bestimmt bleibt, ist von ihrem höchsten Prinzip und ihrer zentralen, das Ganze strukturierenden Problematik her als Einheitsmetaphysik zu kennzeichnen. Das Eine (τὸ ἕν) ist dabei primär verstanden als das absolut Einfache (ἁπλοῦν), Unteilbare (ἀδιαίρετον) und Ununterschiedene (ἀδιάφορον), das aller Vielheit als ursprüngliches Prinzip (ἀρχή) und Element (στοιχεῖον) vorausliegt und das darum absolut bestimmungslos ist, weil ihm keinerlei Vielheit von Bestimmungen zukommen kann und weil jede Bestimmung bereits Vielheit impliziert (vgl. *Parm.* 137c4-142a8); das Eine selbst ist darum nach den einander ergänzenden Zeugnissen des Sonnengleichnisses und der ersten Hypothesis des ›Parmenides‹ »jenseits des Seins, es an Ursprünglichkeit und Mächtigkeit überragend« (ἔτι οὐσίας πρεσβείᾳ καὶ δυνάμει ὑπερέχοντος, *Politeia* 509b9-10, vgl. dazu *Parm.* 141e7-12) und »über Erkenntnis und Wahrheit erhaben« (ὑπὲρ ταῦτα sc. ἐπιστήμη / γνῶσις / νοῦς καὶ ἀλήθεια κάλλει ἐστίν, *Politeia* 509a7, vgl. dazu *Parm.* 142a1-6). Platon wird damit zum Begründer der negativen Theologie, die

---

auch N. Kazanas, The Dialogues of Plato and the Upaniṣad-s, pp. 5-6, idem, Greek Philosophy up to Aristotle, pp. 922-925, Stellung; die vorletzt genannte Stelle wurde von mir übersetzt in H. P. Sturm, Einleitung in die Strukturphilosophie der Re-flexion in transkulturaler Anwendung (Transkultural-Philosophie), pp. 76-77.

für den gesamten späteren Platonismus charakteristisch ist. Sekundär ist das Eine aber zugleich das Umfassendste und Allgemeinste von allem, da es als das absolute und universale Prinzip (*Politeia* 510b7: ἀρχὴ ἀνυπόθετος [voraussetzungsloser Urgrund]; 511b7: ἡ τοῦ παντὸς ἀρχή [Urgrund des Alls]) die allgemeinsten Seins- und Denkbestimmungen (μέγιστα γένη, κοινὰ περὶ πάντων) begründet und entfaltet (vgl. *Politeia* 519b7-11 zu *Parm.* 142b1-157b5); es ermöglicht noch den fundamentalsten logisch-ontologischen Gegensatz von Einheit und Vielheit, Sein und Nichtsein, da »Vielheit« und »Nichtsein« selber als einheitliche Bestimmungen gedacht werden müssen, sollen sie der Einheit und dem Sein entgegengesetzt werden. Einheit wird demgemäß von Platon immer schon zugleich als das Einfachste und das Allgemeinste, als ursprünglichstes στοιχεῖον [Element] und als umfassendstes γένος [Gattung] gedacht. Dem entspricht ein Methodenpluralismus im reduktiven Aufstieg zum Einen (ἀναγωγὴ εἰς ἕν): Neben die elementarisierende ἀνάλυσις [Analyse] alles Vielfältigen auf das absolut Einfache und Eine hin, das dabei via negationis [durch Verneinung] von allem anderen »abgezogen« wird (*Politeia* 534b9: ἀπὸ τῶν ἄλλων πάντων ἀφελών. Vgl. dazu *Parm.* 137c4-141e12), tritt die generalisierende σύνοψις [Zusammen-/Überschau] der obersten und allgemeinsten Seinsbestimmungen auf das Eine als das Alles Bestimmende und Umgreifende. Damit ergeben sich zwei Konzeptionen des Einen, eine negative und übergegensätzliche und eine positive und die Gegensätze in sich umfassende, die Platon in den ersten beiden Hypothesen des ›Parmenides‹ durchgeführt und gegeneinander abgehoben hat. Schon Platon räumt aber der negativ-limitierenden Elementarabstraktion den Vorrang ein, vor allem bei der Erfassung des Prinzips, der ἀρχὴ τῶν ὄντων [Urgrund des Seienden], an ihm selbst. Die synoptische Methode vermag dagegen den Seinsgrund nur von seinen Prinzipiaten her, in denen er sich manifestiert, zu begreifen."[163]

Auf der vierten und obersten Sprosse seines Erkenntnisaufstiegs zum Schönen selbst, dem Schönsten, wischt Platon, um hier nun die Schrittfolge des ›Trinkgelages‹ dorthin zu Ende zu führen, alle Farben, vielheitlichen Gestaltungen wie mannigfaltigen Ausdrucksformen und Aspekte des Schönen jeglichen nur geringfügigst Manifesten inclusive des Geistigen in abrasiver Gründlichkeit von seiner Leinwand, um das hyperästhetisch wesenhaft Wunderschöne, Reizvolle, Edle, Würdige, Gute, Vortreffliche, Ausgezeichnete, Taugliche, Glückliche, Freudige, (*thaumastòn tḕn phúsin kalón*),[164] das göttliche Schöne selbst in seiner Einfachheit/Eingestaltigkeit (*autò tò theĩon kalòn .. monoeidès*) aufblitzen zu lassen, das sich dem Anblick der Seele sonnenklar, rein und unvermischt (*eilikrinés, katharón, ámikton*), nicht hingegen verunreinigt/angefüllt mit menschlich Fleischlichem, Farben und einer Menge anderen sterblichen Unfugs (*allà mḕ anápleōn sarkõn te anthrōpnōn kaì chrōmátōn kaì állēs pollẽs phluarías thnētẽs*),[165] unvermittelt/plötzlich (*exaíphnēs*)[166] eröffnet, sobald man am Télos, dem Ziel und der Vollendung der Erotik, eins nämlich aus zwei zu machen (*poiẽstai 'èn ek duoĩn*),[167] ankommt, „das an erster Stelle ewig Seiende und weder Entstehende noch Vergehende, weder Wachsende noch Schwindende, ferner nicht einerseits

---

[163] J. Halfwassen, Speusipp und die Unendlichkeit des Einen, pp. 45-47, mit Stellennachweisen zu jedem angegebenen Textstück und Begriff; meine Übertragung nicht-übersetzter griechischer Fachtermini in eckigen Klammern.

[164] Platon, Symposion 210e5; etymologisch hängt τὸ καλόν mit skr. √*kal* zusammen.

[165] Cf. Platon, Symposion 211e1-4.

[166] Platon, Symposion 210e4.

[167] Cf. Platon, Symposion 191d3; 192e3-9.

auf diese Weise Schöne andrerseits auf diese Weise Häßliche/Schändliche/Schmähliche/Untaugliche, auch nicht bald [Schöne], bald nicht, noch einerseits außerdem das Schöne, andererseits außerdem [noch] das Häßliche, nicht auch hier Schönes, dort aber Häßliches, als ob es einerseits manchen Schönes wäre, andrerseits manchen Häßliches. Noch hinwiederum wird ihm das Schöne gleich irgendeiner Gestalt erscheinen, nicht als Hände, nicht als sonst etwas, woran der Leib Anteil hat, nicht als irgendein Lógos/Verstand, nicht als irgendein Wissen, nicht irgendwo an irgendeinem anderen befindlich/seiend, wie in einem Lebewesen oder auf der Erde oder am Himmel oder beim/im sonstigen, sondern es ist es selbst/ebendasselbe an und für sich (selbst), ewig einfach/einfältig/eingestaltig, während alles andere Schöne hingegen an jenem in etwa auf derartige Weise Anteil hat, daß dieses andere entsteht und vergeht, jenes [aber] jedenfalls weder mehr noch weniger wird, noch auch irgend etwas erleidet."[168]

Maß? Grenze? Vollendete Form – Schönheit? Altgriechischer Finitismus? Den in Gänze zu verstehen, sollte man sich auch die ‚Kultur' der griechischen Sklaverei vor Augen führen, durch welche der Freiheit vieler eine Grenze, ein Ende gesetzt wurde. Oder die alt-hellenische Begrenztheit von Moral und

---

[168] Platon, Symposion 210e6–211b5: *prõton mèn aeì ón, kaì oúte gignómenon oúte apollúmenon oúte auxanómenon oúte phthĩnon, épeita ou tẽj mèn kalón, tẽj d' aischrón, oudè totè mén, totè dè oú, oudè pròs mèn tò kalón, pròs dè tò aischrón, oud' éntha mèn kalón, éntha dè aischrón, 'ōs tisì mèn òn kalón, tisì dè aischrón·. oud' aũ phantasthḗsetai autõj tò kalón 'oĩon prósōpón ti oudè cheĩres, oudè állo oudèn, 'õn sõma metéchei, oudé tis lógos, oudé tis epistḗmē, oudé pou òn en 'etérōj tini 'oĩon en zṓōj ȅ en gẽj ȅ en ouranõj, ȅ én tõj állōj, all' autò kath' 'autò meth' 'autoũ, monoeidès aeì ón, tà dè álla pánta kalà ekeínou metéchonta, trópon tinà toioũton 'oĩon, gignoménōn te tõn állōn kaì apolluménōn, mēdèn ekeĩno mḗte ti pléon mḗte élatton gígnesthai mēdè páschein mēdén.* Ich habe mich aus Gründen der Deutlichkeit betreffs unserer Perspektivik überwiegend für eine nominale Übersetzung der Partizipialkonstruktionen entschieden.

Ethik ganz allgemein; ein Blick in sachgerechte Geschichtsbücher, falls es die gibt, oder die Göttersagen[169] genügt. Wer seine Aufklärung darüber mit ein bißchen Humor und Un-, ja Anti-Philosophie garniert haben will, dem sei noch der Tip gegeben, ›Die Wolken/Nephélai‹ von Aristophanes zu lesen.[170]

[169] Zu Moral bzw. Unmoral der Götter cf. Sextos Empeirikos, Pyrrhoneion hypotyposeon 1.145-162.

[170] Cf. Aristophanes, Nephélai, ⟨ed.⟩ T. Bergk; ⟨edd.⟩ F. W. Hall / W. M. Geldart; ⟨tr.⟩ O. Seel; ⟨tr.⟩ L. Seeger.

AUFSTIEG ZUM SCHÖNEN

(Platon, Symposion 210a5–212a8)

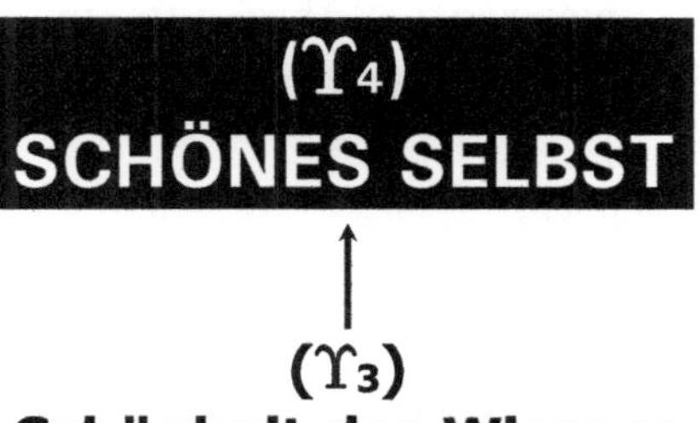

↑

(Υ_3)

Schönheit des Wissens

schöne Erkenntnisse/Wissensgegenstände

↑

(Υ_2)

Schönheit in den Seelen

schöne Handlungen/Bestrebungen/Sitten und Gesetze/Bräuche/Regelungen

↑

($\Upsilon_{1(3)}$)

alle schönen Körper

das in/hinsichtlich der Idee/Urgestalt Schöne

↑

($\Upsilon_{1(2)}$)

zwei schöne Körper

↑

($\Upsilon_{1(1)}$)

ein schöner Körper

Damit haben wir mit der Treppe zum Prachtvollsten des ›Symposions‹ (Transzendenz), das nur noch als farbloses Licht prangt (Transparenz), insgesamt eine Vierstufung vor uns – wie auch der tatsächlich zu absolvierende Weg aus der Höhle des unter einem anderen Aspekt bereits analysierten sogenannten Höhlengleichnisses in vier Abschnitte (mit Unterabschnitten) unterteilt ist:

(Υ1) Gefesseltsein (*desmós*): Wahrnehmen und Vorstellen der Schatten und Echos (Objekte);

(Υ2_1) Losbinden (*lúsis*): Gewahren tieferer Erkenntnismöglichkeiten,

(Υ2_2) Umwendung (*periagōgḗ*): Nach-innen-Wendung zum Ichlich-Seelischen (Subjekt) und dessen (normalmenschlichen) kognitiven Voraussetzungen,

(Υ2_3) Hinaufschleppen (*'élkein/'élxis*): Rückkehr in die Geistigkeit;

(Υ3) im Offenen Ankommen (*pròs tò phõs eltheĩn*): reine Geisterkenntnis in verschiedenen Klarheitsgraden;

(Υ4) Übergeistige und überseiende Unmittelbarkeit (Agathón): direkter Blick in die Sonne, der aufgrund der Blendung nichts Seiendes, also ‚nichts' sieht.

Unbedingt zu erwähnen noch eine Vierstufung, die im Text des ›Symposions‹ schon vor der Stelle 206e–207a zur Ursache des Liebesverlangens (*aítion ... toũ érōtos kaì tẽs epithumías*) in der Frage nach Unsterblichkeit (*athanasía*) durch Hervorbringung/Zeugung, d.h. Kreativität (*tókos/génesis*) angedeutet ist. Dadurch wird geradezu die Austauschbarkeit der gängigen funktionalen, von mir aufgrund dramaturgischer Überlegungen zur transkulturalen Präsentation und Explikation in einem späteren, mit indischer Philosophie befaßten Faszikel dargestellten Seelenteilung (*mérē/eĩdē/ḗthē*) und der hier vorgestellten, quasi hypostatischen, Stratifikation der menschlichen Wesensglieder nahegelegt. Deren seelische Schicht (ϒ2) kann, wie gleich noch mit-aufgewiesen werden wird, hinsichtlich ihrer verschiedenen Ausdrucksformen eigens noch als in die übliche Teilung der Seele und Stufenordnung ihrer Teile, kognitiv, emotional-affektiv, voluntativ untergliedert gelten:

(ϒ1) der sterblichen Natur (*thnētè phúsis*) und des Körpers (*sõma*),
(ϒ2) der Seele samt ihren Gesinnungen, Denkungsarten, Meinungen (ϒ23), Begierden, Lüsten, Schmerzen (ϒ21) wie Ängsten ⟨ϒ22⟩ (*katà tèn psuchḗn, ‘oi trópoi, tà ḗthē, dóxai, epithumíai, ‘ēdonaí, lũpai, phóboi*)
(ϒ3) und des Wissens (*katà tàs epistḗmas*), wobei das Quasi-Unsterbliche im Menschen wegen seiner Wandelbarkeit und Erneuerungs- bzw. Fortzeugungsbedürftigkeit nicht ganz und gar
(ϒ4) immer/ewig dasselbe/Identisches ist wie [das eigentlich Unsterbliche,] das Göttliche (*ou tõj pantápasi tò autò aeì eĩnai ‘õsper tò theĩon*).[171]

Zu diesen eindeutigen Vierschritt-Folgen innerhalb Platonischer Gedankengänge möchte ich hier noch zwei weniger explizite hinzufügen. Einmal die Stufen des Lernens, wie sie zwar nicht ausdrücklich in Zusammenhang mit der philosophischen Geistesschulung, doch indirekt im Kontext der Lehrbarkeit von Tugend (*aretḗ*) im ›Menon‹ und der Redekunst (*rhētorikḗ*) im ›Phaidros‹ vorfindlich ist. Das Lernen durch

(ϒ1) Naturanlage (*phúsis*),
(ϒ2) Übung (*áskēsis*) und Bemühung/Meditation (*melétē*),
(ϒ3) Erkenntnis (*máthēsis*) oder Wissen (*epistḗmē*) und

---

[171] Cf. Platon, Symposion 207d1–208b3.

(ϒ4) durch göttliche Schickung (*theía moĩra*) oder das Vermögen, den Göttern Wohlgefälliges zu reden und wohlgefällig zu handeln (*toũ theoĩs kecharisména mèn légein dúnasthai, kecharisménōs dè práttein tò pãn eis dúnamin*).[172]

Zum andern die Abfolge der drei Gleichnisreden in der ›Politeia‹, welche als Entgegenkommen der Philosophía selbst anzunehmen wären, die sich uns, wie im ›Phaidon‹ zu verstehen gegeben, mild/sanft zuspricht und zu (er)lösen sucht (*ēréma paranutheĩtai kaì lúein epicheireĩ*).[173] Sie vollzöge sich demnach in absteigender Ordnung. Die weise Sophía (Sonne) ⟨ϒ4⟩ schickt ihre Tochter Philo-Sophía allererst zur Überbringung der Wahrheit (Licht) und Erhellung des Geistes im Sonnengleichnis (ϒ3). Dem folgt im Liniengleichnis die Schulung der Vernunft bei denjenigen, die zur unmittelbaren Geisteinsicht noch nicht fähig sind: Linien und die damit versinnbildlichten Proportionen gehören zum Mathematischen, zum abstrakten Denken, das zwar metempirisch ist, doch in einer individuellen (verkörperten) Seele, der denkenden und erkennenden Vernunft, vollzogen wird (ϒ2). Abschließend das Höhlengleichnis. Die Philosophie steigt hinab, um sozusagen auch noch den untersten und damit den ganzen, leiblichen Menschen zum Weisheitsgipfel heraufzuholen (ϒ1). Dadurch wird demonstriert, daß die Transformation, die mit der Entfesselung und Umwendung beginnt, alle Wesensglieder umfassen muß. Mit einigem Vorstellungsvermögen kann man auch aus dieser Akoluthie die Weihegrade der Mysterien herauslesen. Ziel wäre

[172] Cf. L. Brisson, La tri-fonctionnalité indo-européenne chez Platon, pp. 133-137, mit Übersetzung von Platon, Phaidros, 269d2-8; idem, Menon 70a1-4, 81c5-e2, und Hinweis auf o.c., 99e; von mir ergänzt: o.c, 100b2-3; idem, Phaidros 273e6-8.

[173] Cf. Platon Phaidon 83a2-3.

wiederum der Ausgangspunkt, die Sonne oder Weisheit, die der Erkenntnisbewegung im eigentlichen Sinne gar nicht zugehört (ϒ4).

Um der seriösen Gelehrtenzunft des Fachs mit Anzug, (weißem) Kragenhemd und Krawatte für einen Augenblick die Stimmung aufzuheitern, will ich hier noch zum Besten geben, daß die an der Didaktik orientierte Gradeinteilung unserer drei Allegorien auch gegenläufig vorgenommen werden kann, so man eine andere Sinnperspektive zugrunde legte. Die »Sonne« stellvertretend für den Bereich des Sinnlichen (Wahrnehmbares) (ϒ1); die »Linie« für den über den Sinnen befindlichen (Denkbares) (ϒ2); und die »Höhle« für den kontemplationspraktischen (Intuierbares) (ϒ3). Die Sinndeutung beider Hinsichten bitte ich den geneigten Leser und Denker selbst zu unternehmen.

Die angeführten Geviert-Strukturierungen, die auf einen gemeinsamen Zweck abzielen, aufgrund der unterschiedlichen Kontexte ihrer Verwendung aber nur annähernd deckungsgleich sind, werden durch die Durchschnittsrekonstruktion, wenn ich einmal so sagen darf, der Ontologie Platon's bestätigt, die ein Philosophiehistoriker, dessen Hauptforschungsfeld die Indologie war, parallel zu der von Plotinos in vier Ebenen untergliedert vorlegt. Durch diesen Blick auf die Grundlagen einer Philosophie, in diesem Falle die Rangordnung des BewußtSeins, wird die weitverbreitete Meinung der Fachgelehrten vom erheblichen Unterschied zwischen Platon und den Neoplatonikern nicht nur in Frage gestellt, womöglich erschüttert, sondern als doxographische Einbildung entlarvt.[174]

---

[174] Cf. hierzu die kompetente Studie: C. J. de Vogel, On the Neoplatonic Character of Platonism and the Platonic Character of Neoplatonism.

(Υ4) Oberstes Prinzip: ἰδέα τοῦ ἀγαθοῦ, ἀιτία, δημιουργός [Idee des Guten, Ursache, Schöpfer].

(Υ3) Ideenwelt: κοινωνία τῶν γενῶν, πέρας, ταὐτὸν ἀμερές [Gemeinschaft der Gattungen, Grenze, das es selbst seiende/bleibende Unteilbare].

(Υ2) Erscheinungswelt: παρουσία, μῖξις, μικτόν [Erscheinung, Mischung, Gemischtes].

(Υ1) Materie: τὸ μὴ ὄν, ἄπειρον, θάτερον μεριστόν [Nichtseiendes, Unbegrenztes, das ander(swerdend)e Teilbare].[175]

„Die Dimensionenfolge scheint .. nicht nur die jeweilige innere Gliederung, sondern auch – gleichsam vertikal – das Verhältnis der Seinsbereiche zueinander zu bestimmen. … Das Seinsgefüge ist also für Platon, wenn unsere Auslegung zutrifft, im einzelnen und im ganzen durch die gleiche Struktur bestimmt, und zwar durch eine Struktur, die mathematisch-geometrisch beschrieben werden kann. Noch deutlicher ist nun zu sehen, wie die Seele zu allem Seienden in Beziehung steht und alles analogisch in sich vereinigt: die innere Struktur der Seele stimmt überein mit der Gesamtstruktur der Realität überhaupt."[176]

---

[175] Cf. P. Deussen, Allgemeine Geschichte der Philosophie, 2.1.488; 2.1.247 (meine Übersetzung der griechischen Fachtermini in eckigen Klammern); der Vergleich mit den Hypostasen von Plotinos findet sich o.c., 2.1.246; 2.1.488; was die Locierung des Demiurgen betrifft, bitte ich um Rückblick auf die diesbezügliche Diskussion in Zusammenhang mit dem ›Timaios-Dialog‹; auch zur Problematik von Materie oder Unbegrenztem wurde bereits Stellung genommen.

[176] K. Gaiser, Platons ungeschriebene Lehre, p. 47; die Auslassungspunkte stehen für die folgend wiedergegebene, zusätzlich aus einer eng daran anschließenden Tabelle von S. Volk, System und Kritik, p. 169, ergänzten tabellarischen Darstellung, wobei die Erweiterungen aus zweiterer Tabelle hier in Obliqueschrift wiedergegeben sind. Eine Gegenüberstellung von fünf Seinsformen und vier Existenzebenen bei Platon

und im Vedānta gibt Raphael, Initiation in die Philosophie Platons, p. 145, die auf der nächsten Seite abgebildet ist; cf. auch o.c., pp. 59, 85, 100, 141; man beachte die Abweichungen von der re-flexionsstrukturellen Rekonstruktion an wenigen Stellen.

GESAMTSTRUKTUR DES SEINS BEI PLATON
(nach K. Gaiser und S. Volk)

Ideen(-Zahlen)	1	2	3	4	νοῦς	ZAHL/EINHEIT	1
Prinzipien-dialektik	*Einheit als Einheit*	*Einheit als Vielheit*	*Vielheit als Einheit*	*Vielheit als Vielheit*			
Seele	νοῦς (Geist)	ἐπιστήμη (Wissen)	δόξα (Meinung)	αἴσθησις (Wahrnehmen)	ἐπιστήμη	LINIE	2
Dimension	‘Einheit’	Länge	Breite	Tiefe	δόξα	FLÄCHE	3
Erscheinungen	(Punkt)	Linie	Fläche	Körper	αἴσθησις	KÖRPER	4
Physis	*Feuer*	*Luft*	*Wasser*	*Erde*			

SEINS- UND EXISTENZEBENEN BEI PLATON UND IM VEDĀNTA (nach Raphael)

PLATON — **VEDĀNTA**

Ausdruck des Seins

Existenzenbenen

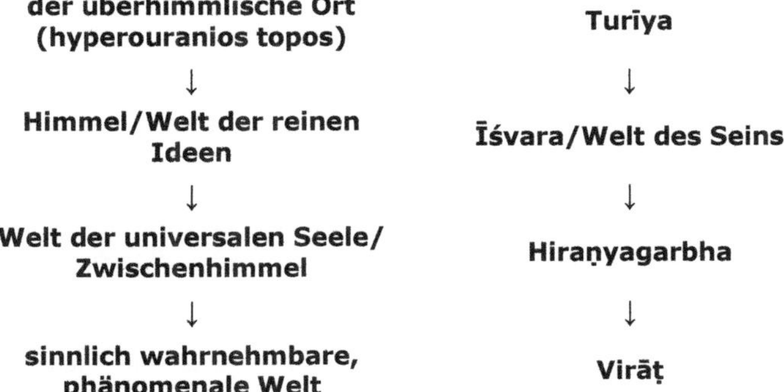

Daß nach all den aus den Originalen belegten Argumenten die Rede vom Platonischen Dualismus, die z.B. Friedrich Nietzsche unter den Spottbezeichnungen „Ideenhimmel“[177] und „Hinterwelt(ler)“[178] in Ermangelung eines Verständnisses für Metaphysik und zum Schaden der philosophisch Interessierten, die dadurch in die Irre geführt wurden und werden, schwang, als Hirngespinst bloßgestellt ist, bedarf eigentlich keiner Erwähnung. „Im Horizont dieses Verständnisses von Metaphysik steht noch Nietzsche, wenn er Metaphysik als Annahme einer Hinterwelt oder Überwelt versteht und denunziert.“[179]

---

[177] Cf. F. Nietzsche, Kritische Studienausgabe, 2.638.11-12 (Menschliches, Allzumenschliches 2, Nr. 190).

[178] Cf. F. Nietzsche, Kritische Studienausgabe, 2.386.19; 4.35-38; 8.544.18-20; 10.183.21-24; 13.47.33-48.13.

[179] J. Halfwassen, Metaphysik als Denken des Ganzen und des Einen im antiken Platonismus und im deutschen Idealismus, p. 265. Einen Überblick über verschiedene Formen der Metaphysik gibt K. Albert, Philosophie der Philosophie (Studien zur Philosophie der Philosophie), pp. 453-482; meine Verwendung des Begriffs kommt der zweiten darin geschilderten, an Platon angelehnten, cf. o.c., pp. 475-479, einigermaßen nahe, wobei ich die genannten Entwürfe von Anselm von Canterbury (1033-1109) und Descartes aufgrund methodischer Unzulänglichkeiten ausgenommen wissen will. Auf die formale Ähnlichkeit der Selbst- qua Gottvergewisserungsargumentation von Augustinus, Anselm und Cartesius wies ich in H. P. Sturm, Die vier Stadien des Ent-Setzens, p. 84[+49].

1.2 Mystik, Mystizismus, Mysterienweisheit und/oder Transzendentalphilosophie?

Da der Bedeutungskorridor des übersinnlichen Seins- und überrationalen Wahrheitsstratums von transzendental bis mysti(zisti)sch reicht, ist nicht leicht zu entscheiden, wie das intellectuale, geistspezifische, noetische Wissen, die sogenannte (Ideen-)Schau und (Selbst-)Aufhebungsdialektik, und ob es/sie immer gleich zu verstehen ist/sind. Man denke hier nur an die verschiedenen Bedeutungen und Deutungen der Erkenntnisweise, die dem Noũs und den Ideen in den Dialogen Platon's zukommt und zugeschrieben wird, ein Problem, das bis in die Auseinandersetzung um die „intellektuelle Anschauung" zwischen den Vertretern des sogenannten Deutschen Idealismus und seinen Gegnern, ich denke an den ironischen Vorwurf Schopenhauers von den „Vernunftvernehmungen", hineinreicht. „Der Philosoph ... soll sich daher hüten, in die Weise der Mystiker zu geraten und etwan mittelst Behauptung intellektualer Anschauungen oder vorgeblicher unmittelbarer Vernunftvernehmungen positive Erkenntnis von dem vorspiegeln zu wollen, was, aller Erkenntnis ewig unzugänglich, höchstens durch eine Negation bezeichnet werden kann."[180] Daß der berühmte Erfinder einer Metaphysik, die den Willen zur alles erklärenden Kategorie stilisiert, hierbei einem kolossalen Mißverständnis bei der Beurteilung der »intellectualen Anschauung« Johann G. Fichtes aufsitzt, sei hier nur für diejenigen erwähnt, die von der Entwicklung der Transzendentalphilosophie im »Deutschen Idealismus« keine Kenntnis besitzen. Dieser Problemkomplex macht auch die Synkrisis mit der Hypostatik Plotins und ihren Nachahmungen wie kritischen Weiterentwicklungen, speziell mit der Funktionseinheit des

[180] A. Schopenhauer, Sämtliche Werke, 2.783 (Die Welt als Wille und Vorstellung 2, Viertes Buch, Kap. 48).

Intellects/Noũs und Lógos diffizil. Dazu kommt die Schwierigkeit mit der Situierung des abstrakten Denkens (*diánoia*) im Bereich des Seins jenseits des Werdens, wie es im Liniengleichnis vorkommt. Während man in der neueren Platon-Forschung doxographisch die feinsten Feinheiten herausgefunden zu haben meint, ist hinsichtlich des Gesamtsinns seiner Geistlehre aufgrund zeitgeistlicher Vorurteile ein derart frappanter Mangel an Einfühlungsvermögen und Bewußtheit zu konstatieren, daß man diese Diskrepanz einfach nur zum Lachen oder geradewegs zum Weinen finden kann.

Ausnahmen bilden hier die Forschungen zur sogenannten »Ungeschriebenen Lehre«, den Ágrapha, und dem Mysteriencharakter der Platonischen Philosophie, die sich in der Mainstream-Gelehrsamkeit zu Platon mittlerweile einen festen Platz erobern konnten. Doch machen sich gewisse Undeutlichkeiten, Verschiebungen und vor allem Einseitigkeiten auch hierin noch bemerkbar. Sie finden sich sogar bei solchen Gelehrten, die gegen den Strom akademischer Platon-Forschung vertreten, daß Platon's Philosophie in einem unmittelbaren Erleuchtungserlebnis endet und sich darin vollendet. So heißt es bei einem der Pioniere dieser Forschung anläßlich des Höchsten im (evtl. inauthentischen) ›Siebten Platonischen Brief‹, des Bedeutendsten und Wichtigsten (*tà mégista*), über das es laut Platon selbst 'keine schriftliche Abhandlung gibt und je geben werde' und daß dieses Erhabenste 'in keiner Weise aussprechbar ist wie andere Lehrgegenstände, sondern aus häufigem Umgang mit der Sache selbst und dem Zusammensein plötzlich, wie ein Brand, von einem übergesprungenen Feuerfunken entfacht, in der Seele entsteht und sich nunmehr (von) selbst erhält'[181]: „Damit ist ausgedrückt, daß die höchste Einsicht

[181] Cf. Platon, Epistula 7, 341c6–d2: *Oúkoun emón ge perì autō̃n éstin súggramma oudè mḗpote génētai· 'rētòn gàr oudamō̃s estin 'ōs álla mathḗmata, all' ek pollē̃s sunousías gignoménēs perì tò prãgma autò kaì toũ suzē̃n*

sich als eine unmittelbare, visionär erfahrene geistige Helligkeit einstellt und daß sie eine bleibende Gewißheit schafft. Platon spricht davon in bildhaften Vergleichen, die er zwei Erfahrungsbereichen entnimmt: zum einen dem Bereich der religiösen Mysterien, in denen es Erleuchtungserlebnisse gegeben hat, zum anderen dem Bereich der erotischen Ekstase, wo das Ziel des Strebens das Einswerden mit dem geliebten Wesen ist. Die Metaphorik darf nicht die Unterschiede verwischen: Bei Platon handelt es sich nicht um ein durch Meditation, Versenkung oder Ekstase zustande kommendes mystisches Erlebnis, sondern das Überspringen des Funkens muß vorbereitet sein durch die lange Zeit dauernde Bemühung der wissenschaftlichen Studien und der dialektischen Übungen. Platons Weg ist der des Denkens, wenn auch die gedanklichen Schritte schließlich in einer plötzlich erreichten Klarheit aufgehen."[182]

Es ist völlig klar: die supra-rationale Schau muß durch anspruchsvolle geistige Arbeit vorbereitet werden. Im Anschluß daran erheben sich aber zwei Fragen: erstens, woher weiß man, daß die sogenannten »Pythagoreischen Wissenschaften« – vorab Gymnastik und Musik, als Hauptsache dann der Reihe nach Arithmetik, Geometrie, Stereometrie/Astronomie, Harmonielehre – und schließlich die alles Hypothetische aufhebende (*tàs 'upothéseis anairoũsa*) »Dialektik«, durch deren Ausübung der Aufstieg zum Einen und Guten vollendet werde,[183] nicht mehr waren als diskursive Gedankenarbeit, und zwar genau das, was

---

exaíphnēs, 'oĩon apò puròs pēdḗsantos exaphthèn phõs, en tẽj psuchẽj genómenon autò 'eautò ḗdē tréphei.

[182] K. Gaiser, Platons esoterische Lehre, pp. 26–27; cf. C. Schefer, Platons unsagbare Erfahrung, pp. 36, 49, 63sqq.

[183] Cf. Platon, Politeia 521c–534e.

unter „Meditation“ und „Versenkung“[184] abgetan wird? Kontemplation? „Diese »Visionen« kommen, wenn überhaupt, nur nach einem langen Prozeß des Lernens, Denkens und Kontemplierens.“[185] Doch was ist unter Kontemplation zu verstehen? Das „»Sehen, wie alles zusammenpaßt«“[186]? In diesem Zusammenhang heißt es in der »Politeia«, daß durch solchen Unterricht und seine (geistigen) Gegenstände je ein Werkzeug der Seele gereinigt (*'óti en toútois toĩs mathḗmasin 'ekástou 'órganón ti psuchẽs ekkathaíretai*), das wirklich in einem scheußlichen Schlamm vergrabene Auge der Seele sanft emporgezogen und aufwärtsgeführt,[187] und die Seele veranlaßt werde, zum Seienden und Unsichtbaren aufzublicken (*Egṑ gàr aũ ou dúnamai állo ti nomísai ánō poioũn psuchḕn blépein máthēma ḕ ekeĩno 'ò àn perì tò ón te ẽj kaì tò aóraton*) und es mit Geisteinsicht/Intellect, nicht aber mit den Augen, zu schauen (*àn autòn noḗsei, all' ouk ómmasi theōreĩn*).[188]

Man denke nur an die das Seelische harmonisierenden Implikationen der Kontemplation qua Klangmeditation wie Visualisation, deren Vermögen, die Konzentration zu schärfen, die

---

184 Für Kontemplation bei Platon macht sich E. J. Urwick, The Platonic Quest, pp. 154-155, 163, stark.

185 J. Gold, The Soul's Relation to the Forms, p. 82; der Autor verweist u. a. auf Platon, Politeia 534b; idem, Symposion 210a-d, wobei ich letzteres Beispiel eher re-flexionsstrukturell verstanden wissen will.

186 J. Gold, The Soul's Relation to the Forms, p. 82.

187 Platon, Politeia 533c9-13: „die dialektische Methode allein stößt in der Weise, daß sie die Voraussetzungen/Unter-Stellungen aufhebt, zum Grunde selbst durch/vor, um sich zu erfüllen/begründen und das wirklich in einem scheußlichen Schlamm vergrabene Auge der Seele sanft emporzuziehen und heraufzuführen.“ (*'ē dialektikḕ méthodos mónē taútēj poreúetai, tàs 'upothéseis anairoũsa, ep' autḕn tḕn archḕn 'ína bebaiṓsētai, kaì tõj ónti en borbórōj barbarikõj tini tò tẽs psuchẽs ómma katorōrugménon ēréma 'élkei kaì anágei ánō*).

188 Cf. Platon, Politeia 529b2-5.

Seelenfunktionen in Ordnung zu bringen und die Geistwelt geradezu erst zu erschaffen, Grundpfeiler der Theurgie im Neoplatonismus und yogisch-tantrischer Schulung.[189] Außerdem darf ich darauf aufmerksam machen, daß es zum Standard süd-, ost- und südostasiatischer Spiritualtechniken gehört, metaphysische und dialektische Traktate, die nicht selten in Versform abgefaßt sind, als mantrische Werkzeuge für die Kontemplation zu verwenden. Für den hinduistischen Vedānta trifft das vornehmlich hinsichtlich metaphysischer (Upaniṣad-s), für das buddhistische Mahāyāna, insbesondere das Madhyamaka, hinsichtlich dialektischer Texte (Mūlamadhyamakakārikā) zu; die autochthon chinesische Philosophie betreffend enthalte ich mich mangels mir bekannten Materials des Urteils. Was hindert, zweitens, das abschließende Überschreiten des Mittelbaren, die Beseitigung alles Angenommenen und jeglicher Unterstellung (Hypo–these) nach der von mir vorgeschlagenen und für die Wissenschaft tauglichen technischen, da ideologisch neutralen Definition von Mystik „mystisches Erlebnis“ zu nennen, suggeriert Platon mit seinen Anspielungen doch selbst ein solches Verständnis, das aber nicht nur in rein rationalem und epistemischem Sinne?

Hat man dies in Betracht gezogen, ist der Vorwurf an die Tübinger Schule, welche sich bei ihrer Platon-Interpretation auf die »Ágrapha« kapriziert, daß sie diese ob ihrer didaktisch-

[189] A. Charles-Saget, La théurgie, nouvelle figure de l'*ergon* dans la vie philosophique, pp. 112–113, weist denn auch, seinen Vergleich allerdings selbst unvorsichtig/unüberlegt (imprudent) nennend, auf die Nähe theurgischer Praktiken zu tibetischen Maṇḍala-Meditationen und Gesangsexerzitien, ohne jedoch, wie es scheint, deren Letztsinn erfaßt zu haben, nämlich die mystische Vereinigung mit dem Absoluten, deren Plotinischer Form hier problematischer-, fast hätte ich gesagt, fälschlicherweise, gerade die theurgischen Techniken entgegengesetzt werden; Einschlägiges zur Meditation mit Hilfe figuraler (*pratimā*) und linearer (*yantra, maṇḍala*) Kultbilder im Yoga und deren Zweck bei H. Zimmer, Kunstform und Yoga im indischen Kultbild.

provisorischen Eigenschaft angesichts der daran anschließenden unsagbaren unmittelbaren Erfahrung verkannt, fehl- oder überbewertet hätte,[190] die »Ungeschriebene Lehre« „nichts Letztes sein kann, sondern als beschränkt und vorläufig betrachtet werden muss“[191], auf den ersten Blick zwar zu billigen, doch bei genauem Hinsehen als übertrieben und damit unzutreffend zurückzuweisen. Die dem entgegengestellte Überbetonung des Mysteriencharakters, des Kultischen und Religiösen durch die zitierte Kritikerin führt demgegenüber zur Einengung des besonderen Leistungssinns der Philosophie als Gedankenarbeit.

Deren Wurzeln reichen zwar in das altorientalische Weihewesen hinab, sie selbst aber ist von diesem sehr wohl durch ihre eigenverantwortlichen, auf individueller Freiheit basierenden denkerischen Vollzüge zu unterscheiden. Diese mögen zwar beim einzelnen oder in gewissen Reifephasen des Seelischen durch die Anbetung und Verehrung eines wie auch immer personal vorgestellten Gottes begleitet, bestärkt und unterstützt sein, doch sind sie davon nicht abhängig, damit auch nicht, wie von unserer, die Tübinger Schule diesbezüglich attackierenden Forscherin vorgebracht,[192] vom griechischen Apoll – wie sollte das aus den Originalen bereits präsentierte, aller Eigenschaften ermangelnde Wunderschöne (*thaumastòn kalón*) und nicht Sein oder Seiendheit seiende, bis jenseits des Seins hinausragende Gute (*ouk ousías óntos toũ agathoũ, all' éti epékeina tẽs ousías presbeíaj kaì dunámei 'uperéchontos*), Nicht-Vielheitliche (*A-póllōn*),[193] gänzlich Unsagbare (*árrhēton*), das durch Platon's

[190] Cf. C. Schefer, Platons unsagbare Erfahrung, pp. 1-62, 223-227.

[191] C. Schefer, Platons unsagbare Erfahrung, p. 60.

[192] Cf. C. Schefer, Platons unsagbare Erfahrung, pp. 120-222.

[193] Der Ausruf an der Stelle Platon, Politeia 509c1-2: „Da sagte Glaukon sehr scherzhaft: »Beim Apoll!, eine wunderbare/übernatürliche/

universell nachvollziehbare, alles Hypothetische, d.h. Relative aufhebende (*tàs 'upothéseis anairoũsa*) Dialektik apagogisch aufgewiesen wurde, ein Gott der hellenischen Religion, Apollon, sein?

Wenn andrerseits eingestanden wird: „Apollon ist also mit dem Guten, dessen Wesen das Eine ist, identisch.“[194], dann kann das doch nur heißen, daß es sich dabei nicht (nur) um einen anthropomorphen Gott (maskulin) einer herkömmlichen Form des Theismus handelt, sind sowohl das Agathón als auch das Hén dem Genus nach doch ein Ne–Utrum, weder so noch so, attributlos also. Welcher abendländisch geprägte Gelehrte auch immer solches hinsichtlich des Ersten oder Letzten in der griechischen Philosophie nicht zu denken vermag, möge sich bei der indischen oder chinesischen Philosophie Rat holen.

Wie weit hätte die philosophiewissenschaftliche Einsicht in dieser Sache erst vordringen können, hätte sie wenigstens eine Ahnung von der Disziplin gehabt, die sich als indische Parallele hier geradezu aufdrängt, dem Yoga-Weg des Erkennens (*jñāna-mārga*) oder Erkenntnis-Yoga (*jñāna-yoga*) samt all seinen Implikationen und seiner Einbettung in die Methoden des

---

göttliche Überlegenheit/Transzendenz/(Über-)Steigerung«.“ (*Kaì 'o Glaúkōn mála geloíōs · Ápollon, éphē, daimonías 'uperbolẽs.*), folgt unmittelbar nach der Charakterisierung des Guten als nicht- und überseiend, als das Eine bzw. Nicht-Vielheitliche also, was kein Zufall sein dürfte, cf. J. Halfwassen, Der Aufstieg zum Einen, p. 258[102]: „Glaukons ironische Reaktion auf diese Eröffnung (509 C 1 – 2: Ἄπολλον ... δαιμονίας ὑπερβολῆς) enthält einen wichtigen Hinweis auf das Eine: A-pollon = der Un-Viele war eine in pythagoreischen und akademischen Kreisen verbreitete Chiffer für das Eine, vgl. ...“ Cf. idem, Speusipp und die metaphysische Deutung von Platons "Parmenides", p. 356[52]; G. Reale, Zu einer neuen Interpretation Platons, p. 276. Zur pythagoreischen Gepflogenheit antiker Denker, Apóllōn als das Nicht-Vielheitliche zu verstehen, siehe Ploutarchos, Moralia; 354F, 381F (De Iside et Osiride); 388F, 393C (De E apud Delphos); Plotinos, Enneaden 5.5.6.26-28 § 44.

[194] C. Schefer, Platon und Apollon, p. 191.

Königs-Yoga (*rāja-yoga*)?! Um hier weiterzukommen, wäre es sicherlich hilfreich, ja nötig, wenn sich die Philosophieforschung zusätzlich zur Bemühung um die Erhellung der esoterischen »Ungeschriebenen Lehrgegenstände« (*ágrapha dógmata*) und ihrer Rolle hinsichtlich der Prinzipienstruktur des Platonischen Weltbilds wie um deren praktische Implikationen in Form der Mysterienartigkeit und des Einweihungscharakters, wodurch in den letzten Jahrzehnten erfreulicherweise (wieder) sehr wertvolle Zusammenhänge zu Tage gefördert wurden, endlich den östlichen, besonders den südasiatischen Geistwelten öffnete, in denen nicht nur, wie meines Erachtens auch bei Platon, eine aus didaktisch-psychagogischen Erwägungen heraus variierende geschickte Lehrweise (skr. *upāya kauśalya*), sondern selbstverständlich auch die Aktualisierung transrationaler Erkenntnisvermögen und somit die Verwirklichung hyperkategorialer Erkenntnis in verschiedenen Unmittelbarkeitsgraden anerkannt ist und im Gegensatz zum Okzident, der seiner Weisheitsschätze und Weisewerdungspraktiken durch Bekämpfung, Verdrängung, Vergessen, Verkennung, Verzerrung und Verfälschung weitgehend einbüßte, seit Jahrtausenden in ununterbrochener Guru-Śiṣya-Linie (skr. *paramparā/krama*) weitergab.[195]

---

[195] Unter Berücksichtigung hinduistischer Weisheitslehren wagten die Auslegung des Aspekts der Platonischen Philo-Sophie, der von der unmittelbaren Intuition übersinnlicher (geistiger) Gegenstände (Urbilder), d.h. der Ideenschau handelt, bisher nur wenige, cf. E. J. Urwick, The Platonic Quest, pp. 135-164, insbesondere pp. 139-140, 148, 154-155, 163; Raphael, Initiation in die Philosophie Platons, pp. 11-28; N. Kazanas, The Dialogues of Plato and the Upaniṣad-s, pp. 4-6, idem, Greek Philosophy up to Aristotle, pp. 922-924. P. Deussen, Vedânta, Platon und Kant, trägt nichts Wesentliches zu dem Thema bei. P. E. More, Hellenstic Philosophies, p. 186[5], erkennt dem Werk Urwick's zwar „höchste Wichtigkeit" zu, doch brandmarkt er das Hineinlesen eines „orientalischen Mystizismus" in die Lehre Platon's vehement, wobei mit an Sicherheit grenzender Wahrscheinlichkeit davon ausgegangen

Vor nicht allzu langer Zeit schickte ich einem nicht nur von mir hoch geschätzten, an einer der führenden Universitäten der Republik lehrenden und forschenden, mehreren Akademien angehörigen Platonismus-Experten und Transzendentalphilosophen mein theoretisches Grundlegungswerk der »Strukturtheorie der Re–flexion« und den Einleitungsband der danach verfahrenden re–flexionsstrukturellen Erschließung bzw. historio-doxographischen Evidierung der drei Stiftertraditionen der Philosophie mit der Aufforderung zu, seine tief fundierte Kompetenz und meine avantgardistisch anmutenden, dabei jedoch deren antike, im Mainstream des Fachs nahezu vergessene Grundprogrammatik samt deren implizite Systematik wieder-(zurück-)holenden Forschungsbemühungen und Forschungsergebnisse in einem öffentlichen wissenschaftlichen Diskurs[196] zusammenzuführen, um einen Anstoß zu geben und Material zu liefern, der derzeit in der Philosophiewissenschaft vorherrschenden Verengung des Denkens auf Historio-Doxographisches und Verweigerung oder Unfähigkeit, es in mehrfachem Rückbezug auf es selbst anzuwenden, endlich zu entkommen.

werden kann, daß More nicht das geringste Wissen über indische Weisheitslehren besaß, was sein Klischee „orientalischer Mystizismus“ verrät. Viel von solcher unberechtigter Kritik nimmt E. J. Urwick, The Message of Plato, pp. 220–260, in einem Postskript zur ersten Auflage des Werks sehr zurückhaltend vorweg und man muß die Entscheidung des Verlages, der den Neudruck von 1983 besorgte, dieses Nachwort mit dem Vermerk „veraltet/überholt“ wegzulassen, sehr unglücklich nennen, da das allgemeine geistige Klima innerhalb der akademischen Platon-Forschung darin treffend beschrieben ist und sich dieses im großen und ganzen (Literaturen, die dazu eine Ausnahme bilden sind in meiner Studie hier so weit als möglich berücksichtigt) seither nicht wesentlich änderte. Gewagte und verblüffende, neue Perspektiven eröffnende Diskussionen zum Verhältnis indischer und Platonischer Lehrgegenstände finden sich in T. McEvilley, The Shape of Ancient Thought, pp. 157–224.

[196] Was heißt hier „öffentlich“? Ein wissenschaftlicher Diskurs müßte per definitionem öffentlich sein.

Vergeblich. Eine derartige Kommunikations- und Kooperationsverweigerung begleitet meinen philo-sophischen ‚Werdegang' allerdings seit abzusehen war, daß die Früchte meiner Arbeit von substantieller Natur sein und neue Ausblicke auf wie Einblicke in die Philosophie eröffnen würden.

Bis ins ausgehende Mittelalter sah eine Anzahl von Denkern und Theologen in der Platonischen Sonnenschau ein sprachlich unvermitteltes Gewahren von kontemplativ-mystischer Qualität. John of Salisbury (ca. 1125–1180), gegen Ende seines Lebens zum Bischof von Chartres ernannt, nennt Platon gar einen „*symmystes veri*", einen Mit-Mysten oder Mit-Mystiker des Wahren.[197] Es könnte durchaus sein, daß Platon eine gewisse Mehrdeutigkeit des letztlichen Leistungssinns seiner schriftlichen Lehre beabsichtigte, ließ er doch auch sonst vieles in seinen Dialogen unentschieden oder offen. „Platon …, in dessen Büchern nichts behauptet und vieles pro und contra erörtert, alles erforscht, nichts Bestimmtes festgestellt wird"[198]. Vielleicht tut sich auch in dieser Form der Darstellung die in seiner Spekulation demonstrierte begriffsphilosophische Ungeschlossenheit, ja Unabschließbarkeit kund. Eine nach heutigem Verständnis transzendentale Auslegung der drei Allegorien der ›Politeia‹ mit ihren als Onto-Gnoseolgie deutbaren Beschreibungen scheint mir zwar wahrscheinlich,[199] jedoch zu kurz zu greifen. Danach bliebe sie auf das sprachlich fixierte Denken beschränkt und Anspielungen Platon's auf den außerordentlichen, gar göttlichen Charakter philosophischer Geisteinsicht

---

[197] Joannes Saresberiensis, Entheticus de dogmate philosophorum 937 = Opera omnia 5.269.

[198] Cf. Cicero, Academica 1.XII.46, ⟨ed./tr.⟩ H. Rackham, pp. 454/455: *Platonem … cuius in libris nihil adfirmatur et in utramque partem multa disseruntur, de omnibus quaeritur, nihil certi dicitur.*

[199] Cf. H. M. Baumgartner, Von der Möglichkeit, das Agathon als Prinzip zu denken, p. 101.

wären nichts als hochtrabende Schwärmerei wie vermessene Wichtigtuerei und vom gegenwärtigen Objektivismus aus Hohn und Spott ausgesetzt.

Vielmehr stellt die transzendentale Besinnung den Abschnitt auf dem Weg zur Weisheit dar, der mit dem diskursiv-abstrakten Denken (*diánoia*) (des Liniengleichnisses) vollzogen wird, was Platon denn auch deutlich macht, wenn er die Verfahrensweisen (*téchnai*) der Mithelfer und Mitführer (*sunerithois kai sumperiagōgoĩs*), deren sich die Dialektik bedient – gemeint sind die übrigen pythagoreischen (bewußtseinsinhalts-, i.e. objektorientierten) Disziplinen –, um das Auge der Seele aus dem barbarischen Schlamm, in dem es normalerweise vergraben ist, herauszuziehen, mit genau diesem kognitiven Vermögen identifiziert.[200] Es ist kraft Abstraktion nicht mehr direkt vom Werdenden und seiner Wandelbarkeit abhängig, weshalb es im Gleichnis (problematischerweise) ja im Seins- und Eídosbereich untergebracht, und dennoch Denken mit den Strukturmerkmalen der »Form-Inhalt«-Relationalität (Intentionalität), der Sinn-Relationalität (Semantik) und der Geschehnis-Relationalität (Diskursivität) ist, was eben auch Eigenschaften der Re–flexion oder transzendental verfahrenden Philosophie sind, die sich vom abstrakten Denken à la Mathematik (Geometrie), wie bereits erwähnt, dadurch abhebt, daß sie (mehrfach) metatheoretisch, re–flexiv und nicht nur abstraktiv (vom Sinnlich-Konkreten absehend) verfährt, nicht einfach nur formal ist, sondern Form (Gedanke) zum Inhalt (Gegenstand) hat: Abstraktion plus Re–flexion. Der Unterschied zwischen diesen beiden kognitiven Verfahrensweisen, und abhängig davon Gegebenheitsweisen von Denkobjekten, ist, wie man hieran sieht, bedeutsam, und das ist noch eine Untertreibung, er ist entscheidend.

---

[200] Cf. Platon, Politeia 533c9–e1.

„Platon möchte den Ausdruck «Diánoia» offenbar in einem etymologischen Spiel damit begründen, daß er sagt, dieses Verhalten stehe als Zwischen-Einsicht [Dia-noia] zwischen Meinung und [reiner] Einsicht [Nūs] ...“[201] Durch die Placierung dieser Kategorie im Liniengleichnis, die in der Einteilungsschematik des Sonnen- und Höhlengleichnisses nicht vorkommt, wird suggeriert, die Geisteinsicht (*nóēsis*) im Sinne von Evidenz des bis an seine Grenze gestoßenen begrifflichen Denkens auf der Basis von Ideen/Formen (*eídē*) im transzendentalen Modus (man denke, wie anfangs dieses Unterkapitels schon bemerkt, an die »intellectuale Anschauung« J. G. Fichtes) zu deuten,[202] was hieße, der Platonischen Philosophie ein Höchstmaß an Selbstvergewisserungsvermögen zuzutrauen.

Für Platon's unmißverständliche Forderung, sich mit Meinung wie auch Eingebung nicht zufrieden zu geben, sprechen auch Stellen in seinem Werk, an denen er die unbedachte Form des Dafürhaltens, Hellsehens und Ahnens von Politikern, Handwerkern, Dichtern, Sehern und Weissagern kritisiert, indem er ihnen vorwirft, zwar viel Schönes zu reden,

---

201 R. Rufener, Platon, Der Staat, Anmerkung 1 zu Seite 352, (Artemis) Jubiläumsausgabe, 4.544, Einfügungen in eckigen Klammern sind die des Originals.

202 Im ersten Teil des ›Parmenides-Dialogs‹, in dem der Rahmen für die Hypothesis-Dialektik im zweiten Teil aufgespannt wird, cf. Platon, Parmenides 127a8-135c7, werden die Ideen (*eídē*) mehr in der Bedeutung von Begriffen verwendet und Paronyme von Denken (im heutigen Verständnis) mit *noeĩn* wiedergegeben. Angesichts einer solchen Bandbreite der Bedeutung philosophischer Zentralbegriffe in den Quellenschriften kann man sich nur darüber wundern, mit welcher Lässigkeit und weltanschaulichen Überheblichkeit damit, gerade was deren Übertragung in moderne westliche Sprachen und infolgedessen der Zuweisung ihres Sinnes, heutzutage und seit längerem in Expertenkreisen, umgegangen wird. Ob der Ungeheuerlichkeit der daraus entstandenen und entstehenden Folgen für das Bild, das man sich gegenwärtig von der Philo-Sophie macht, fehlen mir die Worte.

worüber sie redeten jedoch nichts zu wissen (*légousi mèn pollà kaì kalá, ísasin dè oudèn 'hõn légousi*).[203] Dies deutet auf das Platonische Bestreben, auch das anscheinend Irrationale, Nicht-Rationale und Überrationale denkerisch zu durchdringen und der Vernunft mit ihrer Forderung von Allgemeingültigkeit so weit als möglich zugänglich zu machen, was die Philosophie denn auch von der Philodoxie und Philomythie unterscheidet.[204]

Doch sollte das nicht dazu verleiten, die Lehre Platon's um ihren mystischen Aspekt zu verkürzen. Was hindert daran, eine mit der rationalen Seite vereinbare, aber daran anschließende, ihr vorher- oder über sie hinausgehende mysterienbezogene bzw. mysti(zisti)sche Interpretation vorzunehmen? Zu deren Plausibilisierung ist die Platonische Einsicht in die Doppeltheit der WahrSeins-Bereiche (Werden : Sein) der Gleichnisreden und deren abermalige Doppeltheit, besonders im Höhlen- und Liniengleichnis, gegeneinander abzuwägen. Diese doppelte Doppeltheit kann insgesamt aus einer ihr unterlegten Vierstufung herausgelesen werden, die ganz ähnlich schon anläßlich des Aufstiegs zum Schönen im ›Symposion‹ anklingt und aus dem Blickwinkel der Widerfahrnisse des Subjekts beim Aufstieg aus der Höhle der ›Politeia‹ zum Ausdruck gebracht wird.

(Υ1) Gegenstandsbezogenes Wissen der Gefesselten = das Wahrnehmen von Unfug oder nutzlosem Zeug (*phluarías*), Schatten und Echos nämlich, und Bestimmung ihrer Kausalverhältnisse mit Unverstand (*aphrosúnēs*) = Alltagswissen und dessen systematisierte Form, die von den

---

203 Cf. Platon, Apologia Sokratous 22c; weitere diesbezügliche Stellen im Werk Platon's bei E. R. Dodds, The Greeks and the Irrational, p. 230[46].

204 Das Verhältnis zwischen Meinung (*dóxa*), Wissen (*epistḗmē*) und Geisteinsicht (*nóēsis*) thematisiert C. Schefer, Platons unsagbare Erfahrung, pp. 21–49; zum Wissen insbesondere o.c., pp. 43–45.

Mitgefangenen (*sundesmōtō̃n*) und der unterirdischen Weisheit (*ekeĩ sophías*), dem Meinen (*doxázein*), geprägten Objekt-Wissenschaften, das ver-rückte Bild und die ver-rückten uns gleichen/ähnlichen Gefesselten/Gefangenen (*Átopon ... eikóna kaì desmō̃tas atópous. 'Omoíous 'ēmĩn*) = In-der-Welt-Sein als Zwangsaufenthalt in einer geschlossenen Irrenanstalt;

(ϒ2) reines Wissen in dem Bereich und über jenes (*ekeĩna*), das dem Seienden Nähere und Seiendere (*mãllón ti eggutérō toũ óntos kaì mãllon ónta*), das die Schatten wirft und Ursache der Echos ist = abstraktes Begriffswissen und durch Reflexion gewonnenes Wissen nach der Lösung der Fesseln (*'opóte tis lutheíē*) und Umwendung des Halses (*periágein tòn auchéna*), d.h. aus der Bildsprache übersetzt: nach Umwendung und Abwendung von den scheinbaren Dingen, Nach-innen-Wendung und Rückwendung des Erkennens zu/auf sich selbst (Re-flexion) durch Geistesschulung (*paideía*) als eines Verfahrens, einer Technik/Kunst der Umwendung (*téchnē tē̃s periagōgē̃s*), nicht durch Hineinschaffen/Einflößen (*entithénai*) von Wissen (*epistḗmē*) in die Seele, wie durch Einpflanzung des Sehens (*ou toũ empoiē̃sai autō̃j tò 'orãn*);[205]

(ϒ3) kraft Gewöhnung (*sunḗtheia*) ermöglichtes Sehen der oberen Dinge (*tà ánō ópsesthai*) durch deren Schatten, Spiegelbilder, den Himmel und die Himmelskörper bei Nacht, dann bei Tag, Erkennen/Erblicken der Dinge selbst (*kathorō̃j ... autá*), d.h. der wahren Gegenstände (*alēthō̃n*) = quasi-unmittelbare Ideenschau, Intuition/ Geisteinsicht in das eine Wesen des Vielen;

---

[205] Cf. Platon, Politeia 518b7-d7, wo gegen die Meinung der Sophisten argumentiert wird, daß Wissen in die Seele eingesetzt (*entithénai*) werden könne wie das Sehen in blinde Augen (*'oĩon tuphloĩs ophthalmoĩs ópsin entithéntes*).

(Υ4) unmittelbare Schau des nicht-vielheitlichen (*A-póllōn*) Agathón bzw. Helios, bei welchem Blicken in die Sonne man bekanntlich aufgrund der Lichtflut ‚nichts', ‚nicht etwas' sieht, worauf im Sonnengleichnis, wo sich das Gute, das allegorische Gegenstück zur Sonne, ja jenseits des Seins befindet, hingedeutet wird, indem jenseits des Seins bekanntlich NICHTS ist und somit NICHTS gesehen werden kann. „... die Helligkeit des Sonnenballs selbst aber verzehrt durch ihr Übermaß alles Sehen. Die Sonne selbst, deren Überhelle den Blick blendet, ist darum nur schwer zu erblicken (vgl. 517 C 1: μόγις ὁρᾶσθαι) – nämlich nur indirekt durch das von ihr ausstrahlende Licht. Platon spricht zwar 516 B 4 – 7 davon, zuletzt werde die Sonne αὐτὸ καθ' αὐτὸ ἐν τῇ αὐτοῦ χώρᾳ [selbst an sich an/in ihrem eigenen Ort/Rang] geschaut, während nach Phaid. 99 D 5 ff. eine solche unmittelbare Schau der Sonne zur Erblindung führt. Daß die Sonne am Ziel des Aufstiegs nicht mehr in Abbildern, sondern an sich selbst gesehen wird, braucht in der Übertragung auf das Agathon nicht mehr zu bedeuten, als daß dieses am Ziel der Dialektik nicht mehr in seinen Prinzipiaten, sondern via negationis in seiner Transzendenz erfaßt wird (vgl. 534 B zu 509 B); Platon könnte damit freilich auch eine transintellektuelle mystische Schau des Absoluten andeuten, vgl. Ep. VII 341 CD zu Politeia 540 A (... ἰδόντας τὸ ἀγαθὸν αὐτό)."[206]

Die Frage: ‚Philosophie oder Mystik?' ist damit zwar nicht beantwortet, doch als berechtigt ausgewiesen. Mit einem disjunktiven Oder („∨") dürften wir der Antwort am nächsten kommen. Es ist nicht nur mit den relevanten Passus im Werk

[206] J. Halfwassen, Der Aufstieg zum Einen, pp. 249–250[+85] (meine Übersetzung in eckigen Klammern).

Platon's verträglich – man muß philosophische Traktate bloß zu lesen wissen –, sondern sehr wohl auch mit der Strukturtheorie der Re-flexion, in der der mystisch-erfahrungshafte Aspekt auf den theoretischen aufbaut. Während die mehrfache Metatheorie mit der totalen Negation und der Einsicht in die Begrenzung des diskursiv gewonnenen Wissens endet, deutet sie auf ihre Entgrenzung, die ja im Bewußtsein wahr-genommen und praktisch durch das Ent-Setzen des Grenzen setzenden, definierenden Denkens vollzogen wird, das ich u.a. mit dem religionsunabhängigen, technischen Begriff Mystik, den ich in den für meine Forschung geltenden Konventionen früherer Teilbände einführte, belegte.

Zur Blendung durch ein Übermaß von Licht äußerte sich schon Aristoteles. „Wie sich nämlich die Augen der Nachtvögel/Fledermäuse gegenüber dem Sonnenlicht bei Tage verhalten, so der Geist unserer Seele (*tē̃s 'ēmetéras psuchē̃s 'o noũs*) gegenüber dem von Natur aus Einleuchtendsten von allem."[207] Dabei geht es um die Betrachtung der Wahrheit (*'Ē perì tē̃s alētheías theōría*), die dem Stagiriten niemandem angemessen erreichbar zu sein scheint (*sēmeĩon dè tò mḗt' axíōs mēdéna dúnasthai tucheĩn autē̃s*).[208] Wie aus dem Kontext ersichtlich, könne sie durch Summation/Zusammensammeln (*sunathroizoménōn*) aber eine gewisse Bedeutung/Mächtigkeit gewinnen (*gígnesthai ti mégethos*).[209] Quantitatives Kriterium: das bedeutet, daß es sich nur um die Wahrheitsproblematik im Bereich des Empirischen handeln kann, womit die Anwendung der Metapher auf Mystisches nicht grundsätzlich ausgeschlossen zu

207 Aristoteles, Metaphysica 993b9–11: *'ṓsper gàr tà tō̃n nukterídōn ómmata pròs tò phéggos échei tò meth' 'ēméran, 'oútō kaì tē̃s 'ēmetéras psuchē̃s 'o noũs pròs tà tē̃j phúsei phanerṓtata pántōn.*

208 Cf. Aristoteles, Metaphysica 993a30–32.

209 Cf. Aristoteles, Metaphysica 993b1–4.

sein braucht, was ihre variantenreiche Verwendung in der christlichen Mystik denn auch bestätigt.

Als einer ihrer Vorläufer gilt der zu den Mittelplatonikern gezählte jüdische Philosoph Philon von Alexandrien. Er malt damit den Zenith des Aufstiegs zum Göttlichen aus. Sobald man dem Empyreum nahegekommen sei und danach trachte, den Großen König zu sehen, strömten pure und ungetrübte Strahlen gebündelten Lichts wie Sturzbäche hervor, so daß es der Vernunft von diesem Glitzerregen schwarz vor Augen und ihm schwindlig würde.[210] Der mysteriöse christliche Mystiker (Pseudo-)Dionysios Areopagita stand dem in nichts nach und komponierte unter deren Zuhilfenahme eines seiner kunstvollen hyperbolischen Sprachkonstrukte.[211] Meister Eckhart webt sie in den Stoff seiner Predigten.[212] Seine Prediger-Kollegen Johannes Tauler (ca. 1300–1361)[213] und Heinrich Seuse (ca. 1295–1366)[214] tun es ihm gleich. Wir finden sie in der mittelalterlichen ›Cloud of Unknowing‹,[215] bei Juan de la Cruz (1542–1591)[216] und einigen anderen, die hier aus Gründen

---

210 Philon, De opificio mundi 71: *glichoménou d' ideĩn, athróou phōtòs ákratoi kaì amigeĩs augaì cheimárrou trópon ekchéontai, 'ōs taĩs marmarugaĩs tò tẽs dianoías ómma skotodiniãn.*

211 Cf. (Pseudo-)Dionysios Areopagita, De mystica theologia 1.1, ⟨edd.⟩ G. Heil / A. M. Ritter, (2.)141.1–142.4 (3.997A–B).

212 Cf. Meister Eckhart, Die deutschen Werke, 2.134.6–135.5 (Predigt 32: Consideravit semitas domus suae et panem otiosa non comedit) etc.; Angabe von Vergleichsstellen in o.c., 2.135[1]; 2.402[1]–403.

213 J. Tauler, Predigten 54; 60, ⟨ed.⟩ F. Vetter, pp. 249.27–32; 278.8–17.

214 H. Seuse 1.1.2.51, Seuses Leben, ⟨ed.⟩ K. Bihlmeyer, p. 177.6–20.

215 Cf. Anonymus, The Cloud of Unknowing 68, ⟨ed.⟩ P. Hodgson (1973), p. 122.9–13; ⟨ed.⟩ eadem (1982), p. 68.14–18; ⟨tr.⟩ E. Underhill, p. 291; ⟨tr.⟩ W. Riehle, p. 146.

216 Cf. Johannes vom Kreuz, Aufstieg auf den Berg Karmel 2.8.6; 2.14. 13; idem, Der geistliche Gesang A 38.10; idem, Die Dunkle Nacht 2.5.3;

unserer Themenstellung nicht eigens aufgeführt werden können. Daß Georg Wilhelm Friedrich Hegel das Bild von der Blendung durch reines Licht gegen Absolutheitslehren jedweder Art außer der seinigen natürlich, die eine solche eigentlich gar nicht ist, wendet,[217] steht sicherlich in Zusammenhang mit seinem Unverständnis gegenüber der Mystik und der indischen Weisheit,[218] in welcher eine Variante davon an exponierter Stelle, in der ›Bhagavad-Gītā‹ nämlich,[219] vorkommt.

Eine mystisch-mystizistische Auslegung des Platonischen Wissensklimax drängt sich durch Beschreibungen einer zur Philosophie gehörenden Mentaldisziplin und Seelenkultur, einer das Empfindungs-, Willens- und Erkenntnisleben umfassenden Geisteszucht (*paideia*), die sich in den mysterienhaft-mystagogischen, Einweihung, manische Geistzustände, Sterben, Wiedergeburt, Jenseitsregionen, Seelenreise, Götter und das Heilsziel betreffenden Passus der Dialoge finden, geradezu auf. Nimmt man die von mir angestellte Synopse der kontemplationstechnischen Operation(en) im ›Phaidon‹ und ›Phaidros‹ ernst, was den meisten Vertretern der institutionalisierten, der sich wertfrei wähnenden Forschung also, nicht einmal im Traume einfallen würde, so kommt man nicht umhin, sie als Analogon des Grundvollzugs der Yogatechnik, umfassend das Zurück- oder Nach-innen-Ziehen der Aufmerksamkeit, das Losmachen vom Sinnlichen (skr. *praty-ā-hāra*), fünftes Glied

---

2.8.2, ⟨trr.⟩ U. Dobhan / E. Hense / E. Peeters, Gesammelte Werke, 4.164; 4.202-203; 3.240; 1.104; 1.120, jeweils mit Hinweis Juan's auf die oben genannten Stellen von Aristoteles und/oder Dionys.

[217] Cf. G. W. F. Hegel, Phänomenologie des Geistes, Werke 3.118; 3.22; 3.51.

[218] Cf. H. P. Sturm, Weder Sein noch Nichtsein, pp. 509-521.

[219] Cf. Bhagavad-Gītā 2.69, mit Śaṅkara-Kommentar, ⟨ed./tr.⟩ S. Gambhīrānanda, pp. 115-117; Śaṅkara, Bhagavad-Gītā-Bhāṣya 2.69, Samata Edition, 6.68-69.

des achtfachen Yogawegs, sowie die völlige Beherrschung, Zügelung (skr. *√yuj*) und Unterbindung (skr. *nirodha*) aller psycho-mentalen Funktionen (skr. *citta-vṛtti*) mit dem Ziel der totalen Nicht-Identifikation (skr. *virāga/vairāgya*) mit diesen, Kognition (Erkennen), Volition (Wollen) und Affektion (Empfinden), anzuerkennen.

Trotz des zu erwartenden Vorwurfs der Wiederholung eigener Forschungsergebnisse entschloß ich mich nach einigem Nachdenken, das mich dessen versicherte, daß ein solcher ob des konsequenten Totgeschwiegen-Werdens meiner Werke seit mehr als eineinhalb Jahrzehnten gar nicht erhoben werde, hier den Teil eines Kapitels aus meinem Buch ›Urteilsenthaltung‹ in überarbeiteter, erweiterter, noch enger am Text orientierter Form wiederzugeben, der die Analogie zwischen der alles entscheidenden Operation der Philo-Sophie Platon's und des Yoga von Patañjali, deren verblüffende Übereinstimmungen in der bisherigen Philosophiegeschichte weitgehend unerkannt oder verkannt blieben, belegt.[220]

Ich beschränke mich aus Gründen der Gesamtkonzeption der ›Widerspiegelung des Geistes‹, die ich in den gestalterischen Richtlinien des theoretischen Grundlegungsbandes I wie dem Einleitungsband II/1 der sieben daran anschließenden Bücher vorstellte, aber auch in Bemerkungen innerhalb letzterer immer wieder erwähne, auf die Platonische Seite, nicht aber ohne ein Zitat vorauszuschicken, das bei einem akademisch anerkannten Vertreter des Fachs wenigstens eine leise Ahnung von der besagten Ähnlichkeit erkennen läßt, zugleich aber verrät, daß sich dieser aufgrund seiner unzureichenden Kenntnis indischer Philosophie nicht wirklich an die Sache heranwagt. „Ich will .. nicht behaupten, daß es keine »Techniken

[220] Cf. H. P. Sturm, Urteilsenthaltung oder Weisheitsliebe zwischen Welterklärung und Lebenskunst, pp. 411–416; idem, “Yoking” or Yoga in the Philosophy of Plato; idem, Weder Sein noch Nichtsein, p. 297.

der Atemkontrolle« in der griechischen Philosophietradition gegeben habe. Die Auffassung von der Seele als Hauch ist Anzeichen genug. Und vielleicht ist auch die platonische Übung, die für gewöhnlich in allen Teilen des Körpers verstreute Seele zu konzentrieren, so zu verstehen.“[221]

Mit »Atemkontrolle« wird für gewöhnlich der Sanskrit-Terminus *prāṇāyāma* übersetzt, der die vierte Stufe des acht Glieder umfassenden Yogapfads (*aṣṭa-aṅga-yoga*) bezeichnet.[222] Die genannte, heute vorwiegend benutzte Übersetzung ist jedoch ungenau; der Ausdruck *prāṇāyāma* ist nämlich aus *prāṇa,* wörtlich Atem(-Hauch) und *ā-√yam,* (aus)dehnen, verlängern, zusammengesetzt und folglich mit »Atemdehnung« zu übersetzen. Deren Extremum ist als Unterbrechung, Zerteilung oder Aufspaltung von Ein- und Ausatmung (*śvāsa-praśvāsayor-gati-vicchedaḥ*) definiert.[223] Im Buddhismus, doch nicht nur dort, nennt man den Stillstand, das Aufhören (skr. Verneinungs-Präfix *ni-*, *niṣ-*, *nis-*, *niḥ-*, *nir-*) des Hauchens oder Atemwinds (skr. √*vā,* wehen, blasen) *nir-vāṇa,* Windstille oder Ausgeblasensein (Präzisierungen dazu im Faszikel II/6).

Folgen wir also den Ausführungen des Sokrates, die er zur Befreiung durch die Philosophie entfaltet, während wir deren elementare Vierstufung im Hintergrund mitdenken. „In das Geschlecht aber der Götter ist es keinem, der nicht philosophiert hat und gänzlich rein verschieden ist, möglich zu gelangen, außer dem Wißbegierigen. Eben deshalb … enthalten sich (*apéchontai*) die richtig Philosophierenden aller körperlichen Begierden, sich ihnen standhaft widersetzend und nicht hingebend, Vermögensverlust und Armut nicht fürchtend wie die

[221] P. Hadot, Wege zur Weisheit oder Was lehrt uns die antike Philosophie?, p. 211.

[222] Cf. Patañjali, Yoga-Sūtra 2.29; 2.49.

[223] Patañjali, Yoga-Sūtra 2.49.

Vielen und Geldgierigen, und auch keine Angst vor Schmach und Schande der Schlechtigkeit habend, wie die Herrsch- und Ruhmsüchtigen; also enthalten sie sich (*apéchontai*) dessen. ... Deshalb verabschieden sich all jene, ... die sich um ihre Seele sorgen, von denen, die leben, um ihren Körper zu formen, und schreiten, diesen, die gar nicht wissen, wohin sie gehen, nicht konform, vorwärts. Dafürhaltend aber, daß sie nichts tun dürfen, was der Philosophie und der (Er-)Lösung und Reinigung durch sie entgegensteht, wenden sie sich an jene, ihr folgend, wie sie anleitet. ... Die Wissensdürstigen erkennen nämlich, daß die Philosophie deren Seele völlig an den Leib gefesselt vorfindet, an ihn geklebt, gezwungen, wie durch einen Kerker, durch ihn das Seiende zu beschauen, nicht aber durch sich selbst, sich so in allerlei Unwissen (*amathíaj*) herumwälzend, indem sie die Kraft/Gewalt dieses Kerkers genau durchschaut, diese ist ja durch Begierde (*di' epithumías*) veranlaßt, und zwar in der Weise, daß der Gefesselte selbst dauernd am meisten dem Gebundenwerden Gehilfe ist. Die Lernbegierigen erkennen, wie nun gesagt, daß die Philosophie, sich ihrer Seele, so wie sie ist, annehmend, ihr ruhig/sanft (*ēréma*) zuspricht und sie zu (er)lösen (*lúein*) versucht, indem sie zeigt, daß alles Wahrnehmen durch die Augen, durch die Ohren und die anderen Sinne voller Trug/Täuschung (*apátēs*) ist und sie überzeugt, sich aus ihnen zurückzuziehen (*anachōreĩn*), sofern es nicht nötig ist, sie zu gebrauchen. Sie rät ferner an, sich in sich selbst (*autḕn dè eis 'autḕn*) zu sammeln und zusammenzunehmen (*xullégesthai kaì 'athroízesthai*) und sich auf nichts anderes zu verlassen außer sich selbst, was irgend sie für sich selbst (*autḕ kath' 'autḕn*) von dem an und für sich Seienden (*autò kath' 'autò tõn óntōn*) geistig einsieht (*noḗsēj*). Was immer sie durch anderes schaut, soll sie, indem es in anderem anderes ist/wird, für nichts Wahres erachten (*mēdèn 'ēgeĩsthai alēthés*); solches [Unwahre] ist ja nun gerade das Wahrnehmbare und Sichtbare, was sie aber selbst sieht, das geistig Einsehbare und

Unsichtbare. Dieser (Er-)Lösung (*lúsei*) nun gedenkt die Seele des wahrhaften Philosophen sich nicht widersetzen zu dürfen, sich deshalb der Lust und des Verlangens (*tõn 'ēdonõn te kaì epithumiõn*), der Unlust/Betrübnis wie auch der Furcht (*kaì lupõn kaì phóbõn*) enthaltend (*apéchetai*), so sehr sie kann ... Nein, vielmehr wird die Seele eines Mannes der Philosophie folgendermaßen überlegen und auch nicht meinen, die Philosophie müsse sie zwar erlösen, jene erlöst habend, sich selbst aber den Leidenschaften und dem Leiden hingeben, sich fesseln und ein unvollendetes Werk vollbringen, das Weben der Penelope gewissermaßen in entgegengesetzter Weise ausübend, sondern sich davor Wind-/Meerestille [des Gemüts = Seelenruhe] (*galḗnēn* [≙ skr. *nirvāṇa*][224]) verschaffend, dem Verstand (*tõj logismõj*) nachgebend und allzeit in diesem verweilend, das Wahre, Göttliche und Unvorstellbare betrachtend und sich von jenem nährend, geht sie davon aus, solange sie lebt, dieserart leben zu müssen, und nachdem sie zu Ende gekommen, bei Wesensverwandtem und Entsprechendem angelangt ist, von menschlichem Übel abgeschieden zu sein. Aus solchem genährt, besteht [für sie] keine Gefahr zu fürchten, ... bei der Ablösung vom Körper zerrissen, von Winden verweht und zerstoben zu werden, zu vergehen und weiter nichts und nirgends zu sein."[225]

---

[224] Eine Sammlung von Stellenangaben zur Wind-/Meeresstille (*galḗnē/nēnemía/eudía*) des Gemüts als Charakteristikum der ihre Bestimmung erreicht habenden ‚Seele' in den griechisch- und lateinischsprachigen Weisheitstraditionen findet sich in H. P. Sturm, Urteilsenthaltung oder Weisheitsliebe zwischen Welterklärung und Lebenskunst, pp. 245[110]-246.

[225] Der gesamte Gedankengang ist ausgeführt in Platon, Phaidon 82d1-84b7: *Eis dé ge theõn génos mḕ philosophḗsanti kaì pantelõs katharõj apiónti ou thémis aphikneĩsthai all' ḕ tõj philomatheĩ. Allà toútōn 'éneka, ... 'oi orthõs philosophoũntes apéchontai tõn katà tò sõma epithumiõn 'apasõn kaì karteroũsi kaì ou paradidóasin autaĩs'eautoús, oú ti oikophthorían te kaì*

Dies sei nun eben die Läuterung/Reinigung (*kátharsis*): die

---

penían phoboúmenoi 'ősper 'oi polloì kaì philochrḗmatoi, oudè aũ atimían te kaì adoxían mochthērías dediótes 'ősper 'oi phílarchoí te kaì philótimoi· épeita apéchontai autõn. ... Toigártoi toútois mèn 'ápasin, ... ekeĩnoi 'oĩs ti mélei tẽs 'eautõn psuchẽs allà mḕ sṓmata pláttontes zõsi, chaírein eipóntes, ou katà tautà poreúontai autoĩs 'ōs ouk eidósin 'ópēj érchontai· autoì dè 'ēgoúmenoi ou deĩn enantía tẽj philosophíaj práttein kaì tẽj ekeínēs lúsei te kaì katharmõj, taútēj dḕ trépontai ekeínēj 'epómenoi 'ẽj ekeínē 'uphēgeĩtai. ... Gignṓskousi gár, ẽ d' 'ós, 'oi philomatheĩs 'óti, paralaboũsa autõn tḕn psuchḕn 'ē philosophía, atechnõs diadedeménēn en tõj sṓmati kaì proskekollēménēn, anagkazoménēn dè 'ősper dià eirgmoũ dià toútou skopeĩsthai tà ónta allà mḕ autḕn di' 'autẽs, kaì en pásēj amathíaj kulindouménēn· kaì toũ eirgmoũ tḕn deinótēta katidoũsa 'óti di' epithumías estín, 'ōs àn málista autòs 'o dedeménos xullḗptōr eíē tõj dedésthai· 'óper oũn légō, gignṓskousin 'oi philomatheĩs 'óti, 'oútō paralaboũsa 'ē philosophía échousan autõn tḕn psuchḗn, ērḗma paramutheĩtai kaì lúein epicheireĩ, endeiknuménē 'óti apátēs mèn mestḕ 'ē dià tõn ommátōn sképsis, apátēs dè 'ē dià tõn ṓtōn kaì tõn állōn aisthḗseōn, peíthousa dè ek toútōn mèn anachōreĩn 'óson mḕ anágkē autoĩs chrẽsthai, autḕn dè eis 'autḕn xullégesthai kaì 'athroízesthai parakeleuoménē, pisteúein dè mēdenì állōj all' ḕ autḕn 'autẽj, 'ó ti àn noḗsēj autḕ kath' 'autḕn autò kath' 'autò tõn óntōn, 'ó ti d' àn di' állōn skopẽj en állois òn állo mēdèn 'ēgeĩsthai alēthés, eĩnai dè tò mèn toioũton aisthētón te kaì 'oratón, 'ò dè autḕ 'orãj noētón te kaì aeidés. Taútēj oũn tẽj lúsei ouk oioménē deĩn enantioũsthai 'ē toũ 'ōs alēthõs philosóphou psuchḕ 'oútōs apéchetai tõn 'ēdonõn te kaì epithumiõn kaì lupõn kaì phóbōn kath' 'óson dúnatai, ... Ou gár all' 'oútō logísait' àn psuchḕ andròs philosóphou, kaì ouk àn oiētheíē tḕn mèn philosophían chrẽnai 'eautḕn lúein, luoúsēs dè ekeínēs, autḕn paradidónai taĩs 'ēdonaĩs kaì lúpais 'eautḕn pálin aũ egkatadeĩn, kaì anḗnuton érgon práttein Pēnelópēs tinà enantíōs 'istòn metacheirizoménēs. Allá, galḗnēn toútōn paraskeuázousa, 'epoménē tõj logismõj kaì aeì en toútōj oũsa, to alēthès kaì tò theĩon kaí tò adóxaston theōménē kaì 'up' ekeínou trephoménē, zẽn te oíetai 'oútō deĩn 'éōs àn zẽj, kaì, epeidàn teleutḗsēj, eis tò suggenès kaì eis tò toioũton aphikoménē, apēlláchthai tõn anthrōpínōn kakõn. Ek dḕ tẽs toiaútēs trophẽs oudèn deinòn mḕ phobēthẽj, taũta d' epitēdeúsasa, ... 'ópōs mḕ diaspastheĩsa en tẽj apallagẽj toũ sṓmatos 'upò tõn anémōn diaphusētheĩsa kaì diaptoménē oíchētai kaì oudèn éti oudamoũ ẽj. Meine erläuternden Ergänzungen in eckigen Klammern. Ich bitte, im Buch H. P. Sturm, Urteilsenthaltung oder Weisheitsliebe zwischen Welterklärung und Lebenskunst, p. 413[59], die im entsprechenden Text befindlichen Druckfehler in Zeilen 9 von oben (falsch: *daì*), 9 von unten (falsch: *'autḕj*) und 5 von unten (falsch: *súnatai*) zu korrigieren.

weitest mögliche Abscheidung/Trennung (*tò chōrízein*) der Seele vom Körper und Gewöhnung daran, sich von allen Seiten her (*pantachóthen*) aus dem Leib in sich selbst zurück- wie zusammenzuziehen (*sunageíresthaí te kaì 'athroízesthai*) und nach Vermögen sowohl jetzt wie künftig allein in sich selbst zu weilen, wie von Fesseln vom Körper erlöst (*ekluoménēn*).[226] „Im *Yoga-Sūtra* (II.54) charakterisiert Patañjali *pratyāhāra* als das Sich-Zurückziehen des Denkens und der Sinnesorgane von ihren jeweiligen Gegenständen. Das ist ähnlich (obwohl nicht gleich) dem Argument Platon's, daß die Seele am besten einsieht/ergründet, wenn sie sich von den Sinnen und ihren Gegenständen zurückzieht."[227]

Sich der Zügellosigkeit/Unmäßigkeit, von Leidenschaften/Begierden/Gelüsten beherrscht zu werden (*akolasían tò 'upò tōn 'ēdonōn árchesthai*), mit Einsicht/Klugheit (*phrónēsis*), Tapferkeit/Mut (*andreía*), Besonnenheit/Selbstbeherrschung (*sōphrosúnē*), Gerechtigkeit(ssinn)/Rechtschaffenheit (*dikaiosúnē*), wahr(haft)er Tugend (*alēthès aretḗ*) und Wahrheit(sliebe)/Wahrhaftigkeit (*tò alēthès*)[228] widersetzend (*enantiouménē*), diese zügelnd (*kolázousa*), gebiete (*despózousa*) die (philosophische) Seele;[229] sie fliehe (*pheúgousa*) das Körperliche (*sōma*),

---

[226] Platon, Phaidon 67c4–7: *Kátharsis dè eĩnai … tò chōrízein 'óti málista apò toũ sṓmatos tḕn psuchḗn, kaì ethísai autḕn kath' 'autḕn pantachóthen ek toũ sṓmatos sunageíresthaí te kaì 'athroízesthai kaì oikeĩn katà tò dunatón, kaì en tõj nũnparónti kaì en tõj épeita, mónēn kath' 'autḗn, ekluoménēn 'ṓsper ek desmōn ek toũ sṓmatos;*

[227] J. Gold, Plato in the Light of Yoga, p. 22; Frage: Warum sollte das nur ähnlich sein und nicht gleich?

[228] Cf. Platon, Phaidon 68c1–69d; o.c. 69b9–c1, werden diese Haltungen und Qualitäten Katharsis oder Läuterung (*kátharsis/katharmós*) genannt.

[229] Cf. Platon, Phaidon 94c7–d5.

scheide/löse sich von ihm ab (*apalláttētai*),[230] um in sich selbst gesammelt zu sein (*sunēthroisménē autḕ eis 'eautḗn*)[231] und schließlich zu dem Reinen, Ewigseienden, Unvergänglichen und auf dieselbe Weise Verharrenden,[232] dem Intelligiblen, Einfachen, Unauflöslichen und immer auf dieselbe Weise an sich für sich Bleibenden, ihr Meistgleichen/Ähnlichsten,[233] ihr Gleichen/Ähnlichen, Unsichtbaren, Göttlichen, Unsterblichen, Einsichtigen zu entschwinden (*apérchetai*), wo ihr, dort angekommen, zuteil werde, glückselig zu sein (*eudaímoni eĩnai*), von Irrung, Wirrung/Unwissenheit, Angst, leidenschaftlicher Liebe und allen anderen menschlichen Übeln abgeschieden.[234]

---

[230] Cf. Platon, Phaidon 80e3–8a1.

[231] Cf. Platon, Phaidon 80e5–6; die innere Sammlung, das Sich-Zusammennehmen und die Zurückziehung in sich (*xullégesthai, 'athroízesthai, sunageíresthai*) der Textstellen oben und das Sich-Sammeln hier sagen wortwörtlich das gleiche wie die fünfte Stufe des achtgliedrigen Yogapfades: *pratyāhāra,* cf. Patañjali, Yoga-Sūtra 2.29; 2.54. Gleichnistier dafür ist in der indischen Tradition die Schildkröte, Allegate dazu in. H. P. Sturm, Urteilsenthaltung oder Weisheitsliebe zwischen Welterklärung und Lebenskunst, p. 395[5].

[232] Platon, Phaidon 79d2: *tò katharón te kaì aeì òn kaì athánaton kaì 'ōsaútōs échon.*

[233] Platon, Phaidon 80b1–2: *noētō̃j kaì monoeideĩ kaì adialútōj kaì aeì 'ōsaútōs katà tautà échonti 'eautō̃j 'omoiótaton eĩnai psuchḗ.*

[234] Platon, Phaidon 81a2–6: *tò 'ómoion autē̃j tò aeidès apérchetai, tò theĩon te kaì athánaton kaì phrónimon, 'oĩ aphikoménēj 'upárchei autē̃j eudaímoni eĩnai, plánēs kaì anoías kaì phóbōn kaì agríōn erṓtōn kaì tō̃n állōn kakō̃n tō̃n anthrōpeíōn apēllagménēj.* Cf. Raphael, Initiation in die Philosophie Platons, pp. 65–76, 87–124. T. McEvilley, The Shape of Ancient Thought, pp. 177–196, 208–224, letzterer Abschnitt äußerst interessant, und falls zutreffend, philosophisch revolutionär: ›Plato and Kuṇḍalinī‹; vgl. den, gerechnet nach der Erstveröffentlichung dieser Idee durch T. McEvilley in einem Zeitschriftenartikel von 1993, späteren Versuch aus dem Jahr 1996 von J. Gold, Plato in the Light of Yoga, pp. 23–27, den Mythos am Ende des ›Phaidon‹ (107d–114d) im Lichte des psychophysischen Feinstoff-Kreislaufs (*prāṇa, nāḍī*-s) und der Anatomie

„Zusammenfassend möchte ich betonen, daß das Lesen Platon's durch die Augen von Patañjali reichlich interpretative Frucht trägt. Zuallererst stellt es den Bedeutungsrang wieder her, den die Befreiung in Platon's Werk einnimmt. Zweitens hilft es uns, die Verbindung zwischen Befreiung und Weisheit in Platon's Denken zu erkennen. Drittens verbindet es die Vorstellungen von Praxis und Gelassenheit mit Platon's Anschauung von Befreiung. Viertens wirft es Licht auf den geographischen Abschnitt von Platon und zieht eine Verbindungslinie zwischen der Einheit von Tugend und diesem geographischen Abschnitt. Letztlich liefert es eine wohlwollendere Interpretation Platon's als die Standardinterpretationen, die Platon als jemanden darstellen, der das Körperliche verachtet."[235]

Auch an anderer Stelle seines Werkes wendet der Meister die Metapher vom Anjochen (skr. *yoga*) an, dort allerdings, wie in der ›Kaṭha-Upaniṣad‹,[236] in metaphorischer Weise, indem die Gestalt der Seele als zusammengewachsene Kraft eines befiederten Gespanns und seines Fahrers gezeichnet wird, der die Aufgabe hat, den Zweispänner auf seiner kosmischen Reise zu lenken.[237] „Das Bild von der Vernunft als Wagenlenker, der die

---

cerebrospinaler Energiewirbel oder Atemkrafttori (*cakra-s/padma-s*) des (tantrischen) Kuṇḍalinī-Yoga (‚Ringelschlangen'-Yoga) zu erläutern; auf diesen Zusammenhang machte zum ersten Mal J. Filliozat, The Classic Doctrine of Indian Medicine, pp. 234–235, aufmerksam, worauf T. McEvilley in Note 1 zum genannten Kapitel auch hinweist, indem er sich in einer nicht gerade selbstverständlichen wissenschaftlicher Redlichkeit auf p. 228 des Werkes von J. Filliozat bezieht.

[235] J. Gold, Plato in the Light of Yoga, p. 27.

[236] Cf. Kaṭha-Upaniṣad 1.3.3–9, ⟨ed.⟩ J. L. Shastri, Upaniṣatsaṅgrahaḥ, p. 7.

[237] Cf. Platon, Phaidros 246a6–b5: *Éoiké tō̃j dȅ xumphútōj dunámei 'upoptérou zeúgous te kaì 'ēnióchou. Theō̃n mèn oũn 'íppoi te kaì 'ēniochoi pántes autoí te agathoì kaì ex agathō̃n, tò dè tō̃n állōn mémiktai. Kaì prō̃ton*

irrationalen Teile der Seele kontrolliert oder zu kontrollieren unterläßt – dieses Bild, das von Platon anempfohlen wurde, ist dasjenige, das die Psychologie und Ethik zusammenfaßt, welche der Großteil der gebildeten Welt in der Ära um die Zeitenwende anerkannte. Poseidonios gebraucht es natürlich: Philon greift auf es immer wieder zurück.“[238]

Dabei sind die drei Bestandteile der Allegorie als die drei Teile, Gattungen oder Charaktere der Seele zu verstehen, wie sie in der ›Politeia‹ entwickelt werden. Nachdem er die Unsterblichkeit der Seele aufgewiesen, vom Verlassen ihres himmlischen Ortes und dem Verlust ihres Gefieders erzählt hat, kommt Sokrates schließlich auf die Bedingungen zu sprechen, unter denen die Seele ihre himmlische Heimat wiedererlangen kann. Nur das (abstrakte) Denken (*diánoia*) des Philosophen, heißt es anschließend, werde zu recht befiedert, d.h. doch wohl beflügelt, begeistert und vergeistigt, weil er ständig mit seiner Erinnerung nach Kräften bei jenem sei, wodurch Gott, indem er eben dort ist, göttlich sei – dem seinshaft/wirklich Seienden (*tò òn óntōs*). Indem ein Mensch das Andenken an solches nun aber recht pflege, die vollkommenen (*teléous*) Mysterien/Weihen (*teletàs*) fortwährend vollziehe (*teloúmenos*) (Υ3), könne er allein wirklich vollendet (*téleos*) werden (Υ4). Wegen seiner Abstandnahme von menschlichen Bestrebungen und seines Verkehrs mit dem Göttlichen werde er von den Vielen zwar als Verrückter beschimpft, seine Gott-/Geisterfülltheit (*enthousiázōn*) bliebe jenen aber verborgen (*dè lélēthe toùs polloús*).[239] Die

---

mèn ‘ēmō̃n ‘o árchōn sunōrídos ‘ēniocheĩ· eĩta tō̃n ‘íppōn ‘o mèn autō̃j kalós te kaì agathòs kaì ek toioútōn, ‘o d’ ex enantíōn te kaì enantíos· chalepḕ dḕ kaì dúskolos ex anágkēs ‘ē perì ‘ēmãs ‘ēnióchēsis.

[238] E. Bevan, Stoics and Sceptics, p. 103.

[239] Cf. Platon, Phaidros 249c4–d3: *Diò dḕ dikaíōs mónē pteroũtai ‘ē toũ philosóphou diánoia· pròs gàr ekeínois aeí esti mnḗmēj katà dúnamin, pròs ‘oĩsper theòs ȯ̃n theĩós estin. Toĩs dè dḕ toioútois anḕr ‘upomnḗmasin orthō̃s*

(deswegen) unsterblich Genannten beschauten nun das, was außerhalb/jenseits des Himmels sei, den überhimmlischen Ort, den weder irgendein Dichter hier je besungen habe noch jemals nach Würden besingen werde. Diesen Ort nehme das farblose, gestaltlose und unberührbare, seinshaft/wesenhaft seiende Sein/ Wesen (*ousía óntōs oũsa*) ein, das vom Lenker der Seele allein, dem Geist/Intellect (*noũs*), geschaut (*theatḕ*) werde, und um welches herum sich die Gattung/Gesamtheit wahrer Erkenntnis aufhalte/befinde.[240]

Wenn man diese Zusammenstellung mit der Beschreibung des Aufstiegs aus der Höhle der ›Politeia‹ im Hinterkopf liest, wird man bemerken, daß die Ähnlichkeit bis in die Begrifflichkeit und Metaphorik hinein reicht. Die Zusammenschau all dessen macht die Erhebung des Erkenntnisziels Platon's ins Hyperlogische, Transkategoriale, Übergedankliche geradezu unumgänglich. „Und doch wohl auch dieses ist in den Blick zu nehmen, wenn du die Sinnesart eines Philosophen von einem, der keiner ist, zu unterscheiden gedenkst. Was? Daß dir nicht verborgen bleibt, wenn sie an einer unedlen Gesinnung teilhat;

chrṓmenos, teléous aeì teletàs teloúmenos, téleos óntōs mónos gígnetai · existámenos dè tõn anthrōpínōn spoudasmátōn kaì pròs tõj theíōj gignómenos, noutheteĩtai mèn ʻupò tõn pollõn ʻōs parakinõn, enthousiázōn dè lélēthe toùs polloús. Einiges dazu auch in ›Widerspiegelung des Geistes II/6‹, Kap. 7.

240 Cf. Platon, Phaidros 247b6-d1: *ʻAi mèn gàr athánatoi kaloúmenai … theōroũsi tà éxō toũ ouranoũ. Tòn dè ʻuperouránion tópon, oúte tis ʻúmnēsé pō tõn tẽjde poiētḗs, oúte potè ʻumnḗsei kat' axían. Échei dè ʻõde · … ʻĒ gàr achrṓmatós te kaì aschēmátistos kaì anaphḕs ousía óntōs oũsa, psuchẽs kubernḗtēj mónōj theatḕ nõj, perì ʻèn tò tẽs alētoũs epistḗmēs génos, toũton échei tòn tópon.* Diese Stelle werde ich in Kapitel 6 des Faszikels II/6 der ›Widerspiegelung des Geistes‹, in dem es um die Anwendung des psychonoologischen Strukturschemas auf verschiedene Bereiche des Wirklichen (Seelenteile, Gesellschaftsklassen, Tugenden, Lebensformen etc.) geht, in Gegenüberstellung altgriechischer und altindischer Vergleichsgrößen anläßlich der Explikation von Entwicklungstypen des Erkennens noch einmal aufgreifen und skalentechnisch aufbereitet wiedergeben.

denn die Kleinigkeitskrämerei steht doch wohl im größten Gegensatz zu einer Seele, die stets das Ganze und Vollständige erstreben soll, Göttliches wie auch Menschliches. Vollkommen wahr, sagte er. Wenn nun jemandem Erhabenheit in der Denkungsart/Gesinnung (*dianoíaj megaloprépeia*) und die Schau der gesamten Zeit (*theōría pantòs mèn chrónou*) wie allen Seins (*pasēs dè ousías*) eignet (*'upárchei*), hältst du es für möglich, daß der das menschliche Leben für etwas groß(artig)es erachtet? Unmöglich, sagte er."[241]

Man konfrontiere solch existentiell verankerten, den ganzen Menschen betreffenden Bekundungen der Perfektibilität, ja Perfektion des Menschen – Schau alles Zeitlichen, Werdenden und Vergänglichen, wie ebenso Nicht-Zeitlichen, Beständigen, allen Seins und Wesens, – doch bitte einmal mit diesbezüglichen Einschätzungen und Geisteshaltungen von selbst überdurchschnittlich gelehrten und logisch hochgradig versierten akademischen Transzendentalphilosophen, genauer gesagt Transzendental-Philosophologen der Moderne, um zu beurteilen, was Platon unter Philosophie verstand und was jene darunter verstehen und Platon andichten bzw. absprechen. Bloßes Denken reicht normalerweise nämlich nicht hin, das Dasein in der beschriebenen und geforderten Weise umzugestalten.

Inwieweit Platon das hehre Ziel der Sophía für erreichbar hielt, und erreichbar soll auch erreichbar heißen, nicht weniger, das ist nur schwer zu bestimmen. Verglichen mit dem Yoga, (Advaita-)Vedānta, Buddhismus oder Daoismus ist er diesbezüglich, um es gelinde auszudrücken, äußerst zurückhaltend.

---

[241] Platon, Politeia 486a1–11: *Kaì mḗn pou kaì tóde deĩ skopeĩn, 'ótan krínein méllējs phúsin philósophón te kaì mḗ. Tò poĩon; Mḗ se láthēj metéchousa aneleutherías· enantiṓtaton gár pou smikrología psuchẽj melloúsēj toũ 'ólou kaì pantòs aeì eporéxesthai theíou te kaì anthrōpínou. Alēthéstata, éphē. 'Ẽj oũn 'upárchei dianoíaj megaloprépeia kaì theōría pantòs mèn chrónou, pasēs dè ousías 'oĩón te oíei toútōj méga ti dokeĩn eĩnai tòn ánthrṓpinon bíon; Adúnaton, ẽ d' 'ós.* Cf. idem, Theaitetos 173e1–174a2.

So wird aus hindu-monistischer Perspektive denn auch kritisiert, daß die Platonische Erlösung die Welt nicht gänzlich übersteige und im Dualismus à la Sāṅkhya mit seinen vielen Urgeistwesen (*puruṣa-s*) hängenbleibe, d.h. nicht, wie die ved(ānt)ische Philosophie, zur absoluten Einheit vordringe.[242] Dies ist hochgradig, doch nicht uneingeschränkt zutreffend und basiert auf der Betonung von Textstellen im Werk Platon's stark mythologischen Charakters zur Loslösung der Seele vom Körper und ihrem Aufstieg zum Himmel und zu den Göttern.[243]

Eine in Richtung Mystik im weitesten Sinne weisende Interpretation legt neben der unzweideutigen Inanspruchnahme von damit übereinstimmenden Vollzügen der Tatbestand nahe, daß es sich bei der Akademie, was schon anklang und wozu ich im Fortgang meiner Darstellung noch mehrere Informationen anfügen werde, um einen esoterischen Zirkel handelte, der mit der pythagoreischen Geheimlehre und weiteren okkulten Anschauungen und Bewegungen, und damit den mediterranen Mysterien, dem vom Orient gespeisten Kultwesen und seinen Mythen, nicht gerade wenig gemein hatte.[244]

---

242 Cf. N. Kazanas, The Dialogues of Plato and the Upaniṣad-s, pp. 10-11, 27-28, 34[4], 35[9]; idem, Greek Philosophy up to Aristotle, pp. 925-926, 939[21]; idem, Philosophy in Hellenistic and Roman Times, p. 23; idem, Advaita and Gnosticism, p. 233.

243 Ontologisch geht besagter Forscher in N. Kazanas, The Dialogues of Plato and the Upaniṣad-s, pp. 2-11; idem, Greek Philosophy up to Aristotle, pp. 924-925, davon aus (Zitat aus letzterer Stelle): „Ich persönlich denke gerne, daß Platon im tiefsten Herzen Monist war und daß die Einheit des Seins sein ultimatives Fundamentalprinzip war."

244 Cf. C. du Prel, Die Mystik der alten Griechen, pp. 68-120 (die fundierte Aufarbeitung der antiken Originale ist von den neuzeitlichen spiritistischen Erklärungsversuchen des Autors deutlich zu trennen); K. Albert, Griechische Religion und Platonische Philosophie, besonders pp. 96-108; idem, Vom Kult zum Logos, pp. 1-15, 33-45; idem, Philosophie der Philosophie (Mystik und Philosophie), pp. 279-280; E.

Nicht zu vergessen, daß Sokrates, der als eine Art von Lehrer Platon's Vorvater der Akademie genannt werden kann, und dessen geistige Leistung heutzutage gerne auf Erkenntnisse, basierend auf dialogisch-dialektischer Vernunft in ethischer Absicht verkürzt wird, in gläubiger Hingabe an die Religion seiner Väter von der Inspiration einer supra-sensualen und überrationalen Einsicht begleitet wurde, der Stimme seines Daimonions.[245] Berücksichtigt man außerdem, daß er sein Einleben ins Philosophieren entlang einer körperlichen Disziplin und kargen Lebensführung, die bis in die Ernährung, Schlafgewohnheiten und Kleidung hinein reicht,[246] sowie geistiger oder geistlicher Übungen vollzog, und übersieht nicht seine Fähigkeit, Körper und Seele vollkommen zu beherrschen und in

---

Pfleiderer, Die Philosophie des Heraklit von Ephesus im Lichte der Mysterienidee, pp. 33-35; S. Radhakrishnan, Eastern Religions and Western Thought, pp. 115-152; Raphael, Initiation in die Philosophie Platons, pp. 99-100, 124; E. R. Dodds, The Greeks and the Irrational, pp. 207-235, wo viele der hier erwähnten Sachverhalte beschrieben, doch hinsichtlich ihres Leistungssinns völlig verkannt sind, gerade was die rationale Begründung und Beurteilung des alltags- wie mysterienpraktischen und die denkerische Vorwegnahme von deren Möglichkeiten wie die vorausschauende Gewißheit der zu erwartenden Ergebnisse betrifft – was den Unterschied zwischen Philosophie und Religion ausmacht. Zur Präsenz orientalischer Gehalte in den Lehren Platon's und im Platonismus bis zum 19. Jh. cf. das von der Doxographie der westlichen, nicht aber der östlichen, Philosophie aus betrachtet sorgfältig ausgearbeitete Werk von R. U. Jeck, Platonica Orientalia; M. Baltes, Der Platonismus und die Weisheit der Barbaren; T. McEvilley, The Shape of Ancient Thought, pp. 98-207, besonders pp. 197-207, wo die provokante These diskutiert wird, ob die orphische Bewegung nicht von den indischen Jainas beeinflußt sein könnte. Den orientalischen Einfluß auf die griechische Philosophie in Abrede stellt E. Zeller, Die Philosophie der Griechen in ihrer geschichtlichen Entwicklung, 1.1.21-52.

245 Cf. C. du Prel, Die Mystik der alten Griechen, pp. 121-170 (mit Dokumentation).

246 Cf. Xenophon, Memorabilia 1.6.5-8, ⟨ed./tr.⟩ P. Jaerisch, pp. 68/71; Strabon, Geographica 15.1.65 (C716); Platon, Politeia 372a3-373d3.

jeglicher Lage gefaßt, ja gelassen zu bleiben[247] – all das verbindet der modern(istisch)e westliche Philosophiegelehrte mit orientalischem Fakirismus und indischem Asketismus – , so wird eine solche Auslegung geradezu unvermeidlich. „In dem Bild, das Platon und Aristophanes von ihm entwerfen, erscheint Sokrates nicht nur als Meister des Gesprächs mit anderen, sondern auch als Meister des Gesprächs mit sich selbst, mithin als Meister in der Anwendung geistiger Übungen. ... Das Zwiegespräch mit sich selbst, die Meditation, scheint bei den Schülern des Sokrates sehr beliebt gewesen zu sein."[248]

Diese Fakten legen insgesamt die Annahme nahe, daß das berühmte, im Zeitalter der Philosophievergessenheit, gegenwärtig und seit längerem also, fast ausschließlich trivial verstandene Sokratische Nichtwissen („ich weiß nicht") ursprünglich nicht nur elenktisch-protreptischen (prüfend-anspornenden), sondern qua Wahr-nehmung der grundsätzlichen Wissensbeschränkung einen entgrenzenden Charakter besitzt. „Seine Ausübung menschlicher Weisheit, i. e. Nichtwissen, sollte nicht als pessimistische Einschätzung der Begrenztheit menschlicher Erkenntnis interpretiert werden, sondern eher als rudimentäre Form negativer Theologie. Der Umstand, daß Sokrates unfähig ist, zu befriedigenden Definitionen der Tugenden zu gelangen, ist Evidenz *für,* nicht *gegen* sein Hegen mystischer Tendenzen."[249] Diese Einstellung schlägt sich auch im Selbstverständnis nicht gerade weniger Platoniker der Antike nieder. „In der Geschichte des Platonismus gibt es .. zahlreiche Definitionsversuche, die bei allen Unterschieden in der Formulierung

---

[247] Cf. H. P. Sturm, Ethische Evokationen der Sophistik, pp. 144–145.

[248] P. Hadot, Philosophie als Lebensform, p. 25; cf. idem, Wege zur Weisheit oder Was lehrt uns die antike Philosophie?, pp. 208–209; die „tiefen Meditationen" von Sokrates erwähnt auch S. Radhakrishnan, Eastern Religions and Western Thought, p. 143.

[249] J. Bussanich, Socrates the Mystic, p. 49.

in einem inneren Zusammenhang stehen und unter dem Oberbegriff ‚Rettung und Therapie der Seele' subsumiert werden können. Sie zeugen von dem Vertrauen, daß der Mensch trotz seiner endlichen Beschränktheit wenigstens zeitweilig und – wie man vor allem im späteren Platonismus hoffte – mit Hilfe der Götter – zur Erkenntnis der seienden Dinge und des obersten Prinzips gelangen kann."[250]

Die in der gegenwärtigen Interpretationsliteratur getroffene subtile Unterscheidung zwischen dem »nichtwissenden Wissen des Philosophen«[251] und dem »wissenden Nichtwissen des Philosophen«[252] im Sinne zweier streng zu unterscheidender Grade menschlicher Erkenntnis ist in diesem Zusammenhang durchaus überzeugend, quellentextlich aber nur indirekt, d.h. kontextuell zu belegen: „Während es dort um das letzte und höchste Wissen ging, das aus dem Blickwinkel des dialektisch-diskursiven Wissensbegriffs als Nichtwissen erschien, geht es jetzt um die gleiche Form des Wissens, die von einem höheren, göttlichen Standpunkt aus ebenfalls als Nichtwissen erscheint. Man hat also streng zu unterscheiden zwischen: 1. der Beschränktheit der diskursiven Erkenntnis gegenüber der noetischen Erkenntnis und 2. der Beschränktheit selbst der noetischen Erkenntnis gegenüber der göttlichen Erkenntnis."[253]

Das ist in einprägsamer Sprechweise doch nichts anderes als die Klassifikation des ultimativen Leistungssinns von Diánoia, Nóēsis und Hénōsis, welche letztere herbeizuführen Platon selbst die Liebe (*érōs*) und das Große Götterwesen (*Daímōn mégas*) Érōs für zuständig erklärt. Anläßlich des Mythos von

---

[250] M. Erler, Hellenistische Philosophie als ‚praeparatio platonica' in der Spätantike (am Beispiel von Boethius' *Consolatio Philosophiae*), p. 105.

[251] Cf. C. Schefer, Platons unsagbare Erfahrung, pp. 41–49.

[252] Cf. C. Schefer, Platons unsagbare Erfahrung, pp. 169–179.

[253] C. Schefer, Platons unsagbare Erfahrung, p. 169.

den einstmals dreigeschlechtlichen, als Mann (Nachkomme der Sonne), Weib (Nachkomme der Erde) und Androgyn (Nachkomme des Mondes) existierenden Rundmenschen von einer kaum vorstellbaren kykloiden Gestalt, die von Zeus jeweils in zwei Hälften zerschnitten wurden, damit sie, die den Himmel (*ouranòn*) erobern wollten, ihm und den Göttern ob ihrer gewaltigen Kraft und großen Gedanken nicht gefährlich würden (Kreis- oder Kugelförmigkeit standen in der Mytho-Metaphysik ort- und zeitübergreifend für das In-sich-Geschlossene, Vollkommene) – er läßt diese Sage, aus welchem Grund auch immer, den Satiriker und Komödiendichter Aristophanes vortragen –, heißt es entsprechend. „So lange schon ist also die Liebe zueinander den Menschen eingepflanzt, um die ursprüngliche Natur zusammenzufügen, eins aus zwei zu machen und die menschliche Natur zu heilen."[254] Da Érōs hier den Weisheitsliebenden, den Philo-Sophen meint, steht die Allegorie auch für die Einswerdung des Menschen in Sinne seiner Vereinigung mit dem Einen,[255] das eigentlich das Nicht-Vielheitliche (A-póllōn) ist.

In der göttlichen Erkenntnis, die bei zitierter Interpretin für das »wissende Nichtwissen des Philosophen« steht, liegt aber die Crux der Platonischen Philosophie. Während sie aus den

---

[254] Cf. Platon, Symposion 189d6-193d6, Zitat o.c. 191d1-4: *Ésti dè oũn ek tósou ʻo érōs émphutos allḗlōn toĩs anthrṓpois, kaì tẽs archaías phúseōs sunagōgeús, kaì epicheirõn poiẽsai ʻén ek duoĩn kaì iásasthai tẽn phúsin tẽn anthrōpínēn.* Was die Ein-fachheit betrifft, fragt sich Sokrates in Platon, Phaidros 230a1-6, selbstironisch, ob er etwa ein Ungeheuer (*thēríon*) sei, vielverschlungener (*poluplokṓteron*) und ungestümer (*epitethumménon*) als der hundert-schlangenköpfige Typhon, oder aber ein sanftmütigeres (*ʻēmerṓterón*) und ein-facheres (*ʻaploústeron*) Lebewesen (*zõjon*), das an göttlicher (*theías tinòs*) und geistig unvernebelter (*atúphou*) Bestimmung von Natur teilhat (*moíras phúsei metéchon*).

[255] Cf. K. Albert, Philosophie der Philosophie (Studien zur Philosophie der Philosophie), pp. 438-439; o.c. (Mystik und Philosophie), p. 278.

beiden Stellen im Werk Platon's: „Kein Gott philosophiert, noch auch begehrt er, weise zu werden (er ist es nämlich), noch auch wenn sonst einer weise ist, philosophiert er."[256] die Begrenztheit und Inferiorität menschlichen Wissens gegenüber göttlichem herausliest,[257] plädiere ich trotz einschränkender Hinweise, die diesen Passus umgeben, ja sich durch alle Dialoge hindurchziehen, dafür, darin geradezu ein verstecktes Eingeständnis der oder wenigstens einen Ausdruck der Hoffnung auf die Perfektibilität des Weisheitsliebenden zu sehen,[258] dessen unmißverständliche Äußerung damals genauso tabu oder wenigstens ungeziemend gewesen sein mochte wie heute, und deshalb heruntergespielt oder verklausuliert werden mußte, was am Fall Sokrates und seines Zeitgenossen und Vorbilds

---

[256] Platon, Symposion 204a1-2: *theȭn oudeìs philosopheĩ oud' epithumeĩ sophòs genésthai (ésti gar), oud' eí tis állos sophós, ou philosopheĩ·* Cf. idem, Lysis 218a3-b3, dort auch die entscheidende Feststellung, daß erst der Philo-Soph sei, der das Wissen des Nichtwissens besitze; dazu K. Albert, Über Platons Begriff der Philosophie, p. 36: „Die Philosophie erscheint hier also als Wissen des Nichtwissens, ..." Ich erkühne mich, dieses als theoretisch endgültiges ‚Sokratisches Nichtwissen' und nicht als empirisch vorläufiges, die Wahrheitssuche veranlassendes und antreibendes, aufzufassen; zu dem Unterschied siehe H. P. Sturm, Die vier Stadien des Ent–Setzens, pp. 586-589.

[257] Cf. C. Schefer, Platons unsagbare Erfahrung, pp. 171-174.

[258] Eine weitgehende, wenn auch nur gelegentliche und vorübergehende Erlangung der Weisheit könnte zusätzlich in idem, Phaidros 247b5-248b4; idem, Phaidon 78b2-84b7, idem, Epistula 341b7-d5, idem, Protagoras 344b6-c3, eingestanden sein; cf. dazu auch die Ausführungen in verschiedenen Studien von Karl Albert, besonders in seinen Schriften K. Albert, Über Platons Begriff der Philosophie, pp. 45-61; idem, Philosophie der Philosophie (Studien zur Philosophie der Philosophie), pp. 437-440, 477; o.c. (Mystik und Philosophie), pp. 274-287; o.c. (Die ontologische Erfahrung), pp. 50-66, der sich in mehreren seiner Studien auf die kompetente und ausführlich dokumentierte Erläuterung der Bedeutung des ursprünglichen Philosophie-Begriffs in W. Burkert, Kleine Schriften, 3.229-236 (Platon oder Pythagoras? Zum Ursprung des Wortes 'Philosophie'), beruft.

Prodikos von Keos (5./4. Jh.), der womöglich das gleiche Ende genommen hat wie sein tatsächlicher oder vermeintlicher Élève,[259] zweifelsfrei festgemacht werden kann. Daß denen, die „die Philosophie als das Beschreiten eines endlosen Weges, als ein uferloses Suchen nach etwas Unerreichbarem“[260] charakterisieren, auch Denker zuzurechnen sind, die in der gelehrten und pseudo-gelehrten deutschsprachigen, ja internationalen Öffentlichkeit nachgerade als philosophische Genies des 20. Jahrhunderts bejubelt werden, Martin Heidegger und Karl Jaspers,[261] sagt einiges über den Zustand des deutschen Dichter- und Denkervolks und alles über den global(isiert)en Zustand der Philosophie.

Es mag in gewissem Sinne zutreffen, wenn den von vorhin zitierter Forscherin vorgetragenen zwei Arten des Nichtwissens auch zwei Milieus des Erkenntniserwerbs zugeteilt werden,

---

259 Cf. H. P. Sturm, Ethische Evokationen der Sophistik, p. 126; G. B. Kerferd, The sophistic movement, p. 46; idem / H. Flashar, Sophistik, p. 59, stellen die Hinrichtung von Prodikos durch den Schierlingsbecher, von welcher in späteren Quellen (Verweis der genannten Autoren auf Soũda s.v. Πρόδικος = Prodikos A1, 2.308.22-25) berichtet wird, mit der Begründung in Frage, daß dies üblicherweise und vermutlich zurecht abgelehnt werde, da es sich entweder um eine Verwechslung zwischen Prodikos und Sokrates oder um eine Annahme wegen seines angeblichen Atheismus, den mehrere antike Zeugen aus seiner Religionstheorie herleiten wollten, handle.

260 K. Albert, Philosophie der Philosophie (Mystik und Philosophie), p. 406, ähnliche Formulierung in idem, o.c. (Studien zur Philosophie der Philosophie), pp. 477, 555, 558-559.

261 Cf. K. Albert, Philosophie der Philosophie (Mystik und Philosophie), p. 406[+290] (zu M. Heidegger); o.c. (Studien zur Philosophie der Philosophie), pp. 435, 447 (zu K. Jaspers); idem, Über Platons Begriff der Philosophie, pp. 16-17 (zu M. Heidegger und K. Jaspers). Daß Karl Jaspers daneben zu verstehen gibt, das Ziel der mystischen Einswerdung sei erreichbar, Dokumentation in H. P. Sturm, Die vier Stadien des Ent-Setzens, pp. 86-93, hebt ihn von so gut wie allen anderen sogenannten Philosophen der Jetztzeit ab.

ersterer das der Mysterienkulte, zweiterer das der Apollon-Religion,[262] doch kommt es darauf an, wie »Apollon« zu verstehen ist, volksreligiös oder pythagoreisch-akademisch, um entscheiden zu können, wie weit Platon's Erkenntnisanspruch reicht. Zudem dürfte das sowohl angesichts re-flexionstheoretischen als auch transkulturalen Philosophierens zu kurz gedacht sein, verkennt und schmälert solches zum einen doch den zeitlos-strukturellen, zum andern, den erdumspannenden Aspekt und so die universalphilosophische Leistung Platon's hinsichtlich ihrer dianoetischen (‚theoretischen') Errungenschaften, die in ihrer zeitlosen und ortsunabhängigen Bedeutsamkeit qua Gültigkeit wurzelt.

Was zudem unberücksichtigt bleibt, ist die Frage danach, wie der Mensch von der Perfektibilität oder Unvollkommenheit überhaupt wissen kann, ohne selbst (ein) Gott zu sein, d.h. ein absolutes theoretisches Wissen und praktisch schließlich auch Allwissenheit zu besitzen. Wer die Begrenztheit diskursiv gewonnenen Wissens unwiderleglich demonstrieren will, kann es nur, indem er auf dessen Entgrenzung mit der gleichen Apodiktizität besteht, da keine Grenze ohne Hüben und Drüben, Diesseits und Jenseits, Hier und Dort denkbar ist. Daß ein Philó-Sophos noch kein Sophós und ein Sophós nicht mehr Philó-Sophos ist, das zu kapieren bedarf es doch keines Universitätsstudiums des Faches Logik. Sollte Platon diesbezüglich in letzter Konsequenz vor seiner eigenen denkerischen Courage zurückgeschreckt sein?

Schon der Sophist Protagoras hat die Frage nach dem unhintergehbaren Kriterium von Wahrheit nicht nur gestellt, sondern eindeutig und kompromißlos beantwortet, wenn er damit auch etwas ganz anderes als hier zur Geltung gebracht intendiert haben mag. „Aller Dinge Maß (ϒ3) ist der Mensch (ϒ4),

[262] Cf. C. Schefer, Platons unsagbare Erfahrung, p. 169.

der seienden, daß sie sind (Υ1), der nichtseienden hingegen, daß sie nicht sind (Υ2). … Über die Götter ⟨Υ2½⟩ habe ich allerdings kein Wissen: weder daß sie sind noch daß sie nicht sind, noch wie beschaffen ihr Aussehen ist ⟨Υ4⟩.“[263] Darauf wußte Platon, der es hätte besser wissen müssen, nur ein klägliches Rückzugsgefecht zu schlagen: „Der Gott jedoch dürfte uns am ehesten aller Dinge Maß sein, sogar weit mehr als etwa welche sagen, der Mensch.“[264] Die Retraite wurde ihm von dem pyrrhonisch-skeptischen Enzyklopädiker Sextos Empeirikos (2./3. Jh.) in rationaler Weise jedoch abgeschnitten, indem ihn dieser durch Verweis auf ihn als Urteilenden über Gott in die Aporie trieb: wer den Homo-mensura-Satz bestreite, bestätige diesen bloß, weil er als Kriterium der Gegenbehauptung ja wiederum nur sein menschliches Maß (her)nehme.[265] Der

---

[263] Protagoras, Fragmente B1 … B4, 2.263.3-5 … 2.265.7-8: *pántōn chrēmátōn métron estìn ánthrōpos, tō̃n mèn óntōn ‘ōs éstin, tō̃n dè ouk óntōn ‘ōs ouk éstin. … perì mèn theō̃n ouk échō eidénai, oúth’ ‘ōs eisìn oúth’ ‘ōs ouk eisìn oúth’ ‘opoĩoí tines idéan.* Virtuelle Skalierung nach unterstellter prinzipientheoretischer Lesart. Aufgrund der Parallelität beider Aussagen übersetze ich *‘ōs* mit „daß“, nicht mit „wie“, da „wie“ aufgrund der Aussage zu den Göttern tautologisch wäre, ist das Wie aufgrund des Aussehens dieser doch schon thematisiert; in der derzeit vorherrschenden Trivialphilosophie wird das selbstverständlich bestritten; selbst wenn man hinsichtlich der Dinge annähme, daß durch die Maßgabe des Menschen nur das Wie bestimmt würde, müßte man zugeben, daß der Mensch an deren Konstitution maßgeblichen Anteil hat (heute gerne als »Kopernikanische Wende« Immanuel Kant zugeschrieben), d.h. die Dinge nicht an sich sein können, was unversehens die Frage nach dem Verhältnis zwischen Erkennendem (Mensch) und Erkanntem (Ding) aufwirft und konsequent re-flektiert genau zu der Erkenntnis führt, die hier Protagoras zugeschrieben und durch die Art von Platon’s Einwand, der im Haupttext unmittelbar folgend wiedergegeben ist, bestätigt wird.

[264] Platon, Nomoi 716c4-6: *‘O dḕ theòs ‘ēmĩn pántōn chrēmátōn métron àn eíē málista, kaì polù mãllon ḗ poú tis, ‘ṓs phasin, ánthrōpos·*

[265] Cf. Sextos Empeirikos, Adversus mathematicos 7.61: *ei gàr phḗsei tis mḕ pántōn tō̃n pragmátōn kritḗrion eĩnai tòn ánthrōpon, bebaiṓsei tò pántōn tō̃n pragmátōn kritḗrion eĩnai tòn ánthrōpon·* Die mitgelieferte Begründung

Disput mündet also in die Frage, ob der Mensch nun göttlich ist oder ob nicht. Deren Bejahung ist unausweichlich. Platon gesteht, wie wir mehrmals vernahmen, immerhin die Verwandtschaft mit dem und den Göttlichen selbst zu. Demnach ist auch die Unterscheidung zwischen einer Mysterienreligion, einer theistischen Volksreligion und einer deistischen Gelehrtenreligion für den Philo-Sophen letztlich bedeutungslos, weil sein Verstand über alles und jedes Objekthafte, alle Bewußtseinsinhalte, und sei es (ein) Gott, hinausgeht und ihm die wie auch immer geartete Verehrung eines Schöpfers, Lenkers oder Herrn der Welt als Götzendienst erscheinen muß.

Ausgehend von der Einsicht, wonach die metatheoretisch erschlossenen Stufen der BewußtSeins-Treppe nur die Außenseite der durch Geistschulung erfahrbaren Schichten des spirituellen Innenlebens darstellen, die im Neuplatonismus, und das ist kein Zufall, zu einem zentralen Lehrbestand wurde, was anhand meiner Ausführungen im 7. Kapitel des Faszikels II/6 unter der Fragestellung verfeinerter Untergliederungen der BewußtSeins-Hierarchie diskutiert werden wird, gewinnt denn auch die Platonische Auffassung von der ineinandergreifenden Seins-, Wahrheits- und Wertskalierung einen hohen Grad an Plausibilität.

„Platon hat offenbar den veritativen Aspekt des griechischen Seinsbegriffs im Auge, ähnlich wie er den ontologischen Konnotationen des Arete[Tugend]begriffs folgt. Die axiologischen, ontologischen und gnoseologischen Aspekte können daher in der Grundkonzeption von der Bestimmung des Unbestimmten durch die Einheit als das Bestimmende konvergieren und es läßt sich mit einem gewissen Recht die Auffassung vertreten, daß Platon die Konversionsthese der späteren Transzendentalienlehre – ens, *unum*, bonum, verum convertuntur [Seiendes,

---

dafür, die die sophistische, also die von Protagoras gewesen sein könnte, müßte man re-flexionsstrukturell deuten.

Eines, Gutes, Wahres sind austauschbar] – der Sache nach weitgehend antizipiert und zugleich prinzipientheoretisch begründet hat."[266]

Überschwenglich Platon-Begeisterte und in Platophilie Schwelgende müßte ich, falls es sie noch gäbe, am Ende dieser Ausführungen allerdings ein wenig ernüchtern, indem ich dem in diesen Kreisen „göttlich" genannten Meister selbst bei Anerkennung all seiner Denk- und Darstellungskunst auch eine Mitschuld an den nicht enden wollenden Mißdeutungen seiner Lehre anlaste, insbesondere, was die Schwankungen und Vagheiten bei der Bestimmung seines Zielpunkts und die mangelnde Trennschärfe in Sachen Genesis, Geltung und Wertung betrifft.

[266] H. J. Krämer, Platons Ungeschriebene Lehre, p. 262, meine Übersetzung griechischer und lateinischer Termini in eckigen Klammern. Wie die ‚Transzendentalien' mit den zu erstrebenden Zielen der Seelenfunktionen zusammenhängen, werde ich im Faszikel II/6 erklären.

2 Post-Platonische Quaternionen und früh-hellenistische Landkarte der GeistWelt

2.1 Speusippos

Es dürfte nicht verwundern, daß die Urprinzipienhierarchie von Speusippos ähnliche Züge wie die seines Onkels, des Stifters der Akademie, erkennen läßt. Dies insbesondere, weil bei ihrer Konstruktion der Platonische Dialog (eigentlich Monolog) ›Timaios‹ Pate gestanden haben dürfte. Noch deutlicher als bei Platon treten dabei die pythagoreisch-mathematischen Aspekte in den Vordergrund, nehmen doch die Rolle der Platonischen Ideen in seiner Lehre die Zahlen ein, die ansonsten in etwa die Eigenschaften jener besitzen und wie jene durch einen unmittelbaren oder unvermittelten Akt geistiger Schau/Intuition erfaßt und wahr-genommen werden können, während jene erst auf der tieferen Ebene der Seele fungieren. Speusipps Gedankengebäude hat fünf, hypostatisch zurechtgelesen, vier Ebenen:

(ϒ4½) Das überseiende, nichtseiende, indifferente, über (*'uperánō*) dem Schönen und Guten befindliche Eine (*'én*), das entweder alleine und ohne materiales Pendant an höchster Stelle steht oder zusammen

(ϒ3½) mit der Vielheit (*plễthos/pollá*), entsprechend der unbestimmten Zweiheit (*aóristos duás*), einer Art von aufnehmender/empfangender (*'úlēn te kaì 'upodochến*), ganz und gar geschmeidiger und biegsamer Materie (*'ugrãj tini pantápasi kaì eupladeĩ 'úlēj*), welche Unterscheidung/Teilbarkeit (*diaíresin*) gewährleistet, die Gestalt bzw. Qualität alles Untergeordneten bestimmt (*eídei dé pōs ʻōrismménon*) und Grund ist für

(Υ3) die Einheit (*monás*), das erste Prinzip der Zahlen (*arithmoí*), welche nach ersterer Lesart zusammen mit der (vom Einen herabzustufenden) Vielheit als mit der Monade gleichursprüngliches Prinzip oder nach anderer Lesart einer weiteren (nicht näher bekannten) Vielheitsmaterie – die natürlichen Zahlen (*arithmoí*) hervorbringt, die vom Noũs (siehe Komponente (Υ3/4)) direkt erfaßt werden, in erster Linie die ersten zehn, beginnend mit der ersten ungeraden mathematischen Zahl »eins« über die weiteren Zahlenwerte der Tetraktys bis zu ihrer Summe, der Zehnzahl/Dekas, die Gott als hochheiligstes Vorbild/Modell für die Erschaffung des Alls/Kosmos (*parádeigma panteléstaton tõj toũ pantòs poiētẽj theõj*) bzw. als eine gewisse Produktionsidee kosmischer Werkergebnisse (*eĩdós ti toĩs kosmikoĩs apotelésmasi technikòn*) dient; aus der Vereinigung dieser beiden scheint ebenso bzw. darüberhinaus

(Υ2¾) der dimensions-/ausdehnungslose, einsartige (quasimonadische) Punkt (*stigmḗ … ʻoĩon tò ʻén*), das Prinzip

(Υ2½) der mathematischen Größen/Figuren (*tà megéthē tà mathēmatiká*), von Geometrischem also, hervorzugehen, der sich mit der Lage und dem örtlichen Auseinandertreten (*thésin dè kaì diástasin tópōn*) als Materie verbindet, um Linie (eine Dimension), Fläche/Dreieck (zwei Dimensionen) und Körper/Pyramide (drei Dimensionen), hervorzubringen; aus der Vereinigung von Punkt und räumlichem Dimensionierungsprinzip geht ebenso bzw. darüber hinaus die

(Υ2¼) Idee/Form des überallhin Ausgebreiteten (*idéaj dè toũ pántēj diastatoũ*) Prinzips des Bereichs der Weltseele (*psuchḗ*) hervor, in dem sich die Ideen/Formen manifestieren

(Υ2) und durch die alle Seelen im Kosmos entstehen und der als höchste Funktion und bestes Vermögen die Erkenntnis hat,

(Υ3/4) die in ihrem vorzüglichsten Bereich, dem Noũs, vollzogen wird, der göttlich oder Gott ist, und dieser

(Υ'2½) vermutlich eine vollkommen weise Seele, eine lebendige Kraft, die

(Υ2) den Kosmos

(Υ'2) regiert; zugleich ist die Psyche erstes Prinzip

(Υ2) des physischen Kosmos oder

(Υ1) des Körpers.[1]

„Die Seinsstufen (οὐσίαι- φύσεις- γένη τῶν ὄντων [Wesen, Naturen, Gattungen des Seienden]) sind dadurch differenziert, daß jede nachfolgende Stufe ein spezifisches kategoriales Novum zu der vorangehenden hinzubringt und so ein Mehr an Bestimmungen aufweist ... Bei Speusipp sind die kategorialen Spezifika der einzelnen »Hypostasen«

	Vielheit und Sein	= Zahlen
+	Ausdehnung	= Größen

[1] Konjekturaler strukturtheoretischer Konstruktionsversuch nach der Rekonstruktion von J. Halfwassen, Speusipp und die Unendlichkeit des Einen; idem, Speusipp und die metaphysische Deutung von Platons "Parmenides", die aufgrund des spärlichen und unklaren Dokumentenmaterials selbst schon konjektural ist; dieser Gelehrte vertritt die nicht leicht abzuweisende Hypothese vom überseienden, unbestimmten Primärprinzip ohne ihm zugeordnetes Materialprinzip; J. M. Dillon, The Heirs of Plato, pp. 40-64; H. J. Krämer, Die ältere Akademie § 2. Speusipp, pp. 20-25, und der einseitigen, von Halfwassen kaum beachteten und von Dillon wie Krämer in manchem widerlegten und zurückgewiesenen Darstellung von L. Tarán, Speusippus of Athens, pp. 12-49. Siehe auch die beiden Schemata in A. Metry, Speusippos, pp. 116-117.

+ Bewegung = Seelen
+ Materialität = Körper“[2].

Wer dieses Re-Konstrukt denkerisch nicht mit- und nachvollziehen kann, gräme sich nicht ob mangelnden metaphysischen Verständnisses. Die weltweit wenigen Experten, und ich meine jetzt wirkliche Experten, unterbreiten dazu ebenso nur Rekonstruktions- und Deutungsversuche auf der Basis spärlichen Dokumentenmaterials. Warum ich dann überhaupt darüber berichte? Das habe ich mich auch gefragt und mir überlegt, dieses und das nächste Kapitel zu Xenokrates einfach wegzulassen. Ich tat es, wie man sieht, nicht, da ich die Thematik spekulativ für derart interessant und bedeutsam halte, daß ich es vorzog, hier eher doxographische Mißgriffe zu tun, als die Sache unerwähnt zu lassen.

Ein Wort noch zu Speusipps in der heutigen Philosophiewissenschaft umstrittenen Lehre von der Transzendenz und Unbestimmtheit oder Bestimmungslosigkeit, verschärft vielleicht Unbestimmbarkeit, der obersten Kategorie. Iamblichos aus Chalkis/Syrien (gest. um 330) in einer Schrift über mathematische Grundlagen und der spätere Neuplatoniker Proklos aus Byzanz/Konstantinopel in seinem ›Parmenides-Kommentar‹ schreiben ihm ein genus maximum zu, das Eine (*‘én*), das entweder überseiend/überwesenhaft (*‘uperoúsion/melius ente/ultra ens*), unseiend/unwesenhaft (*anoúsion*), nicht einmal seiend (*oudè ón*), ununterschieden (*adiáphoron*) oder unteilbar (*átmēton*) ist.[3] Zur Bestätigung dieser Forschungsthese zog man eine

---

2 J. Halfwassen, Speusipp und die Unendlichkeit des Einen, p. 62[72].

3 Cf. P. Merlan, From Platonism to Neoplatonism, pp. 100-105, 127-128, unter Berufung auf Iamblichos, De communi mathematica scientia, Kap. 4, ⟨ed.⟩ N. Festa, pp. 14-18, ⟨trr.⟩ O. Schönberger / E. Knobloch, pp. 8-11, oder ⟨ed./tr.⟩ M. Isnardi Parente, Speusippo: Frammenti, Fragmenta 72, 88, 97, welche Schrift von L. Tarán, Speusippus of

Anspielung von Aristoteles heran, die aus den Annahmen Speusipps folgerte, daß dieses Eine selbst nicht einmal etwas Seiendes sei (*mēdè ón ti eĩnai tò 'èn autó*)[4] und festhalte, daß sich in ihm keine qualitativ bestimmten und gegensätzlichen Archaí befänden (*'oi d' álloi oud' archàs tò agathòn kaì tò kakón*),[5] auch nicht die vollkommensten, wie z.B. das Gute, Beste, Schöne, Schönste,[6] da diese, wie das Gute und das Schlechte (und eben auch das Seiende und implizit das Nichtseiende), erst später kämen und aus ihm wie die Pflanze aus dem Samen entstanden seien, wobei Vollkommeneres nach Aristoteles nicht von Unvollkommenerem herkommen könne.

An dieser Stelle wird zusätzlich die oben bereits berücksichtigte, einleuchtende Forschungshypothese relevant, daß das

Athens, pp. 86-107, 336-339, entlang der seiner Rekonstruktion zugrundegelegten Texte nicht als authentisch und verwertbar anerkannt und in die Fragmentesammlung aufgenommen ist, wogegen J. M. Dillon, The Golden Chain, VI: Speusippus in Iamblichus, heftig polemisiert; cf. J. M. Dillon, The Heirs of Plato, pp. 56-57, mit Bezug auf Proklos, Commentarius in Parmenidem, ⟨ed.⟩ C. Steel, 2.501.61-71 = ⟨edd.⟩ C. Steel et al., 3.288.3-290.13 = ⟨edd./trr.⟩ R. Klibansky / C. Labowsky, Parmenides usque ad finem primae hypothesis nec non Procli commentarius in Parmenidem, pp. 38.32/40.9 = Speusippos, Fragment 48, ⟨ed.⟩ L. Tarán; cf. J. Halfwassen, Speusipp und die Unendlichkeit des Einen, pp. 51-60, unter Berufung auf Proklos, In Platonis Parmenidem Commentaria, ⟨edd.⟩ C. Steel et al., 3.102.8-14 = ⟨ed.⟩ V. Cousin, col. 1118.10-19 ≈ ⟨ed.⟩ C. Steel, 2.399.76-82.

4 Cf. Aristoteles, Metaphysica 1092ᵃ13-15 = Speusippos, Fragment 43, ⟨ed.⟩ L. Tarán; idem, Speusippus of Athens, pp. 32-42, bezeichnet die Interpretationen, die daraus auf die Unseiendheit des Einen schließen, als Mißverständnis der Syntax und ‚widerlegt' sie von seinem Standpunkt aus.

5 Aristoteles, Metaphysica 1075ᵃ36-37 = Speusippos, Fragment 46a, ⟨ed.⟩ L. Tarán.

6 Cf. Aristoteles, Metaphysica 1072ᵇ31-32; 1091ᵃ34-36 = Speusippos, Fragmente 42a; 44, ⟨ed.⟩ L. Tarán; Diskussion bei idem, Speusippus of Athens, pp. 44-45.

transzendente, einfache (*'aploũn eĩnai*) Erstprinzip, das auch Prinzip des Seienden und seinen Prinzipiata noch nicht bzw. niemals gleich ist (*dià tò archēn mèn 'upárchein tõn óntōn, tèn dè archēn mēdépō eĩnai toiaútēn 'oĩa ekeĩna 'õn estin archḗ*)[7], so wir es der Spekulation Speusipps zu Recht zuschreiben, derart transzendent ist, daß ihm auch kein gleichursprüngliches Materialprinzip, in diesem Fall wäre das die Vielheit-Materie (*plẽthos-'úlē*), beizugesellen ist. Es klang bereits in den Anfangsfaszikeln entlang mythischer und proto-metaphysischer Weltentwürfe, die die Philosophie wesentlich prägten, an, daß beide Möglichkeiten als Fortführung vor- und frühphilosophischer kosmogonischer Einsichten gleichermaßen denkbar sind.

Auf der einen Seite ist in der fernen Vergangenheit das Allererste nämlich durchaus als Syzygie bzw. Androgyn angenommen worden, auf der anderen beginnen nicht wenige frühantike Weltentstehungserzählungen mit bestimmungslosen oder bestimmungsarmen Urgrößen, denen, und hiermit wird eine irgendwie geartete Verwandtschaft zur ersten Variante offenkundig, auf unerklärliche Weise ein aus mehreren unentfalteten Bestandteilen bestehendes Einheitsprinzip mitgegeben ist oder entsteht, oft ei- oder samenartig, das durch eine kreative Potenz, die auf dieses von der es umgebenden primordialen Elementarwelt einwirkt oder aus ihm selbst heraus wirksam wird, das Prinzip des Sicht- und Spürbaren, eine Weltschöpfergestalt, oder dieses selbst die Welt, hervorbringt. Und sogar die an entsprechender Stelle thematisierte Ambivalenz betreffs des Guten, des Noũs, des Seienden und des Demiurgen in Platon's Derivationssystem, besonders des ›Timaios‹, kann in diesen Zusammenhang gebracht werden.

Vom Mythischen ins Metaphysische übersetzt, stellt sich

---

7 Cf. Iamblichos, De communi mathematica scientia 4, ⟨ed.⟩ N. Festa, p. 15.8-10, ⟨ed./tr.⟩ M. Isnardi Parente, Speusippo: Frammenti, Fragmentum 72.

diese Thematik in der Negation von Gegensätzlichem dar, dem Weder–Noch, mit dem sowohl abendländische als auch morgenländische Zu-Ende-Denker das Letztdenkbare bedenken. In dieser Abweisungsformel aller antagonistischen Bestimmungen tut sich nämlich kund, daß die abschließende Unbestimmbarkeit des Seienden und Seinsganzen, d.h. die Verneinung der Möglichkeit des Begreifens jeglichen Sachverhalts und jeglicher Sache, eine Nicht-Definierbarkeit durch Dualität, durch die Pole sich gegenseitig definierender Extreme als Minimalstruktur von Manifestation, Geist- und Welthaftigkeit überhaupt ist. Die Bestreitung einer Seite bedeutet immer auch die Bestreitung der anderen. Daraus erhellt, daß selbst noch in der zur Denotation des ‚Einen', genauer, des Absoluten erforderlichen Totalnegation (beider Seiten) ein im Hintergrund bleibendes Binärgebilde konträrer Natur mitthematisiert ist, das bipolare Negierte, das »nicht Sowohl–als-auch« eben, sprich das Weder–noch, das die Urgestalt des Begrifflichen hat, die keine auch noch so denegative Negation abschütteln kann, so lange nur ‚positional', d.h. apodiktisch verneint wird. Vom Blickwinkel des Begriffenen aus, des Seienden oder Realen, stellt sich diese Zwei-in-einem-Urgestalt mythisch eingekleidet als das zwitterhaft-androgyne oder syzygisch-paarige Ur- oder Un-Wesen des Anfangs dar.

Wenn Aristoteles berichtet, Speusippos habe eingewendet, daß das Größere sowohl zum Kleineren als auch zum Gleichen Gegensatz sei (*'ō̃sper tò meĩzon tȭj eláttoni kaì tȭj ísōj enantíon*) und es sich ebenso bei Lust/Freude und Schmerz/Leid verhalte, das Gute auch keines von beiden (*tȭj mēdetérōj*), weder das eine noch das andere, die Neutralität also,[8] die ungestörte

8 Cf. Aristoteles, Ethica ad Nicomachum $1153^{b}4$–7; $1173^{a}5$–11 = Speusippos, Fragmente 80a; 81a, ⟨ed.⟩ L. Tarán.

Ruhe oder Unbelästigtheit (*aochlēsía*), sein könne,[9] die in der neuesten Forschungsliteratur mit der bei einem richtigen Leben (*tòn orthòn bíon*) hochzuschätzenden Mitte (*aspázesthai tò méson*), einer Haltung (*'éxin*) von Heiterkeit, Sanftmut, Gelassenheit oder Güte (*'íleōn*), die in Platon's ›Nomoi‹ derjenige erstreben müsse, der göttlich (*theĩon*) werden wolle, und Buddha's Gemütsverfassung in Verbindung gebracht wurde – „Dieser buddhaartige Zustand ist dem sehr ähnlich, den meiner Annahme nach Speusippos ins Auge faßte."[10] –, wenn wir uns an das Negationsfeuerwerk von Setzungen und Entgegensetzungen zur indirekten Charakterisierung des Wunderschönen im ›Symposion‹, den Schluß der ersten Hypóthesis des ›Parmenides-Dialogs‹ erinnern und gleichfalls von der bereits konstatierten Platonischen, d. h. altakademischen axiologisch-ontologisch-gnoseologischen Konvergenz und damit einer Analogie zwischen dem ethisch Besten[11] und dem onto-gnoseologisch Höchsten ausgehen dürfen, dann erscheint die in der neueren Forschung aufgestellte These, daß Speusipps Eines nicht nur jenseits des Seienden, sondern auch jenseits des Nichtseienden, sprich jenseits aller Opposita zu verorten sei, geradezu als gestrig.

„Daß nicht erst Proklos, sondern schon Speusipp das Absolute als übergegensätzlich konzipiert hat, folgt schon aus der Seinstranszendenz des Einen bei Speusipp: Was über die Alternative von Sein und Nichtsein hinausliegt, transzendiert eo ipso alle Gegensätze; das Hinaussein über die axiologischen Urgegensätze »schön« – »häßlich« und »gut« – »schlecht« ist für

---

9 Cf. Clemens Alexandrinus, Stromata 2.22.133.4 = Speusippos, Fragment 77, ⟨ed.⟩ L. Tarán.

10 J. M. Dillon, The Heirs of Plato, p. 68[90], mit Verweis auf Platon, Nomoi 792c-d.

11 Diskussion zur Ethik Speusipps bei J. M. Dillon, The Heirs of Plato, pp. 64-77; L. Tarán, Speusippus of Athens, pp. 78-85.

das Eine Speusipps ausdrücklich überliefert (vgl. *DCMS* IV, 16, 10–11).“[12] Vom Einen als Ausgangspunkt aller Ableitung und alles Abgeleiteten gälte entsprechend: „... was allem Seienden Sein verleiht, muß selbst über dem Sein sein und was allem Seienden Nichtsein verleiht, muß selbst über dem Nichtsein sein. Falls diese Interpretation von Speusippos korrekt ist, ist sein System äußerst originell, interessant, vielleicht ein einzigartiges System in der Geschichte westlicher Philosophie. Falls es tatsächlich das Konzept von dem einführte, was über dem Nichtseienden ist, nahm es einige kühne Spekulationen vorweg, die ihren rechten Platz in dem Zweig der westlichen Mystik haben, der auf den Platonismus und Neoplatonismus zurückgeht (Dionysius der Areopagit, Meister Eckhart, Nikolaus von Kues). Die bekannteste Stelle, an der dieses Konzept erscheint, ist das Distichon von Angelus Silesius:

Die GOttheit ist ein nichts.

»Die zarte GOttheit ist ein nichts und uͤbernichts:
Wer nichts in allem sicht / Mensch glaube / dieser sichts.«“[13]

Ist das Gute in Platon’s Sonnengleichnis etwa nicht über das Sein/Seiende hinausgehoben, und somit also über das Nichts

---

[12] J. Halfwassen, Speusipp und die Unendlichkeit des Einen, p. 66; cf. o. c., pp. 62–69; idem, Speusipp und die metaphysische Deutung von Platons "Parmenides", pp. 361–362; *DCMS* ist die Abkürzung für Iamblichos, De communi mathematica scientia, ⟨ed.⟩ N. Festa.

[13] P. Merlan, From Platonism to Neoplatonism, pp. 127–128; hinsichtlich der historiographischen Einschätzung hege ich, wie bei allen derartigen modernistisch-historistischen Urteilen, Bedenken; bei dem zitierten Zweizeiler handelt es sich, was der Autor nicht versgenau dokumentiert, um Angelus Silesius, Cherubinischer Wandersmann 1.111; ich zitiere ihn, anders als Merlan, mit Überschrift aus der kritischen Ausgabe von ⟨ed.⟩ L. Gnädinger, p. 43; seine beigefügte englische Übersetzung habe ich weggelassen.

als Gegenbegriff zum Sein? Aristoteles weist ähnliche Konzeptionen und damit auch diese zurück, weil sie das Eine als Prinzip, dieses als Element (*stoicheĩon*) und die Zahl als davon herstammend (*tòn arithmòn ek toũ 'énós*) setzten.[14] Da seine Widerlegungen von seinen ureigenen Grundannahmen aus formuliert sind, tut man gut daran, die daraus rekonstruierten Lehrgehalte des Kritisierten mit größter Zurückhaltung zu betrachten, da sie erhebliche Parallaxen, Fehlannahmen und Unterstellungen beinhalten könnten/dürften.[15] Deutlich wird in diesen und durch diese jedoch, wie schwierig sich die Diskussion um die konkret-materiale Bestimmung der Speusippschen Prinzipienlehre und damit deren inhaltliche Rekonstruktion gestaltet, in welcher Hinsicht das Eine als Überprinzip, als Prinzip, als Zahl, als Prinzip der Zahlen, als eigenständiges Seiendes gegenüber eigenständigen seienden Zahlen zu verstehen ist, wie sich Prinzipien zu Wesenheiten oder Substanzen, Elementen, Einheiten, Gattungen, Gründen und Ursachen usw. verhalten, wesentliche Faktoren für das Gesamtverständnis des Lehrgebäudes.[16]

Das jonglieren mit verschiedenen Kategorien, Begriffen, Wörtern, mit denen sich bekanntlich trefflich streiten und ein System bereiten läßt,[17] führt hier (und anderswo), wie an der Polemik des Stagiriten abzulesen ist, jedoch im wörtlichen Sinne keinen Schritt weiter. Was Aristoteles seinem Akademischen Kollegen entgegensetzt, endigt letztlich nämlich in ganz ähnlichen Unwegsamkeiten (Aporien) wie die von ihm bekämpften

---

14 Cf. Aristoteles, Metaphysica 1091^{a}36-1091^{b}3 = Speusippos, Fragment 44, ⟨ed.⟩ L. Tarán; diskutiert von idem, Speusippus of Athens, pp. 41-44.

15 Cf. H. Cherniss, Die Ältere Akademie, pp. 42-73.

16 Cf. L. Tarán, Speusippus of Athens.

17 Cf. J. W. v. Goethe, Werke, 1.14.93, Faust 1, Verse 1997-1998.

Spekulationen. So postuliert er, daß das an sich wie akzidentell unbewegte Prinzip und erste Seiende (*'ē mèn gàr archḕ kaì tò prō̃ton tō̃n óntōn akínēton kaì kath' 'autò kaì katà sumbebēkós*), (der) Gott (*'o theós*), das ewige (*aḯdion/aḯdios*), beste (*áriston*) und unbewegte (*akínētos*), gegenüber dem Sinnlichen absolute (*kechōrisménē tō̃n aisthētō̃n*) (Lebe-)Wesen oder Sein (*zō̃jon/ousía*), das Leben, bestes und ewiges Leben sei (*zōḕ dé g' 'upárchei … zōḕ arístē kaì aḯdios*), bar jeglicher Größe (*mégethos oudèn échein*), unteilbar und un(unter)scheidbar (*amerḕs kaì adiairetós estin*), nicht-affizierbar/leid(enschafts)los/unbeeinflußbar und unveränderlich (*apathḕs kaì analloíōton*),[18] und gerät mit diesen Negativ- und Privativbestimmungen seiner Maximalkategorie, während er an einigen positiven und superlativen Zuschreibungen festhält, selbstwidersprüchlicherweise und ohne es selbst zu merken in die Nähe des Abgrunds der mutmaßlichen Bestimmungslosigkeit des bloßen Einen oder ‚Keinen' Speusipps, dessen metaphysische Bedeutung im sich durch Dialektik in nichts auflösenden Einen der ersten Hypóthesis des ›Parmenides-Dialogs‹ Platon's vorweggenommen ist. Zu dieser Kardinalschwierigkeit der peripatetischen Onto-Noologie, und nicht nur dieser, später mehr.

Ist das Urprinzip oder Urwesen als das erstlich bzw. letztlich Bestimmende unbestimmt, dann müssen in einem Derivationssystem alle Prinzipiate ebenso unbestimmt bleiben, weshalb die Frage an den zweiten Scholarchen der Alten Akademie herangetragen werden muß, ob sein Prinzipiengebilde hinsichtlich seiner Schichten nicht deshalb, wie Aristoteles suggeriert, episodisch gefügt ist,[19] um nicht in einer uneingeschränkten Undefinierbarkeit des gesamten Systems zu landen.

---

18 Cf. Aristoteles, Metaphysica 1072^{b}28–30; 1073^{a}3–13; 1073^{a}23–25.

19 Dokumentation und Diskussion bei L. Tarán, Speusippus of Athens, pp. 49–52.

Speusippos kann bei seinen ersten drei rein gedanklichen, mathematischen Entfaltungsebenen sowieso nicht an einen für das Sinnliche typischen ätiologischen Nexus gedacht haben. Seine Geistwelt ist ein arithmetisches und geometrisches Zahlenuniversum und insofern ein mathematischer Musterkosmos, eine ideale numerologische Ordnung. Wenn die folgende Charakterisierung der ‚Lösung' des Ableitungsproblems zutreffen sollte, dann muß man Speusippos eine nicht zu unterschätzende Folgerichtigkeit und Genialität seines Denkens attestieren.

„Anders als Platon und Xenokrates setzt Speusipp aber nicht die jeweils übergeordnete Seinsstufe als Ursprung der folgenden an, aus dem diese abgeleitet wäre, sondern er nimmt innerhalb jedes Seinsbereichs regionale Sonderprinzipien an, weshalb Aristoteles seiner Ontologie »episodischen« Charakter vorwirft. Jedes dieser Sonderprinzipien: die Monade im Bereich der Zahlen, der Punkt im Bereich der geometrischen Größen usw. ist dann aber insofern unbestimmt, als es nicht durch das kategoriale Spezifikum seiner Seinsstufe charakterisiert ist; denn die Monade ist nicht durch numerische Vielheit (πλῆθος) bestimmt und der Punkt nicht durch Ausdehnung (μέγεθος), und darum können beide analogisch auf das absolut unbestimmte Eine selbst bezogen werden, …"[20]

Von diesem durch Unbestimmtheit(en) zusammengehaltenen Konstrukt kann selbstverständlich niemand sagen, wie eng es an die scharfsinnige Widerlegung, welche er am Diorismós, d.h. am Definieren und Bestimmen auf dialektischem Wege durchführte, gekoppelt ist. Seiner Annahme nach müsse man wissen, wie sich eine Sache, wenn man sie definieren wolle, von allen anderen unterscheide. Wie es aber in Unkenntnis jedes einzelnen unmöglich sei, die Unterschiede zwischen jedem einzelnen zu erkennen, so sei es unmöglich, jedes einzelne ohne

[20] J. Halfwassen, Speusipp und die Unendlichkeit des Einen, pp. 62–63.

die Unterschiede zu erkennen; was sich nicht voneinander unterscheide, sei eben dasselbe, was sich aber voneinander unterscheide, verschieden.[21]

Wie rigoros und in welcher Weise nun Speusippos die Anschauung von der universalen Undefinierbarkeit vertrat oder nicht – Immanuel Kant jedenfalls meint über ihn und Arkesilaos, was er, wie den Großteil seiner Kenntnisse über die antike (kritische) Philosophie aus dem bislang unbekannten bzw. verkannten Pionier- und Riesenwerk des Augsburger Philosophiehistorikers Johann Jacob Brucker (1696–1770) übernommen haben dürfte,[22] daß beide ihre Denkart zur Skepsis stimmten[23] –, ist innerhalb meiner strukturtheoretischen Argumentation nicht dezisiv. Derzufolge kommt es nicht darauf an, ob nun der oder jener dieses oder anderes vertreten hat, sondern darauf, daß schon von Beginn des Philosophierens an, auch in der Akademie der Gründerzeit, die Vorstellung eines unbestimmten, un-, nicht- oder überseienden Einheits- bzw. Nondualitätsprinzips als Gipfelpunkt abstrakten und reflexiven Denkens und die Möglichkeit universaler Undefinierbarkeit

---

21 Cf. Aristoteles, Analytica posteriora 97ᵃ8–11 = Speusippos, Fragment 63a, ⟨ed.⟩ L. Tarán, meine wörtliche Übersetzung: „Gleichwohl behaupten welche, daß es unmöglich sei, die Unterschiede bezüglich jedes einzelnen zu erkennen, wenn man nicht jedes einzelne kennt; ohne die Unterschiede wiederum ist jedes einzelne nicht zu erkennen. Wovon sich etwas nämlich nicht unterscheidet, das ist dasselbe (von diesem), wovon es sich aber unterscheidet, das (von ihm) Verschiedene.“ (*kaítoi adúnatón phasí tines eĩnai tàs diaphoràs eidénai tàs pròs ʻékaston mè̃ eidóta ʻékaston· áneu dè tõn diaphorõn ouk eĩnai ʻékaston eidénai· ʻoũ gàr mè̃ diaphérei, tautòn eĩnai toútōj, ʻoũ dè diaphérei, ʻéteron toútou.*) Man nehme bitte das gesamte Fragment 63, ⟨ed.⟩ L. Tarán, zur Kenntnis; J. Annas / J. Barnes, The Modes of Scepticism, p. 132.

22 Cf. G. Tonelli, Kant und die antiken Skeptiker, mit Bezug auf J. J. Brucker, Historia critica philosophiae; idem, Kurtze Fragen aus der Philosophischen Historie.

23 Cf. I. Kant, Logik, A35.

und Nullität allen Seins und alles Seienden als Resultat denkerischer Analyse, in der ausgereiften Fachsprache der indischen Vedānta-Philosophie *anirvacanīyatā-sarvasvam* genannt, diskutiert und folglich von irgend jemandem gedacht und, in welcher konkreten Ausgestaltung auch immer, womöglich auch vertreten wurde, ohne daß daraus die letzte Konsequenz gezogen wurde.

Es geht also um nicht weniger als die Frage, wie man Kategoriengefüge als zusammenhängendes Ganzes widerspruchsfrei und ob man ein Gedankensystem überhaupt abschließbar und abgeschlossen, d.h. ohne Null- und Indefinitbereich an seinen äußersten Grenzen, und rückbezüglich auch in seinem Inneren, durch-denken kann. Wie das, was sich während und am Ende solcher Gedankengänge dem Bewußtsein zeigt und als Tatbestand absetzt, dann verstanden und interpretiert werden muß, ist natürlich wegen des Status dieser Spekulationen (als Geisttheorie) zu berücksichtigen. Denn deren Gültigkeitskriterien sind nicht unabhängig von dem in sie hineingelegten Leistungssinn, vom Abstraktions- und Reflexionsgrad des Gegenstandsbereichs, auf den sie sich innerhalb des Systems und im Verhältnis zur Anatomie des Geistorganismus, die durch die Strukturtheorie der Re-flexion erschlossen wurde, beziehen, was in der Historio-Doxographie leider keine oder kaum Beachtung findet.

Insofern nahm ich hier dieses Lehrstück antiker Spekulation und Dialektik zum Anlaß, auf einen Sachverhalt des Denkens und dessen Bedenken aufmerksam zu machen, der uns heute systematisch, prinzipien- und strukturtheoretisch ebenso anzugehen hat wie den Koryphäen der Denkkunst im Altertum, da elementarteilchen- und astrophysikalische, neuroszientifische, evolutionsmythische und andere objekt-(pseudo)wissenschaftliche Antworten darauf nur Scheinlösungen darstellen, die auf der Unterlassung metatheoretischer (re-flektorischer) Hinterfragung der Forschungs(vor)annahmen und Methodik, oder anders ausgedrückt, dem Vergessen beruhen, das Wissenschaft betreibende Subjekt (Geist) in die Kalkulation miteinzurechnen.

Doch sind die bisherigen Errungenschaften ernsthafter Spekulation, wie alt oder neu sie auch immer sein mögen, für uns dennoch erst dann von Wert, wenn sie uns dazu veranlassen, sie aufzugreifen und in unseren eigenen Bewußtwerdungsprozeß zur Entwirrung mentaler Knoten zu integrieren, ganz nach dem Spruch des nüchtern reflektierenden und dadurch in das Mystische geratenden ersten deutschsprachigen Philosophen, Meister Eckhart: „Was hülfe es mir, hätte ich einen Bruder, der ein reicher Mann wäre und ich dabei ein armer Mann? Was hülfe es mir, hätte ich einen Bruder, der ein weiser Mann wäre und ich dabei ein Tor?“[24]

Noch einmal zurück zur Hypostasenordnung von Speusippos. Abschließend allerdings in einer Darstellungsweise, die die re-flexionsstrukturelle quasi vorwegnahm. „Das innerakademische System Platons und Speusipps zeigt

(Υ4) das ἕν [Eine] als überseienden Ursprung (ἀρχή, στοιχεῖον [Urgrund, Elementarprinzip]) vor
(Υ3) dem zahlenhaft (τετράς, δεκάς [Vierzahl, Zehnzahl]) entfalteten, im Denken (νοῦς [Geist]) zusammengefaßten Weltmodell,
(Υ2) an das sich als dritte Seinsstufe die mathematisch (geometrisch) organisierte Weltseele und zuletzt
(Υ1) die Körperwelt anschließt:

(Υ4) ἕν [Eines]

---

[24] Meister Eckhart, Die deutschen Werke, 1.86.4-7 (Predigt 5b: In hoc apparuit caritas dei in nobis): *Waz hülfe mich, hæte ich einen bruoder, der dâ wære ein rîcher man und wære ich dâ bî ein armer man? Waz hülfe mich, hæte ich einen bruoder, der dâ wære ein wîser man, und wære ich dâ bî ein tôre?*

(ϒ3) νοῦς [Geist] (ἀριθμοί, μεγέθη [Zahlen, Größen])
(ϒ2) ψυχή [Seele]
(ϒ1) σώματα [Körper]

Dasselbe Schema kehrt, wie im folgenden zu zeigen sein wird, bis in Einzelheiten hinein im gnostischen Valentinianismus und in der alexandrinischen Logos-Theologie wieder. Verbindungsglieder liegen im Stufenbau des Moderatos und dem Referat bei Sext. Emp. adv. math. X 248 ff. vor."[25] Die Verwicklung des Theoretischen liegt darin, die Einfachheit zu erkennen.

[25] H. J. Krämer, Der Ursprung der Geistmetaphysik, p. 221, die Einrückung der zweiten Hierarchie in Kolumnenform entspricht dem Original (meine Skalierung); die Übersetzung der griechischen Begriffe und die Ergänzungen in eckigen Klammern stammen von mir; Sext. Emp. adv. math. steht für Sextos Empeirikos, Adversus mathematicos. Abwandlungen dieser Feststellung von H. J. Krämer zur Viererstruktur in antiken GeistWelt-Modellen werden zu den genannten und weiteren Philosoph(i)en noch einige Male im nächsten Faszikel zitiert, wobei es sich, zu beachten!, jedesmal um einen anderen Passus handelt. Weitere tabellarische Darstellungen zum Platonisch-Speusippschen Modell finden sich o.c., pp. 209-210, 214, 325, 336.

2.2 Xenokrates

Entsprechend den Lehrmeinungen der Akademie weist die Götterstaffelung von Xenokrates aus Kalkedon, dem dritten Scholarchen der Akademie, folgende Grobeinteilung auf, die ich gegen die Meinung gewisser einflußreicher Doxographen, doch nicht ohne Berufung auf die kompetente alternative Forschung, einmal nicht trigrad, sondern vierphasig verstanden wissen will:

(Υ4) Erster Gott (*prõtos theós*) = Monade (*monás*) = Geist (*noũs*) = Vater (*patḗr*) = männlich (*árrēn*);

(Υ3) zweiter Gott (*deúteros theós*) = Dyade (*duás*) = Allseele (*psuchḕ toũ pantós*) = Mutter der Götter (*mētḗr theõn*) = weiblich (*thḗleia*), die intelligible, geistig erkennbare Wesenheit/Seinsheit (*noētḕ ousía*) jenseits/außerhalb des Himmels (*ektòs ouranoũ*), deren Kriterion Wissen (*epistḗmē*) ist;

(Υ22) Himmel (*ouranós*) und Sterne (*astéres*), die ein Gott sind (*theòn d' eĩnai*), die durch Meinung vorstellbare Wesenheit (*doxastḕ ousía*), ein Kompositum (*súntheton*) der wahrnehmbaren und intelligiblen, deren Kriterium Meinung/Vorstellung (*dóxa*) ist;

(Υ21) sublunare Dämonen/Gottwesen (*'uposelḗnoi daímones*);

(Υ1) materielle Elemente (*'ulikà stoicheĩa*) und das Immerfließende (*aénaon*) = die Materie (*'úlē*), die wahrnehmbare Wesenheit (*aisthētḕ ousía*) diesseits des Himmels (*entòs ouranoũ*), deren Kriterium Sinneswahrnehmung (*aísthēsis*) ist.[26]

---

[26] Cf. Xenokrates 6; 15; 28 (eventuell ist das Intelligible nicht erst auf Ebene (Υ3), sondern schon ab Ebene (Υ4) anzusetzen); J. M. Dillon, The Middle Platonists, pp. 24–33; H. J. Krämer, Der Ursprung der Geistmetaphysik, pp. 63–92, mit Graphik, o.c., p. 91, die auf der nächsten Seite wiedergegeben ist. Daran anschließend das Xenokratische

Modell des Kosmos in Tetraktys-Strukturierung nach W. Theiler, Untersuchungen zur antiken Literatur (Einheit und unbegrenzte Zweiheit von Plato bis Plotin), p. 476.

WELTMODELLE VON NOUMENIOS UND XENOKRATES (nach H. J. Krämer)

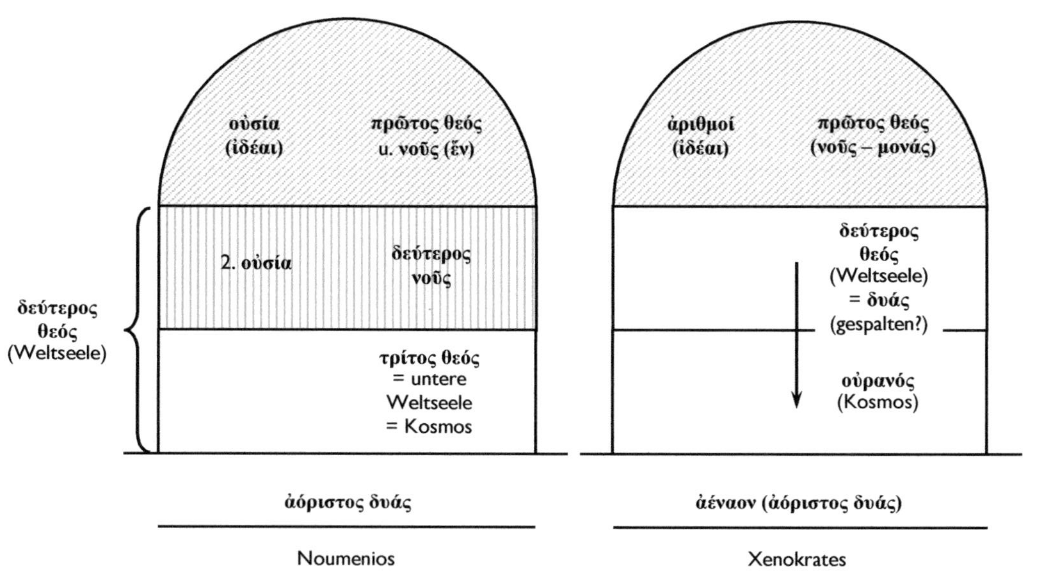

WELTMODELLE VON NOUMENIOS UND XENOKRATES (nach H. J. Krämer)

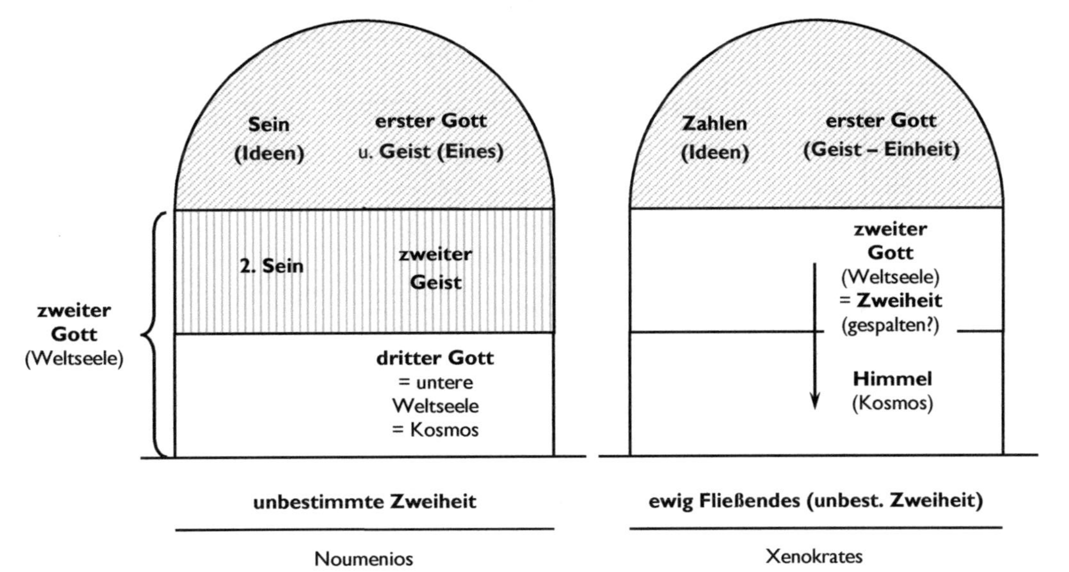

XENOKRATISCHE TETRAKTYS-STRUKTURIERUNG DES KOSMOS (nach W. Theiler)

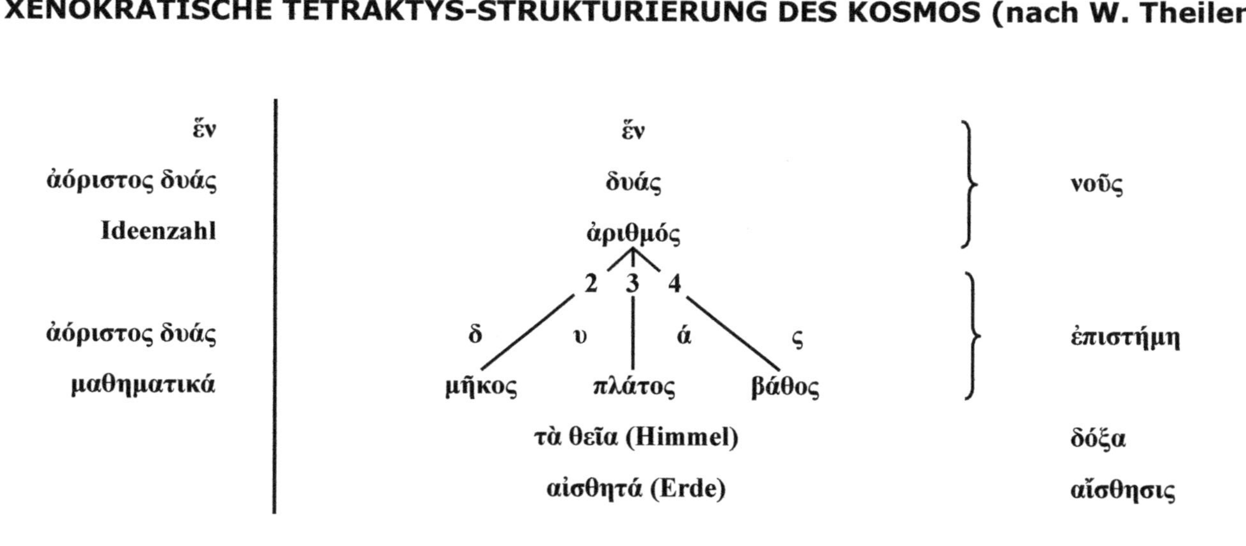

XENOKRATISCHE TETRAKTYS-STRUKTURIERUNG DES KOSMOS (nach W. Theiler)

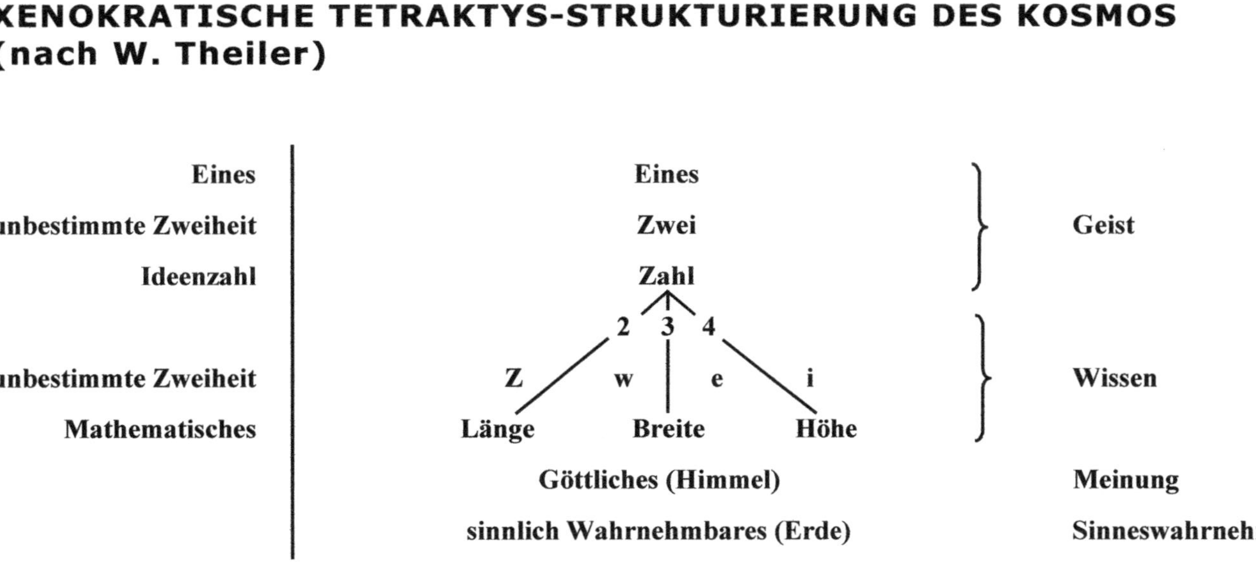

Danach kann jetzt jeder selbst entscheiden, ob und in welcher Weise die strikte Einteilung des Platonismus in eine Richtung, die mit einem Dreistufenmodell und eine, die mit einem Vierstufenmodell operiert, wie sie in der einschlägigen Forschungsliteratur vorgenommen wurde, aus der ich die diesbezügliche Essenz anschließend zitieren werde, zutrifft oder nicht. Meine strukturell motivierte Entscheidung für vorwiegend quadruplexe Rekonstruktionen basiert nicht auf einer Verkennung des Tatbestands, daß inhaltliche (funktionale) Differenzen zwischen der höchsten Kategorie und der unter ihr befindlichen und den konkreten Charakterisierungen der Prinzipien verschiedener Weltanschauungen existieren, und das gilt nicht nur für die Ausdrucksformen des Platonismus in seinen Entwicklungsstadien, sondern auch für andere Metaphysiken, selbst in anderen Kulturen, sondern versucht die hierarchischen Differenzen dieser Komponenten zu berücksichtigen und zu akzentuieren und sie als Äquivalente der entsprechenden Prinzipien re-flexionsstrukturell stimmig gefügter Gedankengebäude zu verstehen und auszulegen.

„Hans Joachim KRÄMER hat aufgezeigt, daß im Platonismus der Spätantike zwei grundlegende ontologische Strukturen vorherrschen. Eine besteht aus drei Ebenen: 1) die Sphäre reinen Seins, die aus einem monadischen intellectuellen Prinzip besteht, das die idealen Formen und Zahlen enthält; 2) die demiurgische Sphäre der Weltseele, die oft eher als niederere Ebene eines zweiteiligen Intellects, denn als separate Sphäre angesehen wird; und 3) die Sphäre des materiellen Prinzips. Diese Struktur, die von den meisten Mittelplatonikern (Albinus, Apuleius, Kelsos, Maximos und Noumenios) vertreten wird, stammt angeblich von Xenokrates, dem Nachfolger von Speusippos als Haupt der Alten Akademie nach Platon's Tod. Die andere grundlegende Struktur besteht aus vier Ebenen und ist die gleiche wie die Drei-Ebenen-Struktur, mit der Ausnahme, daß eine höchste Ebene jenseits des Seins, die vom »Einen«

eingenommen wird, die anderen drei beherrscht. Diese Struktur ist typisch für Neupythagoreer (Nikomachos, Moderatos, pseudonyme numerologische Traktate), Philon und viele Gnostiker (Basileides, die monistischen Valentinianer bei Hippolyt, die Megale Apophasis) und stammt angeblich aus der esoterischen Lehre Platon's und seines Nachfolgers Speusippos. Die Vier-Ebenen-Struktur fand natürlich ihren klarsten Vertreter in Plotinos mit seinen Sphären des Einen, des Intellects, der Seele und der Materie. Es scheint, als ob die barbelo-gnostischen Abhandlungen zur Vier-Ebenen-Struktur gehörten, doch darf man nicht vergessen, daß die Position der Seele uneindeutig ist."[27]

---

[27] J. D. Turner, The Gnostic Threefold Path to Enlightenment, p. 333, mit unspezifischem Verweis auf H. J. Krämer, Der Ursprung der Geistmetaphysik; relevante Textstellen dort sind aufzufinden über das Verzeichnis von Wörtern und Begriffen (Register), o. c., p. 471, s. v. System; die Ordnungszahlen im Zitat sind die des Originals. Scharfe, der Wissenschaft mitunter nicht gemäße persönlich bloßstellende, doch bedenkenswerte, z. Tl. berechtigte Kritik an und Gegenpositionen zu Krämer in der Rezension von K. Oehler, Antike Philosophie und byzantinisches Mittelalter (Zum Ursprung der Geistmetaphysik); auf diese Auseinandersetzung, die ein, ja vielleicht das Grundproblem der Geistmetaphysik zum Gegenstand hat, das durch die Aufgabe des Geistes in der Gesamtdynamik des Erkennens bedingt ist, nämlich zwischen Transzendenz und Immanenz zu vermitteln, habe ich in einer Fußnote innerhalb des Kapitels hier bereits hingewiesen; zusätzlich ist im Kontext dieser Problematik die Forschung von W. Theiler zu nennen, der sich mehr für vierstufige Rekonstruktionen von Geistmetaphysiken entschied und hier meine weitgehende Zustimmung hat.

2.3 Aristoteles

Schließlich darf ich zur in unserem Kontext höchst bedeutsamen tetraktyschen Schichtung übergehen, die bei Aristoteles, einem langjährigen Akademiker, der die Denkbahnen seines Lehrers sehr eigenwillig weiterzog, überliefert ist. So berichtet er mit Blick auf gewisse pythagoresierende Philosophen, das Lebewesen selbst (*autò mèn tò zȭjon*) und alles andere entsprechend (*tà d' álla 'omoiotrópōs*) bestehe aus vier Bestandteilen,

(Υ4) „der Idee des Einen (*ex autẽ̄s tẽ̄s toũ 'enòs idéas*),
(Υ3) der ersten Länge/Größe (*kaì toũ prṓtou mḗkous*),
(Υ2) der Breite (*kaì plátous*) und
(Υ1) Tiefe (*kaì báthous*)."[28]

Die Aufzählung findet sich innerhalb eines Berichts über damals gängige philosophische Seelenlehren, von denen die Platonische mitgemeint sein dürfte. Die Schrift, die ihn enthält, trägt den Titel ›Über die Philosophie‹ und wurde vermutlich von ihm selbst verfaßt.[29] An diese Aufzählung schließt sich im Text direkt eine Erweiterung des mathematischen Bildes an. Sie besteht in seiner Korrelierung mit den Erkenntnisvermögen der Psyche, was die Vermutung nahelegt, daß es bei den von Aristoteles berichteten Dimensionen des Lebendigen und alles anderen nicht (nur) um eine Geometrie des Körperhaften geht, sondern (auch) um symbolische Zuschreibungen von okkulten numerischen Qualitäten und Proportionen, die unschwer als

---

[28] Cf. Aristoteles, De anima 404^{b}18–21; Aufzählung solcher Tetraktyes z.B. auch in Aristoteles, Metaphysica 1028^{b}16–18; 1090^{b}5–24.

[29] Die Formulierung Aristoteles, De anima 404^{b}19: *en toĩs perì philosophías legoménois*, die ⟨ed./tr.⟩ H. Seidl so wiedergibt, wie ich im Haupttext: ›Über die Philosophie‹, ist nach J. M. Dillon, The Heirs of Plato, pp. 23–24, hier p. 23[47], eine notorisch kontroverse Angelegenheit, die im Kontext aber unausweichlich Platon einschließen müsse.

pythagoreisch identifiziert werden können. Danach ist

(Υ4) „der Geist einesteils das Eine (*noũn mèn tò 'én*),
(Υ3) Wissen andernteils die Zwei (*epistḗmēn dè tà dúo*),
(Υ2) Meinung/Vorstellung nächstenteils die Zahl der Fläche (*tòn dè epipédou arithmòn dóxan*),
(Υ1) die Wahrnehmung letztenteils die des Festen/Massiven (*aísthēsin dè tòn toũ stereoũ*) …
(Υ1$_2$) Die Dinge werden einesteils durch
(Υ4) Geist beurteilt (*krínetai dè tà prágmata tà mèn nõj,*),
(Υ3) andernteils durch Wissen (*tà d' epistḗmēj,*),
(Υ2) nächstenteils durch Meinung/Vorstellung (*tà dè dóxēj,*),
(Υ1$_1$) letztenteils durch Wahrnehmung (*tà d' aisthḗsei·*)."[30]

Ich halte es entgegen einflußreicher Forschermeinung, wie schon aus meiner Skalierung hervorgeht, keinesfalls für ausgemacht, daß die Zwei (*dúo*) und das Wissen bzw. die Wissenschaft (*epistḗmē*) ausschließlich der Diskursivität mit ihrer Subjekt-Objekt- und Vorher-Nachher-Dualität zuzuordnen sind,[31] weist doch Platon selbst in Zusammenhang mit dem Liniengleichnis und bei der Erläuterung der Dialektik darauf hin, daß die (Denk-)Techniken oder Wissenskünste der metempirischen Einzelwissenschaften (*téchnai*), die unter die Dianoetik fallen, nicht Wissen (*epistḗmē*) im eigentlichen Sinne sind, sondern nur gewohnheitsmäßig (*dià tò éthos*) so genannt werden, tatsächlich aber einer anderen Bezeichnung bedürften (*déontai dè onómatos állou*).[32] Wissen steht bei Platon demnach dem

---

[30] Aristoteles, De anima 404^{b}22–27; cf. K. Gaiser, Platons ungeschriebene Lehre, pp. 44–51; warum der Geist hier von mir den höchsten Skalenwert erhielt, wird im Verlaufe meiner Darstellung deutlich werden.

[31] Wie J. M. Dillon, The Heirs of Plato, p. 23 und H. Seidl, Aristoteles, De anima, p. 221, Kommentar, suggerieren.

[32] Cf. Platon, Politeia 533d3–7.

Bereich des Noetischen, dem Bereich der Geisteinsicht und Intuition nahe (Liniengleichnis), die verschiedene Unmittelbarkeitsgrade aufweist, welche in der Anfangsphase noch dyadisch, am Ende und in der Voll-endung aber monadisch zu denken sind.[33] Entsprechendes muß dann auch für das Gewußte, das Seiende gelten. Eine solche Verdichtung, Konzentration, Vereinheitlichung, Vereinfachung und Vereinfältigung des Erkennens und Erkannten wird (kontemplationstechnisch) auch in den letzten drei, den Zusammen-, Fest- oder Zurückhaltestufen (*saṃ-yama*) des achtstufigen Yogawegs (*aṣṭāṅga-yoga*) von Patañjali beschrieben.

Es ist offensichtlich ein ganz spezifischer Aspekt altpythagoreischer Vierheits-Spekulation,[34] der in dem bei Aristoteles überlieferten Aufbau tradiert wird. Einige Passus im Werk des Stagiriten belegen, daß er diese psycho-mentale Phasengliederung stillschweigend in sein eigenes Denken integrierte. „Daß Aristoteles selbst zumindest der angegebenen Tetraktys der Erkenntnisleistungen eine gewisse Verbindlichkeit zubilligt, geht aus seiner Untersuchung über das Vorstellungsvermögen (φαντασία) hervor, das er zu klassifizieren versucht anhand der dargelegten Verfahrensweise »der Vermögen oder Haltungen [...], womit wir unterscheiden und Wahres oder Falsches sagen. Solche sind Wahrnehmung, Meinung, Wissenschaft und Vernunft«. Nach Maßgabe dieser Tetras der Erkenntnisleistungen läßt sich die Aristotelische Erkenntnispsychologie immerhin grob zusammenfassen: Unter der einheitstiftenden Vernunft (νοῦς) – ... – bringt sich die denkende Seele in diskursiver begrifflicher Verstandesarbeit das zur Erkenntnis (ἐπιστήμη), was im anschaulichen Bewußtsein imaginativ und projektiv

[33] Man vergleiche die von T. McEvilley, The Shape of Ancient Thought, pp. 159-160, 188, vorgeschlagene Lösung dieses Problems.

[34] Cf. P. Kucharski, Étude sur la doctrine Pythagoricienne de la tétrade, pp. 11-30.

ergriffen und beurteilt wurde (δόξα mit φαντασία-Vermögen) von dem, was der ›Gemeinsinn‹ (κοινὴ αἴσθησις) aus den spezifischen Wahrnehmungsleistungen der fünf Einzelsinne an Gegebenem erhoben hat.“[35] Ich stelle die Skala des Originalpassus aus der ›Seelenschrift‹ einer vom zitierten Verfasser genannten Parallelstelle aus der ›Metaphysik‹ gegenüber, wobei die quellentextliche Reihenfolge der Nennungen beibehalten wird, weswegen nebeneinander angeordnete Kolumnen nicht gegeben werden können.

(Υ1) Sinneswahrnehmung (*aísthēsis*);
(Υ2) Meinung, gegenstandsbezogenes/vorstellendes Denken (*dóxa*);
(Υ3) Wissen (*epistḗmē*);
(Υ4) Geist (*noũs*).[36]

(Υ4) Die Geisteinsicht ist Geisteinsicht von der Geisteinsicht (*éstin ‘ē nóēsis noēseōs nóēsis*).
(Υ3) Wissen (*epistḗmē*);
(Υ1) Sinneswahrnehmung (*aísthēsis*);
(Υ21) Meinung, gegenstandsbezogenes/vorstellendes Denken (*dóxa*);

---

35 F. Mayr, Herders metakritische Hermetik, p. 42, mit Zitat Aristoteles, De anima 428ª (diakritische Zeichen für das Griechische und die Korrektur eines Schreibfehlers stammen von mir); Belegstelle für die zusammenfassende Darstellung der Erkenntnisleistungen: De anima, II (Sinneslehre) und III 1 (Gemeinsinn); Nachweis zur Parallelstelle: Aristoteles, Metaphysica 1074ᵇ33–1075ª5; Stellen zur Akademischen Verwendung der Tetraktys in der Sekundärliteratur sind bei F. Mayr, l. c., genannt. Man beachte die Übersetzung „Vernunft“ für *noũs*, wodurch erklärbar wird, warum die Epistḗmē dann zum Zweck der Diskursivität herabgestuft ist.

36 Cf. Aristoteles, De anima 428ª4–5.

(ϒ2₂) abstraktes/formales Denken (*diánoia*).[37]

Dem Interessierten sollte eine Vergegenwärtigung des Platonischen Liniengleichnisses an dieser Stelle der Mühe wert sein. Diese tetraktysche Seelengliederung wurde von dem Neupythagoreer Theon Smyrneus (um das 2. Jh.) aufgegriffen und eingebettet in ein Gesamt von elf analogen Vierheiten, die ich später (im Faszikel II/5, Kapitel 3) noch wiedergeben werde, als achter Punkt fast wörtlich aufgeführt.[38] Nichts hindert, die Grundelemente der Erkenntnis-Lehre von Aristoteles demgemäß mit einer gewissen Schwankungsbreite viergliedrig zu lesen. Gruppierungsvarianten für die Funktionsglieder des Noũs sind in der Fachliteratur mehr oder minder ausgeprägt vorfindlich.

(ϒ3½)⟨ϒ4⟩ Transzendenter/unvermischter (*chōristós/amigḗs*), von außen kommender (*thúrathen*), aktiver Kausalgeist (*noũs poiētikós/tò aítion kaì poiētikón*), der Göttliches (*theĩon*), seinem Wesen nach Wirken (*tẽj ousíaj ṑn enérgeia*) und Erste Substanz [oder nicht-traditionell und besser übertragen, Erstes Sein bzw. Erstes Wesen] (*prṓtē ousía*) qua geistige Substanz ist;

(ϒ3/ϒ2½) Geist, der und in dem das Intelligible durch/nach Aktualisierung/Verwirklichung wirkend wird (*kat' enérgeian/entelecheíaj*), theoretisches Wissen und Gewußtes, beides identisch, und in dem die Dinge stofflos als Wesenheiten (*tò tí ẽn eĩnai/ousía*) fungieren;

---

[37] Cf. Aristoteles, Metaphysica 1074ᵇ34-36.

[38] Cf. Theon Smyrnaios, Expositio rerum mathematicarum ad legendum Platonem utilium, Kap. 38, ⟨ed./tr.⟩ J. Dupuis, p. 160.7-13 (8. Tetraktys).

(Υ22) Potentialgeist (*noũs dunámei*/*intellectus potentialis*), der in uns als Geist-Körperwesen mit den Sinnen verbunden ist, wobei er und das Intelligible in ihm potentiell/inaktiv (*dunámei*), im Leerzustand sind, vergleichbar einer leeren Tafel, das Wissen also noch unbestimmt, ist;

(Υ21) Sinneseindrücke empfangender, leidender, affizierbarer (*pathētikós*) Geist, der die Aufgabe hat, die Wahrnehmungsgegenstände zu ‚entmaterialisieren', sie bis zu einem gewissen Grade in eine materielose Substanz (= Ideen und Formen) umzuwandeln und an den potentiellen Geist anzupassen und weiterzuleiten (evtl. sind Phantasie und Vorstellung ein Aspekt desselben);

(Υ12) Sinne, Wahrnehmung (*aísthēsis*), die

(Υ11) vom Wahrnehmbaren (*aísthēton*) respective von den Sinnesempfindungen (Farbe, Töne etc.), ausgehend vom Stofflichen und endlich indirekt der Ersten Substanz (*prṓtē ousía*) qua materiellen Substanz[39] oder dem äußersten/letzten Substrat (*'upokeímenon éschaton*), berührt bzw. affiziert werden.

Aus dieser Anordnung kann herausgelesen werden, daß der Geist ein geschlossener Wesenskreis(lauf) ist. Man vergleiche die fünf Mittel des Wahrheitens der Psyche durch Bejahung und Verneinung in der ›Nikomachischen Ethik‹[40] sowie die fünf Stufen der Weisheit, die als Aristoteles-Fragment anerkannt

---

[39] Zur ‚Substanzen'-Lehre von Aristoteles, auch der Zweifachheit der Ersten Substanz (*prṓtē ousía*), einmal als materieller, das andere Mal als immaterieller, welche nur dem göttlichen Aktualgeist zukommt, cf. J. Halfwassen, Substanz; Substanz/Akzidens, I. Antike, coll. 497–500.

[40] Cf. Aristoteles, Ethica ad Nicomachum 1139^{b}15–17; o.c., Buch VI.3–9.

sind,[41] und versuche die einzelnen Einheiten dort gleichlaufend zur Geisteinteilung anzuordnen. „Der Grund, weshalb der »tätige« Intellekt in zwei Erkenntniszuständen, einem »potentiell« intelligiblen, d.h. sinnesverbundenen, und einem »aktuell« intelligiblen auftritt, liegt letztlich in der zusammengesetzten Natur der Dinge selbst, die sich dem Intellekt zunächst (durch Vermittlung der Sinnesvermögen) mit dem Stoff, sodann aber ohne den Stoff (als Wesenheiten) zeigen. Dem Sachverhalt entspricht auf der Seite des Subjekts, daß der Intellekt in einer gewissen Verbindung mit den Sinnesvermögen steht – wobei der leidende Intellekt offensichtlich eine vermittelnde Rolle spielt –, sich aber von ihnen auf der Stufe rein intelligibler Erkenntnis abzutrennen vermag."[42]

---

[41] Cf. K. Gaiser, Platons ungeschriebene Lehre, pp. 236-242, mit Text, o.c., pp. 457-458, aus einer Schrift von Philoponos, Nicomachi Geraseni Pythagorei Introductionis Arithmeticae Libri II.

[42] H. Seidl, Der Begriff des Intellekts (νοῦς) bei Aristoteles im philosophischen Zusammenhang seiner Hauptschriften, p. 126, mit Schema, das auf der nächsten Seite wiedergegeben ist; man achte auf die tastende Ausdrucksweise eines Gelehrten, der sich intensiv und extensiv mit der Lehre von Aristoteles befaßte; cf. o.c., pp. 113-128; N. Hartmann, Kleinere Schriften, 2.171-191 (Die Anfänge des Schichtungsgedankens in der Alten Philosophie), 2.240-248 (Aristoteles und Hegel), legt die Seelenschichtung von Aristoteles als Seins- und Formenschichtung aus (modellartige Klassifikation, o.c., pp. 182, 241, 246).

ARISTOTELISCHE NOŨS-STRUKTUR (nach H. Seidl)

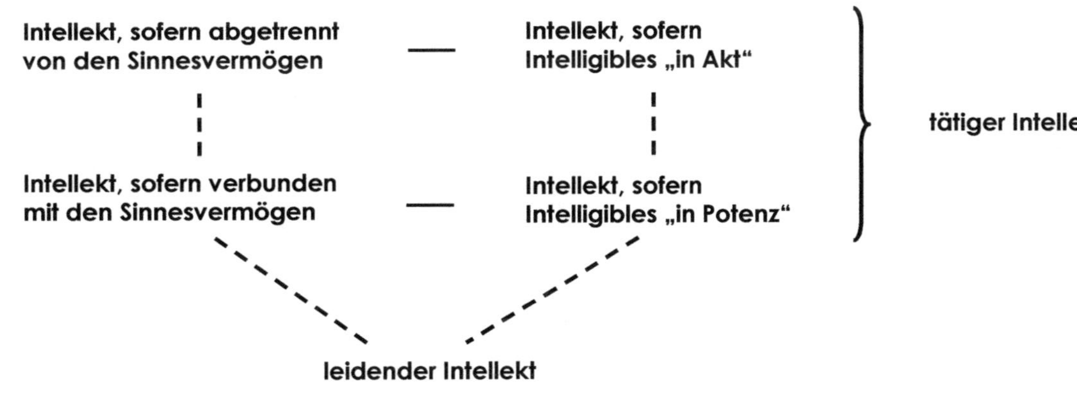

Der Subtilität der Lehre vom tätigen, möglichen und leidenden Intellect (*intellectus agens, possibilis, passivus*) bei Aristoteles und denen, die sich in irgendeiner Weise auf ihn beriefen oder berufen, und das sind nicht wenige, bin ich mir bewußt. Eine eindeutige Rekonstruktion ist trotz zahlloser Versuche durch die Zeiten hindurch bisher nicht gelungen und scheint prinzipiell undurchführbar, was nicht gerade für ihre Klarheit spricht. Um so verblüffender ist ihre breite Akzeptanz; nein, anders herum: um so weniger verblüffend ist ihre breite Akzeptanz. Durch den geringen Abstand, den nicht wenige Aristoteles-Forscher zu dessen Lehren haben, sehen sie meist nicht, daß das, was jener als Lösung der vermeintlichen Schwierigkeiten, Ungereimtheiten und Fehler von Platon ausgibt und was den Erkenntnisfortschritt über diesen hinaus ausmache, nichts als noch gravierendere Aporien, Paradoxien und Widersprüche sind, die dem Normalmenschen, auch dem wissenschaftlich gebildeten, nur nicht so sehr auffallen, weil die Aristotelische Philosophie dem Alltagsrealismus und Empirismus näher steht als die Platonische, ja diesen erst ausbildete.

In der peripatetischen Noologie, mit den Platonischen Grundlinien zusammengedacht, den Urtyp des später bei Porphyrios (ca. 232–304) formulierten fünfstufig-hypostatischen Geist-, d.h. sechsstufigen Welt-Geist-Modells zu erblicken, halte ich nicht für abwegig. Deshalb entschied ich mich bei meiner Darstellung für eine Heraushebung des göttlichen (*theĩon*), ursächlichen (*aítion*), absoluten, abtrennbaren oder leeren Geistes (*noũs chōristós*), indem ich ihn auf einem eigenen Niveau verortete,[43] das gemäß meiner Einteilung als Fundament und/oder Gipfel der Vereinheitlichung für die übrigen Funktionsweisen dient, auch wenn die funktional-inhaltliche Bestimmung dieses Systemelements eher der Noũs-Kategorie

---

[43] Entsprechend bei L. Oeing-Hanhoff, Intellectus agens / intellectus possibilis, coll. 433–434.

im plotinisch-hypostatischen Verständnis gleicht, was einige Forscher dazu bewog, ich nehme mich hier in meiner allgemeinen Einschätzung der Noologie Aristoteles' nicht völlig aus, sie auch an dieser Stelle zu placieren.

Wenn davon die Rede ist, daß der „Noũs die Idee/Form der Ideen/Formen" (*'o noũs eĩdos eidõn*)[44] ist, spricht das nicht für die Heraushebung des Geistes und seine Hypostasierung zum Absoluten an sich, da hier doch der spricht, der die Platonischen Ideen zu Begriffen degradierte. „Die platonischen Ideen sind unentstanden und unvergänglich, sie sind nicht Inhalte eines ihnen übergeordneten göttlichen Geistes, sondern existieren in einer überräumlichen und überzeitlichen Welt. In der platonischen Akademie kam es diesbezüglich alsbald zu Änderungen. Speusipp, Platon's erster Nachfolger in der Schulleitung, deutete die Ideen zu Allgemeinbegriffen um; Aristoteles folgte ihm; Xenokrates, Platons zweiter Nachfolger, wollte zwischen Platon und Speusipp vermitteln und verstand die Ideen als Inhalte des göttlichen Geistes. Diese Form der Ideenlehre setzte sich in der Folgezeit durch. Gemäß Philon erschafft Gott vor der Schöpfung der veränderlichen Welt die Ideen."[45] Da

---

[44] Aristoteles, De anima 432^{a}2.

[45] K. Bormann, Philosophie und Religion bei Philon von Alexandria, p. 28 (mit Angaben von Stellen in Quellenschriften); Problematisierung dieser Thematik bei K. Oehler, Antike Philosophie und byzantinisches Mittelalter, pp. 149-153 (Zum Ursprung der Geistmetaphysik); ob die Platonischen Ideen qua vorausgesehener, im voraus gewußter Bauplan des Kosmos im ‚Kopf' des göttlichen Baumeisters nicht doch Gedanken im göttlichen Geist (die Frage nach deren Entstehung und Unterordnung will ich hier einmal beiseite lassen) zu nennen sind, muß ich offen lassen; L. J. Rosán, The Philosophy of Proclus, p. 110, mit der Quellenangabe Philon, De opificio mundi 4-6: „Doch schließlich führten Philon und die Mittelplatoniker die beiden Konzepte des Göttlichen Geistes und der Platonischen Ideen zusammen, indem sie Gott den gesamten Bereich der Ideen erschaffen ließen, der daraufhin seinen göttlichen Geist ausmachte." Alkinoos [Albinus], Didaskalikos 9, ⟨ed.⟩ J. Whittaker,

die Aristotelischen Ideen im antiplatonischen Sinne für Begriffe des rationalen Denkens stehen, meint deren Idee dann doch wohl einfach nur den Noũs als Noũs.

Durch die trotzdem durchgeführte Akzentuierung des Geistes als Vereinheitlichungsinstanz soll der Unterschied angedeutet sein, der zwischen dem sich im sogenannten ‚Denken des Denkens' selbst erkennenden, wesenhaft, niemals nicht ‚denkenden' (*all' ouch 'otè mèn noeĩ 'otè d' ou noeĩ*)[46] und dem in Vollzug und Vollendung Wesenheiten (stofflose Dingformen/Ideen, nicht sich selbst) erkennenden, erst nach/durch Aktualisierung wirkenden Geist, zu machen ist, auch wenn das Gewußte letztlich jeweils mit dem Geistvermögen identisch (geworden) ist und damit die Konstruktion als ganze in logischer Hinsicht (in sich) zusammenstürzt.

Bedingt durch meine Entscheidung, den Absolutgeist an die Position zu stellen, die im platonistischen Schrifttum das beste Wesen, die Intellektualsphäre als eine und ganze innehat, ergibt sich die Schwierigkeit, die Geistkategorie aus dem Aristotelischen Lehrbestand nach hypostatischem Muster zu besetzen, was mir, wie ich einzugestehen habe, nicht so recht gelingen mochte und ich zu einer Lösung Zuflucht nehmen mußte, mit der ich nicht zufrieden bin, der Aufwertung des aktualisierungsbedürftigen Geistes an die Stelle des Noũs nach neuplatonischem Verständnis (dazu gleich Näheres). Vielleicht erstreckt sich der Aristotelische Aktualgeist ja über zwei Stufen, die des ‚Quasi-Ansich' ⟨ϒ4⟩ und die des Fürsich (ϒ3), was andere Ungereimtheiten in dem hierarchischen Ablaufschema kognitiver Funktionen mit sich brächte.

⟨tr.⟩ P. Louis, p. 20.14-15/H163, mit J. Whittaker ⟨com.⟩, pp. 98-99, notes complémentaires 152, 163; A. H. Armstrong, The Background of the Doctrine "That the Intelligibles are not Outside the Intellect" (mit Nennung weiterer Literatur dazu).

[46] Cf. Aristoteles, De anima 430^{a}22.

Wenn ich hier ohne Not – hätte ich die eigentliche Noologie des Stagiriten aufgrund dessen, daß sie nur gezwungen ins re-flexionsstrukturelle Vierfachschema paßt, doch einfach übergehen können – einen Strukturierungsversuch unternehme, dann deshalb, weil durch nichts besser aufgezeigt werden kann, wie verwickelt die Ausdeutung und Rekonstruktion geisttheoretischer Entwürfe ist und welche Dislokationen sich durch kleinste Verschiebungen einzelner Feinheiten und Einheiten in der Gesamttektonik einstellen können. Empirisch läßt sich das an dem heftigen und endlosen Streit, die Pyrrhoniker nannten das Diaphonie, um die Ausdeutung der Aristotelischen Noo-Onto-Theologie verifizieren.[47] Auf die zahllosen Ungereimtheiten, die das dem Stagiriten zugeschriebene Gesamtwerk, wohl aufgrund seiner Entstehungsgeschichte, insbesondere des Einflusses der akademischen Skepsis, charakterisieren, kann ich hier zwar nur im Vorbeigehen verweisen, ihr Einfluß auf dessen Stimmigkeit ist jedoch derart gravierend, daß man sich nur wundern kann, wie es die Wissensentwicklung der westlichen und seit einiger Zeit der gesamten Welt derart tiefgreifend und nachhaltig beeinflussen konnte. „Kurzum, die peripatetischen Philosophen hatten sich ständig wechselnden Gedankenentwicklungen anzupassen, was in praktischer Hinsicht bedeutete, daß sie gezwungen waren, ihre Vorlesungen nahezu von Jahr zu Jahr zu überarbeiten, um sie nachfolgenden Generationen von Studenten akzeptabel zu machen. Daß dies der Fall war, wird ausdrücklich von Theophrastus bekundet … Diesem Zeugnis mit seiner wertvollen Information über das Verhältnis zwischen Lehrern und Schülern zur Zeit von Theophrastus kommt eine

---

[47] Im deutschen Sprachraum fand diese ihren vorläufigen Höhepunkt in der „Krämer-Oehler-Kontroverse", so die Bezeichnung in einem der einschlägigsten Publikationsorgane zur Geschichte der Philosophie, dem ›Ueberweg‹; genauer Nachweis bei K. Oehler, Der unbewegte Beweger des Aristoteles, p. 7, Vorwort.

besondere Bedeutung durch die Tatsache zu, daß die Spuren wiederholter Überarbeitung durch das gesamte Corpus Aristotelicum hindurch deutlich sichtbar werden."[48]

Auf die Aporie der Lehre von der Geisteinsicht in die Geisteinsicht (*nóēsis noēseōs*), die ich wegen der endzweckhaften Aktualität des reinen Wirkens oder Verwirklichens, des Wissens vom und im Zusammenfall von Erkennendem und Erkanntem, der Geist-Wirk-lichkeit an sich und des damit verknüpften ersten, selbst unbewegten Bewegenden (*tò prõton kinoũn akínēton autó*)[49] (Neutrum!), bewußt nicht, wie üblich, ‚Denken des Denkens' nenne, wurde schon zu Aristoteles' Lebzeiten hingewiesen. Der Einwand lautet ausformuliert, daß es sich dabei, wie in einer Schrift aus dem Peripatos selbst, den ›Magna Moralia‹, kurz und ohne hohen Widerlegungsanspruch eingeworfen wird, um eine gegenstandslose Transzendenz handle, aufgrund welcher kein Erkenntnisobjekt mehr erkannt, d.h. kein inhaltliches Wissen mehr gewonnen werden könne, daß damit ein geistiges Gewahren von nichts vorliege, eine zirkuläre, selbstreferentielle Operation ‚autistischen' Bei-sich-Betrachtens (*autòs 'eautòn kataskopẽtai/theṓmenos*), die für den Gott ver-rückt und fehl am Platze (*átopon*) und für den Menschen stumpfsinnig oder blöde (*anaisthḗtōj*) sei.[50] Es spricht einiges dafür, daß dies die Einschätzung des Stagiriten war, auch wenn er sie womöglich mit einem anderen Sinn verbunden haben wollte. „Daß Gott sich selber denken sollte, war in der ersten Fassung von GE [= ›Magna Moralia‹] spöttisch mit ἀλλ' ἄτοπον [aber unstatthaft] 13 ^{a} 4 abgelehnt worden. Aber die

[48] F. Grayeff, Aristotle and His School, p. 58; cf. o.c., pp. 57-88.

[49] Cf. Aristoteles, Metaphysica 1012^{b}22-31; dazu K. Oehler, Der unbewegte Beweger des Aristoteles.

[50] Cf. Aristoteles, Magna Moralia 1212^{b}33-1213^{a}7; K. Oehler, Die Lehre vom Noetischen und Dianoetischen Denken bei Platon und Aristoteles, pp. 206-210.

zweite Fassung hatte dies schon ausgemerzt, ... Jetzt ist es gar nicht mehr zweifelhaft, daß Gott nur sich selber denken kann."[51]

Der Gedanke der (Quasi-)Transzendenz des Sich-Erkennens der Gottheit wird durch die Bemerkung gestützt, daß nur der Noûs als das allein Göttliche von außen durch die Türe (*thúrathen*) hereinkommt, soll sagen, aus dem Jenseitigen (Geistigen) ins Diesseits des Mentalen lebendiger Wesen herabsteigt, während seine Aktivität, wie es im Text wörtlich heißt, nichts mit dem körperlichen Wirken gemein hat.[52] Mit einer

---

[51] P. Gohlke, Aristoteles: Eudemische Ethik, pp. 276-277, Erläuterung 224, zu Aristoteles, Ethica Eudemia 1245^b16-18; meine Ausschreibung des Kürzels und Übersetzung der griechischen Wendung in eckigen Klammern. J. Halfwassen, Der Aufstieg zum Einen, p. 213[&94], hält die These von H. J. Krämer (Stellen sind angegeben) für wahrscheinlich, daß der göttliche Denkakt bei Aristoteles analog zur Platonischen Lehre auf Inhalte im Seinsrang von Ideen (via die 55 immateriellen Beweger der Himmelssphären) bezogen ist; Zurückweisung der These durch K. Oehler, Der unbewegte Beweger des Aristoteles, pp. 76-77 (Der Unbewegte Beweger als sich selbst denkendes Denken), unter Anführung der dürftigen Begründung, daß sie ‚sich mit den Einzelheiten des Texts nicht vertrage'; ausführliche Kritik in idem, Antike Philosophie und byzantinisches Mittelalter, pp. 153-161 (Zum Ursprung der Geistmetaphysik). Da ein Gott, der dem ewigen Kosmos immer nur gegenüberstehen und ihn ohne Möglichkeit der Einflußnahme ewig bloß anschauen kann, frustriert sein und sich enttäuscht von ihm abwenden muß, um „in der Freiheit davon, alles wissen zu müssen", idem, Der unbewegte Beweger des Aristoteles, p. 85 (Der Unbewegte Beweger als sich selbst denkendes Denken), sich selbst zu genießen, dürfte einleuchten, wenigstens so sehr wie Oehlers Berufung auf Folgerichtigkeit der Aristotelischen Gedankenführung, die ob der unübersehbaren logischen Schwierigkeiten, ja Unmöglichkeiten, die sie an den entscheidenden Stellen drücken, eher ein Zeichen der Verzweiflung des Interpreten darstellt.

[52] Cf. Aristoteles, De generatione animalium 736^b27-29: *leípetai dẽ tòn noũn mónon thúrathen epeisiénai kaì theĩon eĩnei mónon · outhèn gàr autoũ tẽj energeíaj koinõneĩ sõmatikẽ enérgeia.* O.c. 744^b22; idem, De anima 413^a3-9. W. Wili, Probleme der Aristotelischen Seelenlehre, pp. 62-63, äußert zwar die These, daß dieser Lehrgehalt singulär im Werk von

kleinen Abweichung betreffs der Unbegrenztheit bzw. Unendlichkeit (*ápeiron*), die als Unbestimmtheit verstanden, wie wir gleich sehen werden, gar keine Abweichung wäre, liegt eine solche Geistkategorie Aristoteles schon vor in der sogenannten vorsokratischen Philosophie, bei Anaxagoras nämlich. Danach ist der Geist, wie in Zusammenhang mit Platon's Prinzipienlehre des ›Philebos‹ bereits dargestellt, der absolute/abgeschiedene Anfang aller Bewegung.

Nach gesundem Menschenverstand, der sowohl den Menschen im allgemeinen als auch den sogenannten Philosophen nicht selten abzugehen scheint,[53] könnte der Terminus des »tätigen Geistes« so ausgelegt werden, daß das Subjekt des ‚Denkenden' (*noũs*), Unbewegten selbst (*akínēton autó*), über sein Prädikat oder Attribut der Tätigkeit von ‚Denken' (*noeĩn*) und Bewegen wie Schaffen (*kineĩn/poieĩn*) gestellt würde. Auf diese Weise gelangten wir bei der Unterteilung des Immateriellen zunächst zu einer statisch-substanten Absolutgröße und der ihr bei- bzw. untergeordneten Tätigkeitsform. Dies ist mit der Aristotelischen Selbigkeit von Subjekt und Objekt, Tuendem und Tun/Tat im Zustand, sowohl der noch nicht begonnenen als auch der vollendeten Wissensbewegung (inclusive des Sichselbst-Wissens des Geistes), wenn ich im Bewußtsein der vom Urprinzip ausgehenden kontinuierlichen Dynamik der Geistmomente einmal so sagen darf, nicht vereinbar. Der Noũs selbst (das Intelligierende) ist nach Aristoteles nämlich, und hier spielen sicherlich die Akademischen Lehrvorlagen vom Verhältnis des Geistes zu dem, was er geistig einsieht, herein,

---

Aristoteles sei, dabei vergißt er, daß dies nur eine andere Ausdrucksweise für den abtrennbaren/absoluten bzw. unvermischten Geist darstellt und demgemäß in den Gesamtentwurf des Stagiriten paßt. Es fragt sich allerdings, welchen Stellenwert er darin einnimmt.

53 Zum (un)gesunden Menschenverstand cf. M. Heidegger, Was heißt denken?, p. 64, cf. o.c., p. 69.

das Intelligible: vor dessen Erfassen in Potenz, was mit einer leeren Schreibtafel (*tabula rasa*) verglichen wird, nach oder bei dessen Erfassen im Akt: „Es muß sich also so verhalten, wie bei einer Tafel, auf welcher in Wirklichkeit nichts Geschriebenes existiert, was beim Geist ja zutrifft.“[54]

Indem er selbst wie das Intelligible intelligibel ist und bei dem, was ohne Materie ist, das Einsehende/Intelligierende und das Eingesehene/Intelligierte dasselbe ist, gilt für das Wissen, das theoretische, daß es dasselbe wie das so Gewußte ist (wissender und sich-wissender oder sich bewußter Geist im Wissen somit schlechthin identisch sind). Wir sind im zweiten Falle an die horizontale Binnengliederung des Geistes im Neoplatonismus erinnert, die innere Phasenstruktur des Geistes: Geist – Geisteinsicht – Ideen/Eingesehenes/Seiendes, platonistisch *noũs – nóēsis – noētón*, die nichts anderes denn die unentfaltete, quasi horizontale Form der entfalteten, man könnte sagen, vertikalen Kognitionsstruktur des Normalmenschen darstellt: Geist/Geisteinsehen/Verstand/*intellectus* – Seele/*anima*/Vernunft/*ratio* – Körper/Sinnesfunktionen/*sensus*.

Während jedoch der eine Aristotelische Noũs, der leidende, alles wird, (be)wirkt/erzeugt der andere, der ehrwürdigere tätige, alles, wie das Licht mögliche Farben zu wirklichen macht. „Und dies ist der abtrennbare/absolute, unempfängliche/affektlose und unvermischte/reine, seinem Wesen nach Wirken/Aktivität seiende Geist.“[55] Sichtbarmachung – ein wahrhaft

---

[54] Cf. Aristoteles, De anima 429^{b}31–430^{a}2: *deĩ d' 'oútōs 'ȭsper en grammateíōj 'ȭj mēthèn 'upárchei entelecheíaj gegramménon· 'óper sumbaínei epì toũ noũ*. Cf. o.c. 429^{a}27–29: Die (Geist-)Seele ist der Ort der Ideen und ist diese, zwar nicht in Wirklichkeit, aber der Möglichkeit nach (*tḕn psuchḕn eĩnai tópon eidȭn, plḕn 'óti oúte 'ólē all' 'ē noētikḗ, oúte entelecheíaj allà dunámei tà eídē*).

[55] Cf. Aristoteles, De anima 430^{a}1–19 (mit Auslassungen): *kaì autòs dè noētós estin 'ȭsper tà noētá. epì mèn gàr tȭn áneu 'úlēs tò autó esti tò nooũn kaì tò nooúmenon· 'ē gàr epistḗmē 'ē theōrētikḕ kaì tò 'oútōs epistētòn tò*

exzeptionelles Beispiel für das Machen, für Erzeugung, Hervorbringung, Erschaffung, Verfertigung und Bewirkung (*poieĩn*), das einen, aber auch nur einen Aspekt der Funktion des seinstranszendierenden »Guten« im Sonnengleichnis Platon's darstellt! Handelt es sich dabei vielleicht um einen dritten Fall, den Zusammenfall des ersten und zweiten? Das sollen Kompetentere entscheiden, unterscheidet doch ein reines Wirken, das, wenn es rein gedacht werden soll, nichts, nicht etwas, nichts Bestimmtes bewirken darf, nichts von einem reinen Sein, das per definitionem nichts, nicht etwas, nichts Bestimmtes sein darf! Auf jeden Fall kann das nichts anderes heißen, als daß entweder der Geist ein Subjekt ohne Prädikat (Täter ohne Tat) ist oder das Wirken ein Prädikat ohne Subjekt (Tat ohne Täter), oder eben Subjekt und Prädikat mirakulös ein und dasselbe (Täter gleich Tat), ein für den Stifter der systematischen zweiwertigen Logik(theorie) und Promotor ihrer objektwissenschaftlichen Anwendung befremdliches Ergebnis.

Die trotz ihrer Selbigkeit in Anspruch genommene Wertigkeit der Phasen bzw. Komponenten des Aristotelischen Noũs tritt auch im Mittelplatonismus und späten Neuplatonismus auf. Zuunterst der Noũs selbst als Subjekt; vermittelnd sein Wirken, d. i. sein Tun, die Intellection als durch das Intelligible bewirkte Bewegung; Höchstes ist dieses selbst, das intendierte Objekt.[56] „Die Geisteinsicht an sich ist jedoch in bezug auf das Beste an sich, und die höchste auf das Höchste. Sich selbst nämlich sieht der Geist durch das Erfassen des geistig Einsehbaren ein. Denn einsehbar wird er, [es] berührend und geistig einsehend, so daß der Geist und das geistig Einsehbare

autó estin. … kaì éstin ‘o toioũtos noũs tõj pánta gínesthai, ‘o dè tõj pánta poieĩn, ‘ōs ‘éxis tis, ‘oĩon tò phõs · trópon gár tina kaì tò phõs poieĩ tà dunámei ónta chrṓmata energeíaj chrṓmata. kaì ‘oũtos ‘o noũs chōristòs kaì apathȅs kaì amigḗs, tẽj ousíaj ȍn enérgeia.

[56] Cf. Aristoteles, Metaphysica 1072ª23–31.

dasselbe sind. Der Geist ist nämlich das Empfangende von geistig Einsehbarem und Sein/Wesen; Wirkendes, während es [jenes] hat. Insofern hat jenes noch mehr an Göttlichkeit als was der Geist daran zu haben scheint und die Schau ist das Angenehmste und Beste.“[57]

Dabei ist zu beachten, daß der menschliche oder eben der mit Zusammengesetztem befaßte Geist, der sich in einem gewissen Zeitabschnitt befindet (*anthrṓpinos noũs, ḕ ‘ó ge tō̃n sunthétōn échei én tini chrónōj*), des Guten nicht hier und da, sondern während eines Gesamt(zeitraums) (*ou gàr échei tò eũ en tōjdì ḕ en tōjdí, all’ en ‘ólōj*),[58] erst nach einem in Erfüllung gegangenen Leben (*en bíōj teleíōj*) seelischer Betätigung (*psuchē̃s enérgeia*),[59] doch nur bisweilen (*‘emeĩs poté*)[60], und des Besten (*tò áriston*), das etwas anderes sei als er (*òn állo ti*), ausschließlich kurzzeitig und nicht, wie Gott (*‘o theós*), dauerhaft – was uns unmöglich sei (*mikròn chrónon ‘ēmĩn. ‘oũtōs gàr aieì ekeĩno* (*‘ēmĩn mèn adúnaton*))[61] – bzw. die Geisteinsicht selbst von sich selbst für immer, innewerde (*échei autḕ ‘autē̃s ‘ē nóēsis*

---

[57] Aristoteles, Metaphysica 1072^{b}18–24: *‘ē dè nóēsis ‘ē kath’ ‘eautḕn toũ kath’ ‘eautò arístou, kaì ‘ē málista toũ málista. ‘eautòn dè noeĩ ‘o noũs katà metálēpsin toũ noētoũ· noētòs gàr gígnetai thiggánōn kaì noō̃n, ‘ṓste tautòn noũs kaì noētón, tò gàr dektikòn toũ noētoũ kaì tē̃s ousías noũs. energeĩ dè échōn. ‘ṓst’ ekeĩno mãllon toútou ‘ò dokeĩ ‘o noũs theĩon échein, kaì ‘ē theōría tò ‘ḗdiston kaì áriston.*

[58] Cf. Aristoteles, Metaphysica 1075^{a}7–9.

[59] Cf. Aristoteles, Ethica ad Nicomachum 1098^{a}15–18; ich folge bis hierher in etwa dem Sinn der Übersetzung Aristotle, Metaphysics, ⟨ed./ tr.⟩ H. Tredennick, 18.166^{+b}/167, mit Verweis in der Fußnote auf die von mir hier paraphrasierte Stelle in der ›Nikomachischen Ethik‹.

[60] Cf. Aristoteles, Metaphysica 1072^{b}25.

[61] Cf. Aristoteles, Metaphysica 1072^{b}15–16.

tòn ʻápanta aiõna).[62]

Wenn nun Wissen (*epistḗmē*), Sinneswahrnehmung (*aísthēsis*), Meinung (*dóxa*) und abstraktes Denken (*diánoia*) stets (*aieì*) von anderem (*állou*), von sich selbst aber nur beiläufig ist (*ʻeautē̃s d' en parérgōj*),[63] d.h. wenn sich die im Platonischen Liniengleichnis dem Bereich des Werdenden zugehörigen Erkenntnisweisen mitsamt dem abstrakten Denken im Bereich des Seienden nach Aristoteles vorwiegend auf Objekte beziehen, Übersetzungen in heutige europäische oder in Europa entstandene Sprachen Paronyma des altgriechischen »Noũs« fast ausnahmslos mit stammverwandten Wörtern von Vernunft und Denken bzw. Synonymen der englischen, französischen, spanischen usw. Sprache wiedergeben, dann wird der Eindruck erweckt, als ginge seine Geisteinsicht (*nóēsis*) über das normalmenschliche Erkennen, und da seine Geisteinsicht Geisteinsicht der Geisteinsicht ist (*kaì éstin ʻē nóēsis noē̃seōs nóēsis*), sich also selbst geistig einsieht (*ʻautòn ára noeĩ*),[64] diese über das normalmenschliche Selbstbewußtsein und das damit einhergehende unmittelbare Verständnis gar nicht hinaus.

Gemessen an der Re-flexionsstruktur hieße das, daß der Geisteinsicht (*nóēsis*) in gleicher Weise ein Objekt gegenüberstünde wie den Kognitionsfunktionen von Wissen, abstraktem Denken, Meinen und Sinneswahrnehmen und im Zusammenfallen mit dem Erkenntnisvermögen Evidenz erzeugte (theoretische Begründung in der Abteilung I der ›Widerspiegelung‹). Die speziell platonisch-platonistische Erkenntnisweise unmittelbaren Ansichtigwerdens (Intuition, »Ideenschau«) im Sinne

---

[62] Cf. Aristoteles, Metaphysica 1075ᵃ9–11; zum Gedankengang des gesamten Abschnitts siehe o.c. 1072ᵇ14–30.

[63] Cf. Aristoteles, Metaphysica 1074ᵇ35–36: *phainetai d' aieì állou ʻē epistḗmē kaì ʻē aísthēsis kaì ʻē dóxa kaì ʻē diánoia, ʻeautē̃s d' en parérgōj.*

[64] Cf. Aristoteles, Metaphysica 1074ᵇ33–35.

eines mystischen Gewahrens, die in der ›Metaphysik‹ durch die Möglichkeit einer kurzzeitigen Übereinstimmung mit dem göttlichen Geist oder der Geisteinsicht an sich angedeutet zu sein scheint, während z.B. in der ›Nikomachischen Ethik‹ betreffs des Guten als Idee, das als Eines und Allgemeines prädiziert werde oder als etwas Absolutes und an und für sich Bestehendes, behauptet wird, daß es vom Menschen offenbar nicht zu verwirklichen und erlangen sei,[65] wäre im wahrsten Sinne des Wortes, von wem auch immer, wegrationalisiert, der strukturelle Unterschied der Geisteinsicht, in der das Eingesehene (,Objekt'), der Vorgang und das Vermögen des Einsehens ineinandergeflossen sind, weshalb Plotinos in Zusammenhang mit der intelligiblen Materie (*'úlē noētḗ*) von der unbestimmten Zweiheit (*aóristos duás*) spricht,[66] eingeebnet, die antike hellenische Philosophie so platt wie die gegenwärtig vorherrschende Geistlosigkeits-Philosophie.

Hieraus ist zu lesen, wie ausgehend von Platon's Mehrdeutigkeit im Gebrauch von Kognitionsbegriffen (Rangeinteilung des Diánoia-, Idee-/Eidos- und Noũs-Begriffs), die eine solche Verwirrung induzierten, über dessen Aristotelische Umdeutung bis zu ungenauen oder falschen Übersetzungen dieser Begriffe das (Selbst-)Verständnis ganzer Philosophietraditionen beeinflußt, ja geprägt und dadurch unter anderem der Eindruck kultureller Besonderheit erzeugt wird. Das generelle Unverständnis derer, die sich aus irgendeinem (Selbst-)Mißverständnis heraus, zur Philosophie berufen wähnen, ohne auch nur die Objektwissenschaften zu durchschauen, ist hier noch gar nicht

---

[65] Cf. Aristoteles, Ethica ad Nicomachum 1096^{b}31–34: *'omoíōs dè kaì perì tē̃s idéas· ei gàr kaì éstin 'én ti tò koinē̃j katēgoroúmenon agathòn ḕ chōristòn ti autó ti kath' 'autó, dē̃lon 'ōs ouk àn eíē praktòn oudè ktētòn anthrṓpō·*

[66] Dokumentation und Argumentation dazu im Kapitel 6.2 des Faszikels II/5.

angesprochen. Während betreffs der Philosophie Platon's starke Argumente vorgebracht werden können, daß und wie sie über das jetzt vorherrschende szientifische Mainstream-Weltbild und sogar über subtile transzendentalphilosophische Auslegungen neuzeitlicher Philosophiewissenschaft hinaus- und in eine übernatürliche, Zeit und Raum (Dimensionalität und Gegenständlichkeit) hinter sich lassende Weisheit übergeht, fällt das hinsichtlich der Aristotelischen allerdings nicht leicht.

Streng genommen bleibt der Aristotelische Geist (*noũs*) in all seinen Phasen, Funktionen und Zustandsformen indefinit: Leer, ununterschieden oder unbedingt, Eigenschaften, die schon immer gern in die Nähe des Nichtseienden oder Nichts gerückt wurden. Es dürfte insoweit nicht nur seiner Abneigung gegenüber den Lehren des Lykeion-Gründers zuzuschreiben sein, wenn der Kirchenlehrer und Heidenjäger Hippolytos von Rom (gest. 235) den Vorwurf erhebt, daß die *nóēsis noēseōs* schlechterdings nichtseiend (*pantápasin ouk õn*) sei und Basileides aus Antiocheia (1./2. Jh.) – man beachte die Degradierung des philosophischen Lehrers Alexanders des Großen dadurch, daß er mit einem für Christenmenschen verabscheuungswürdigen Gnostiker, und einem der schlimmsten seiner Gilde, einem ‚Nihilisten', in Verbindung gebracht wird – als Vorlage für seine ketzerische Lehre vom nichtseienden Gott (*ouk õn theós*) gedient habe.[67]

Wie sollte das auch anders sein, wenn die alles-erklärende Maximalkategorie gewissermaßen eine Tautologie (Wiederholung desselben), eine Kontradiktion (Gleichsetzung von Ungleichem) oder ein Indefinitum (Unbestimmtes qua Absolutes/ Unvermischtes) darstellt? Aus Unbestimmtem, Unlogischem oder Unmöglichem, sprich, aus dem, was nicht eigentlich ist, läßt sich aber nun mal nichts ableiten, mit Unbestimmtem,

[67] Cf. Hippolytos, Refutatio omnium haeresium 7.19.7–9; 7.21.1.

Unlogischem oder Unmöglichem nichts begründen.

Vergeblich erscheint angesichts der Sachlage das ‚Argument', daß der sich selbst geistig begreifende Geist zwar kein Objekt, jedoch sich selbst im Selbstbezug als Objekt erfasse: „dieser ist nur möglich aufgrund der Identität von Denken und Gedachtem, aber so, daß die Identität als Relation verstanden ist."[68] „Identität als Relation", „reflexive" oder „reziproke Relation", wie es beim zitierten Autor an anderer Stelle heißt,[69] kann m. E. nur absolute Relation, relative Absolutheit oder, wie bei J. G. Fichte, absolutes »Durch-einander« heißen, transzendentalphilosophische Konstrukte, die in der Sphäre des Geistes und selbstreferentiellen Denkens, das diskutierte ich in der ersten Abteilung dieses Werkes hier in Zusammenhang mit der Grundlegung der Strukturtheorie der Re-flexion anhand der (Meta-)Philosophie des buddhistischen »Mittelwegs« und Johann Gottlieb Fichtes, wohlverstanden durchaus Einsichten in das Geistgeschehen vermitteln und auxiliaren Sinn ergeben, doch das Wesen des Wirklichsten aufgrund ihres provisorischen Charakters, oder deutlichst ausgedrückt, ihrer Fiktionalität, nicht letzt- und endgültig festschreiben können.

Schon im Altertum wurden diesbezüglich massive Zweifel laut. Der neuplatonistische Aristoteles-Kommentator Simplikios aus Kilikien (gest. 549) spricht in einer als Aristoteles-Fragment anerkannten Bemerkung zwar mit einer gewissen Unentschiedenheit und Vorsicht aus, auch Aristoteles erkenne etwas über dem Geist und dem Sei(ende)n/Wesen(haften) an

---

68 K. Oehler, Subjektivität und Selbstbewußtsein in der Antike, p. 53; cf. idem, Der unbewegte Beweger des Aristoteles, pp. 82-85 (Der Unbewegte Beweger als sich selbst denkendes Denken), unter Berufung auf die Definition von Selbigkeit/Identität (*tautótēs/tautá*) o.c., pp. 67-68, bei Aristoteles, Metaphysica 1018ᵃ4-9.

69 K. Oehler, Der unbewegte Beweger des Aristoteles, p. 91 (Der Unbewegte Beweger als sich selbst denkendes Denken).

(*ennoeĩ ti kaì ʻupèr tòn noũn kaì tḕn ousían*), wenn er sagt, daß Gott entweder Geist oder etwas jenseits des Geistes ist (*ʻóti ʻo theòs ḕ noũs estìn ḕ epékeiná ti toũ noũ*),[70] doch war der Mangel an Trennschärfe zwischen einem durch Bezüglichkeit bzw. Selbstbezüglichkeit gekennzeichneten geistigen Fürsich-Prinzip und einem bloßen Ansich-Prinzip, das aller Bedingtheit, auch des Durch-sich-selbst-Bedingtseins, enthoben ist, der hier benutzt wird, die Aristotelische Geistmetaphysik mit Blick auf die Platonische Transzendenzmetaphysik auszulegen,[71] schon für Plotinos und später für viele nachfolgende Platoniker, heidnisch wie christlich, Anlaß zu der dezidierten Kritik, daß an die Stelle des höchsten Prinzips der GeistWirklichkeit, der Eins-Hypostase, im Peripatos die diesem untergeordnete Hauptgröße, die neuplatonisch so genannte Geist-Hypostase getreten war.

„Aristoteles [nennt] das Erste später zwar absolut/abtrennbar und intelligibel/geistig, indem er jedoch sagt, es selbst sehe sich selbst geistig ein, macht er es hingegen zum Nicht-Ersten."[72] Plotins Einordnung des Aristotelischen Ersten an der zweiten, der Stelle der Geisthypostase, ist schematisch völlig

---

[70] Cf. Aristoteles, Fragment 49 (Über das Gebet), ⟨ed.⟩ V. Rose, p. 55; W. Jaeger, Aristoteles, pp. 163&4-164, 169-170.

[71] Diskussion und Zurückweisung der These, daß es bei Aristoteles neben dem Noũs noch ein diesem gegenüber ‚denkfreies Transzendentes' gebe, bei K. Oehler, Subjektivität und Selbstbewußtsein in der Antike, pp. 59-61.

[72] Cf. Plotinos, Enneaden 5.1.9.7-9 § 51: *Aristotélēs dè ʻústeron chōristòn mèn tò prõton kaì noētón, noeĩn dè autò ʻeautò légōn pálin aũ ou tò prõton poieĩ·* Im Text ⟨edd.⟩ P. Henry / H.-R. Schwyzer fehlt das „nicht" (*ou*) des zweiten Halbsatzes, wonach mir der Sinn des Satzes nicht mehr so recht einleuchten mag. Die Ausgabe ⟨ed./tr.⟩ H. A. Armstrong, bestätigt die Lesart von Harder und somit meine Wahl. J. Halfwassen, Der Aufstieg zum Einen, pp. 212-214, findet im Werk Plotins sechs Einwände gegen die Noũs-Theologie von Aristoteles, die für stichhaltig zu erklären sind.

konsequent und zeigt in ihrer Übernahme durch eine Anzahl späterer heidnischer und christlicher Neuplatoniker bis hin zu Nicolaus Cusanus im spätesten Mittelalter ihre Durchschlagskraft und damit ein Spezifikum der Platonik gegenüber der Aristotelik und eine Differenz beider, die nicht wegzudiskutieren ist.

Genau dies möchte ich das Aristotelische Geist- oder Urprinzipdilemma nennen. Entscheidend für die Einschätzung ist dabei, welchen Aspekt ich nun herausgreife oder betone. Das Hin und Her darüber sollte bis in die Gegenwart anhalten. Streng plotinisch-hypostatisch bewertet, muß bei der Aristotelischen Geistkategorie von einer Deplacierung bzw. De-gradierung gesprochen werden, durch welche eine Schrumpfung der Gesamterstreckung der Akademischen intellectweltlichen Totalgradation eintrat. „Obwohl generell für die meisten nachplatonischen Systemansätze gilt, daß man Platons Prinzipienlehre zu ihrem Verständnis geradezu erfinden müßte, wenn sie nicht überliefert wäre, trifft dies in besonderem Maße doch für die Philosophie des Stagiriten zu. ... Grundsätzlich ist jedoch der aristotelische Ansatz trotz dieser weitgehenden Rezeption der Prinzipienlehre und trotz der Beibehaltung der Transzendenz in Gestalt des ‚Ersten Bewegers' (*qua* πρώτη οὐσία [erste/s Substanz/Wesen]) als kosmozentrische Umformung des platonisch-akademischen Derivationssystems zu charakterisieren, die sich überall als Verkürzung des hierarchisch gegliederten Stufenbaus der platonischen Ontologie manifestiert (...)."[73]

Wären sie mit ihnen vertraut gewesen, so hätten die Platoniker für ihre Argumentation wider das „‚Zusammensinken der platonischen Seinspyramide' bei Aristoteles"[74] die ältesten

[73] J. Wippern, Einleitung, p. XLV[46], meine Übersetzung des griechischen Ausdrucks in eckigen Klammern.

[74] J. Wippern, Einleitung, p. XLVI[46].

Schichten des Vedānta heranziehen können, wonach es keinen anderen (*na-anyad*) Seher, Hörer, Denker und Erkenner als den ungesehenen, ungehörten, ungedachten und unerkannten gebe, das Unvergängliche (*akṣaram*),[75] da der Seher (Υ4) des Sehens (Υ1) nicht gesehen, der Hörer (Υ4) des Hörens (Υ1) nicht gehört, der Denker (Υ4) des Denkens (Υ2) nicht gedacht, der Erkenner (Υ4) des Erkennens (Υ3) nicht erkannt werden könne und Dieser der allem inwendige Ātman (Υ4) sei: „Durch Den dies alles/All erkannt wird, wodurch sollte man Den erkennen? Er, dieser Ātman ist weder dies noch das."[76] Solches wurde vom Frühbuddhismus in der Weise übernommen, als darin vertreten wird, daß die unendliche Bewußtheit (*viññāṇa*) im Gegensatz zum endlichen, ausschaltbaren Bewußtsein (*viññāṇassa nirodhena*) aufgrund eben ihrer Unendlichkeit (*anantaṃ*) und ihres allseits lichthaft-durchscheinenden Charakters (*sabbato pahaṃ*) kennzeichenlos und unbeweisbar sei, nicht aufgewiesen oder einsichtig gemacht werden könne (*anidassanaṃ*).[77]

Die voneinander abweichenden Auslegungsmöglichkeiten berücksichtigend, halte ich an der Gegenstandslosigkeit, Inhaltslosigkeit und Unbestimmtheit der reinen Geistwirklichkeit, der Unterschiedslosigkeit oder In-differenz von Erkenner und Erkanntem, sowohl in ihrem Potential- wie Aktualaspekt, bei Aristoteles fest. Unter der Bedingung noologischer Stimmigkeit

---

75 Cf. Bṛhadāraṇyaka-Upaniṣad 3.8.11, ⟨ed.⟩ J. L. Shastri, Upaniṣatsaṅgrahaḥ, p. 107: *tad-vā etad-akṣaraṃ gārgy-adṛṣṭaṃ draṣṭr-aśrutam śrotr-amataṃ mantr-aviñātaṃ vijñātṛ na-anyad-ato-'sti draṣṭṛ na-anyad-ato-'sti śrotṛ na-anyad-ato-'sti mantṛ na-anyad ato-'sti vijñātṛ …*

76 Bṛhadāraṇyaka-Upaniṣad 4.5.15, ⟨ed.⟩ J. L. Shastri, Upaniṣatsaṅgrahaḥ, p. 121: *yena-idaṃ sarvaṃ vijānāti taṃ kena vijānīyāt-sa eṣa neti nety-ātmā.*

77 Dokumentation und Diskussion in H. P. Sturm, Die vier Stadien des Ent-Setzens, pp. 237-238.

ist das aber nur dann möglich, wenn diese Bestimmungsleere qua Letztbestimmung des Geistes als dessen Gegenstand, der, weil sich der Geist bloß selbst geistig einsieht, nur sein Selbst sein kann, das als sein eigenes Objekt, wie bereits aufgewiesen, noch mehr an Göttlichkeit besitzt als er selbst und kategorial somit als Absolutum noch über ihm selbst wie auch seiner Absolutheit gegenüber allem Sinnlichen (*kechōrisménē tō̃n aisthētō̃n*) als ewiges (*aḯdios*), unbewegliches (*akínētos*) Sein/ Wesen (*ousía*), dimensionslos (*mégethos oudèn échein*), teillos (*amerès*), unzertrennlich (*adiairetós*), leid(enschafts)los (*apathès*) und unveränderlich (*analloíōton*) steht.[78]

„Nach Aristoteles' Ansicht ist der göttliche Noũs eine Form der Selbstreferenz, die von außen her nicht zu verstehen und deshalb unergründlich ist. In *diesem* Sinne ist er ein Lückenbüßer-/Platzhalterbegriff (a blanket term) und in gewisser Weise eine Lücke/Leerstelle (a blank). In der Zurückhaltung des Aristoteles in bezug auf eine inhaltliche Analyse des Gottesbegriffes liegt die Anerkennung der Vagheit unserer Begriffe von Gott. Vagheit ist eine Form der Unbestimmtheit."[79] Vagheit, Unbestimmtheit und Unverstehbarkeit wie Unergründlichkeit

---

[78] Cf. Aristoteles, Metaphysica 1073^{a}3-13.

[79] K. Oehler, Aristotle on Self-Knowledge, col. 505s; meine Zufügung der Originalbegriffe innerhalb runder Klammern zum Hinweis auf das Wortspiel in englischer Sprache: „In Aristotle's view the divine mind is a form of self-reference which cannot be understood from without and therefore it is inscrutable. In *this* sense it is a blanket term and, in a certain way, it is a blank." Da das Wortspiel in der deutschen Übersetzung: idem, Der unbewegte Beweger des Aristoteles, pp. 90-91 (Der Unbewegte Beweger als sich selbst denkendes Denken), die ansonsten sprachlich deutlicher und geschliffener ist, nicht zur Geltung kommt, weil dort der erste Ausdruck nicht übersetzt bzw. nur durch das Verb des Relativsatzes umschrieben, der zweite (von unserem deutschsprachigen Autor autorisiert) aber übersetzt ist, übertrage ich die ersten beiden Sätze des Zitats aus dem englischen Original, in dem die letzten beiden Sätze fehlen, und füge es bei.

gehören jedoch, wie am mehreren Stellen der ›Widerspiegelung des Geistes I‹ deutlichst gezeigt,[80] unterschiedlichen, ja unvereinbaren Sphären von Gültigkeitsbedingungen an. Ist das in dem folgend vom selben Autor geäußerten Urteil über das genus maximum der Aristotelischen Philosophie etwa berücksichtigt? „So gesehen wäre die Struktur des göttlichen Denkens bei Aristoteles nicht nur aporetisch zu deuten, sondern man könnte im Schweigen des Aristoteles über die immanente Struktur Gottes auch ein Moment negativer Theologie sehen, zu der es bei Aristoteles durchaus Ansätze gibt. Andererseits spricht er dem Absoluten positive Bestimmungen zu, sogar die höchsten positiv denkbaren, und er sagt, dessen Zustand sei immer so, wie unserer nur in seltenen kurzen, ausgezeichneten Momenten gelingender Noesis (*Metaph.* XII 7 u. 9).“[81]

Da es dem Vorsteher des Peripatos in seinem hauptsächlich weltimmanent orientierten (ontologistischen) Philosophieren in erster Linie nicht um die Leistungsgrenzen des selbstbezüglichen Denkgeschehens, das transzendentalphilosophisch Wesentliche, den Wirkungsbereich der Geistwirklichkeit ging, lag es ihm wohl auch fern, sie im Umkehrschluß für uns Denkende als deren bloße Bedingung auszulegen, die in ihrer Eigenschaft, nicht das Wirkliche und Wesentliche selbst zu sein, unwirklich und wesenlos, oder mit Platon, jenseits des Seinshaften oder Wirklichen (*epékeina tẽs ousías*), also ab-solut genannt werden kann. Und wie sollte es einen Erkennenden und ein Erkennen geben, wenn es letztlich kein dinglich Erkennbares gibt, da dieses eigenschaftslos ist?

Meine Feststellungen hier beziehen sich natürlich nicht auf Aristoteles' Nicht-Verstehen, ja Verständnislosigkeit gegenüber

---

80 Cf. H. P. Sturm, Die vier Stadien des Ent–Setzens, pp. 415, 586, 597-598, 603.

81 K. Oehler, Subjektivität und Selbstbewußtsein in der Antike, p. 58.

der Ideenlehre seines Lehrers, die ein Ausdruck für die peripatetische Verflachung des Philosophierens sowohl im Sinne einer Einebnung der (re-flektorischen) Schleifen des sich bedenkenden Denkens als auch im Sinne einer Ab- und Entwertung des unmittelbaren intuitiven Erfassens der von Platon postulierten Uridee(n)/Archetype(n) ist, das später und unter dem Einfluß des Christentums allgemein »mystisch« genannt wurde, auch heute noch genannt und ab der Zeitenwende als das Lesen oder Vernehmen der »Gedanken Gottes« gedeutet wird. „Aristoteles ist ein Beispiel dafür, daß ein Schüler in langen Jahren der gemeinsamen Arbeit sicherlich alles von Platon gehört hat, was es zu sagen gab, sich aber den systematischen Abschluß der Platonischen Lehre nicht zu eigen machte, und zwar eben deshalb nicht, weil er jenes plötzliche Evident- und Gewißwerden nie erlebt hat."[82]

Zurückweisungen der angeblich ungerechtfertigten Kritik an Aristoteles' Ideenkritik sind deswegen, weil sie so gut wie immer von einem theoretischen Standpunkt aus formuliert sind, den die Aristoteles-Kritiker mit ihrer Kritik gerade zurückweisen,[83] selbst zurückzuweisen, was natürlich, wie jeder weiß, zur Zurückweisung der Zurückweisungen ad infinitum oder ad nauseam führt. Selbst verhältnismäßig neutrale Studien[84] können mein Urteil nicht mildern, weil sie so gut wie alle anderen modernen Traktate dazu bei Platon's Ideen‚lehre', die

---

[82] K. Gaiser, Platons esoterische Lehre, p. 28; die vorgebrachte ‚Begründung' stellt natürlich eine unbegründete Meinung dar, da die diesbezüglichen und sonstigen geistig-seelischen Erfahrungen Aristoteles' nicht bekannt sind.

[83] So die von H. Schmitz, Die Ideenlehre des Aristoteles, 2.400; cf. o.c., 2.400-437.

[84] Einigermaßen sachliche Darstellung in K. Baier, Die Einwände des Aristoteles gegen die Ideenlehre Platons. Unter Berücksichtigung des Metaphysik-Kommentars von Thomas von Aquin, pp. 53-152.

es ausformuliert gar nicht gibt,[85] ausschließlich von einer Begriffsphilosophie ausgehen,[86] die sie zwar ist, die sie jedoch ebenso unendlich übersteigt, weshalb die Kriterien der Bewertung nicht bruchlos vom einen in den anderen Bereich übertragen werden können. Dies gilt verschärft für die neueste Forschung im angelsächsischen Raum, wo die vielschichtige Thematik der Ideen ausgiebig, doch häufig sehr einseitig unter dem Topos der Prädikation und Selbstprädikation (wie die Ideen als Bestimmungen von etwas, inclusive von sich selbst, fungieren können) abgehandelt wird.[87]

Ein Vorschlag zur Versöhnung bestünde darin, die Peripatetische als Korrektur an der (von wem auch immer) falsch verstandenen Akademischen Ideenlehre auszulegen: „Die Pflicht des Metaphysikers ist, wie Aristoteles in der ›Metaphysik‹ vorschlägt, exakt die Aufgabe, die *ousia* als abgetrennt, aber relevant, primär, ewig, selbständig, doch auf das Materielle bezogen, zu verstehen. Der sogenannte Metaphysiker ist eigentlich ein Theologe, Beschauer begrifflich abtrennbarer Entitäten, deren Natur göttlich ist. Und die sogenannte ontologische Lehre dient dem wesentlichen Zweck, die Beziehung der abgetrennten Form zur Materie aufzuweisen; und diese Beziehung erfordert die Auslegung nach einem viergliedrigen System von Gründen. Die »ontologische« Lehre versucht die mögliche Kritik, daß eine unüberwindliche Kluft zwischen den abgetrennten und göttlichen Entitäten und der durch die Sinne

[85] Hier schließe ich mich W. Wieland, Platon und die Formen des Wissens, pp. 95–159, an, ohne mit den darin stillschweigend vorausgesetzten Vorannahmen, Implikationen und Begründungen übereinzustimmen.

[86] Wie P. Wilpert, Zwei aristotelische Frühschriften über die Ideenlehre.

[87] Cf. beispielhaft G. E. L. Owen, The Platonism of Aristotle, pp. 133–139; ⟨ed.⟩ R. E. Allen, Studies in Plato's Metaphysics; die Anzahl der Studien dazu ist beträchtlich, weswegen diese hier nicht einzeln aufgelistet werden können und müssen.

erfaßten Welt besteht, zu überwinden. Diese sogenannte ontologische Lehre ist deshalb dazu bestimmt, einer gewissen Form des Platonismus entgegenzutreten, der die zutreffende Kritik hervorruft, daß das wahrhaft Erkennbare keine Beziehung zur Welt hätte und das abgetrennte und göttliche irrelevant sei. Aristoteles' Theologie sucht diese Art von Kritik zu überwinden."[88]

Korreliert man die oben beschriebenen Kognitionsstadien des Aristotelischen Geistes mit den vier Gründen (Prinzipien) (*aitíai/causae*), nach denen bei jeglichem Sachverhalt gefragt werden kann:

(Υ4) Zweck/das Gute/Weswegen/Woraufhin (*télos/tagathón/tò 'oũ 'éneka/tò di' 'ó / causa finalis*),

(Υ3) Wirk-/Beweggrund/Wodurch (*kinētikón/tò 'uph' 'oũ / causa efficiens/motrix*),

(Υ2) Form/Wesen/Sobeschaffensein/Wonach (*eĩdos/ousía/tò tí ẽn eĩnai/tò kath' 'ó / causa formalis*) [Philon: Womit/Werkzeug (*di' 'oũ/ergaleĩon*)],

(Υ1) Stoff/Grundlage/Woraus (*'úlē/'upokeímenon/tò ex 'oũ / causa materialis*),[89]

so zeichnen sich unzweideutig die Umrisse Altakademischer Geviert-Spekulationen ab.

---

88 R. Hahn, Aristotle as Ontologist or Theologian?, p. 86.

89 Cf. Aristoteles, Metaphysica 983^{a}24–32; idem, Physica 194^{b}23–195^{a}3; 209^{a}20–22; idem, Analytica posteriora 94^{a}20–24. Porphyrios, Fragmentum 120F.15–18, ⟨edd.⟩ A. Smith / D. Wasserstein, p. 122; Philon, De cherubim 125–127.

„1. ὕλη, 2. εἶδος, τὸ τί ἦν εἶναι, { 3. τὸ κινητικόν, 4. τὸ τέλος.“[90]

Diese Einteilungen von »Gründen«, einfachere und komplexere (3-gliedrige bis 6-gliedrige), sind nach Zeugnissen aus dem Altertum auf Platon's Dialog ›Timaios‹ zurückzuführen.[91] „Der strategische Punkt der Interpretation ist folgender: Platon's Ontologie enthält eine *Vierfachheit,* eine Vierfachheit des Seins, die die Lehre von den vier Gründen bei Aristoteles vorwegnimmt. … Diese Interpretation muß jedoch in dem weiteren Kontext gesehen werden, aus dem heraus Platon schreibt. Dieser Kontext ist eine Kognitionstheorie, die ich im ›Staat‹ 509E-511C vorgetragen finde, dem Liniengleichnis, eine Theorie, die vier verschiedene Weisen, Objekte zu erfassen, verficht, von denen eine jede ihre eigenen Kriterien der Korrektheit der Erfassung hat.“[92]

---

[90] P. Deussen, Allgemeine Geschichte der Philosophie, 2.1.348; meine Übersetzung und Transliteration: 1. Materie (*'úlē*), 2. Gestalt (*eĩdos*), Was-Sein (*tò tí ẽn eĩnai*), 3. Bewegendes (*tò kinētikón*), 4. Endzweck (*tò télos*).

[91] Cf. H. Dörrie / M. Baltes, Der Platonismus in der Antike, 4.110/113, Text 111.0; Allegation weiterer Stellen o.c., 4.112/147, Text 111.1-117, Kommentar: 4.377-431.

[92] R. Hahn, Being and Non-Being in *Rig Veda X,* in the Writings of *Lao-Tzu* and *Chuang-Tzu,* and in the "Later" Plato, pp. 130 … 141[16]; die Zuordnung der Platonischen Gevierteinheiten aus dem ›Philebos‹ und dem ›Timaios‹ zu den vier Aristotelischen Gründen, die zitierter Autor o.c., pp. 30-31, und idem, Material Causality, Non–Being, and Plato's Hypodoche, pp. 59-60, vorlegt, entspricht nicht der meinigen, die (gemäß der jeweiligen Graduierung durch P. Deussen) nach rein strukturellen Gesichtspunkten vorgenommen wurde; der Grund dafür könnte

Ergänzend und erweiternd ist die im Kapitel 2 des Faszikels II/2 ausführlich vorgeführte Strukturierung des Ātman in der ›Bṛhadāraṇyaka-Upaniṣad‹ ins Gedächtnis zurückzurufen, die vergleichbar aus vier Bestimmungsgründen besteht, von denen die unteren drei mit den Aristotelischen sogar sprachlich übereinstimmen: Sinnlich-Stoffliches (*rūpa*), Ideell-Begriffliches (*nāma*) und (Be-)Wirkend-Aktivierendes (*karma*).[93] Stellt man dieses Resultat neben die Noũs-Lehre von Alkinoos/Albinus von Smyrna (2. Jh.),[94] von Noumenios und Porphyrios, die – zugegebenermaßen stringentere – Hypostatik von Plotin, während man die Bezüge zur Tetraktys-Doktrin der Pythagoreer und Platon's nicht aus dem Blick verliert, die Quaternionen in Zusammenhang mit Brahman/Ātman, die in einem späteren Faszikel Gegenstand meiner Betrachtung werden, will ich gar nicht erst in die Diskussion einbringen, so ergibt sich die gesamte Spannweite der Geisttheorie in ihrer ontologischen wie gnoseologischen, sowohl dynamischen als auch statischen, ontotheologischen und transzendentalen Ausprägung, wenigstens für die sogenannte westliche Philosophie.[95] Diese werde ich im folgenden weiter entfalten. Mit diesem Hintergrundwissen können wir dann auch nicht mehr überrascht werden, wenn

---

darin liegen, daß nur die vier Abschnitte der »Linie« selbst, nicht aber deren Höhe- bzw. Endpunkt als eigens zu zählende Kategorie berücksichtigt werden; außerdem bleibt die pythagoreische Tetraktys, die Platon zum Vorbild diente, in diesem Zusammenhang unerwähnt.

[93] Cf. Bṛhadāraṇyaka-Upaniṣad 1.6.1–3, ⟨ed.⟩ J. L. Shastri, Upaniṣatsaṅgrahaḥ, p. 93

[94] Cf. J. M. Dillon, Alcinous: The Handbook of Platonism, pp. 102–103, Kommentar zu Kapitel 10, stellt einen direkten Bezug zwischen der Geistmetaphysik von Aristoteles und Alkinoos/Albinus fest.

[95] Hinsichtlich der europäischen Philosophie cf. hierzu C. J. de Vogel, On the Neoplatonic Character of Platonism and the Platonic Character of Neoplatonism, pp. 60–62.

eine gewisse Ähnlichkeit zwischen der Vier-Prinzipien-Lehre des Aristoteles und der Lehre von den fünf Gründen (*pañca kāraṇāni*) in der ›Bhagavad-Gītā‹ aufgewiesen wird:

(ϒ1) *adhiṣṭhānam* (Standplatz/Grund) – *causa materialis*
(ϒ2) *kartā* (Macher/Täter) – *causa formalis*
(ϒ4) *karaṇam* (Motiv) – *causa finalis*
(ϒ3) *ceṣṭāḥ* (Bewegungen) – *causa efficiens*
⟨Y5⟩ die Gītā kennt zusätzlich zu den vier unmittelbaren Gründen (*hetu*) den fünften, göttlichen, der Vorsehung (*daivyam*).[96]

Vielleicht trägt diese Äquivalenz dazu bei, den verwegenen, ja fahrlässigen, doxographisch in keiner Weise belegten Versuch zu verstehen, als wahrscheinliche Inspirationsquelle für die vier Gründe, die im Abhidharma-Buddhismus anerkannt und im Kapitel eins der ›Mūlamadhyamaka-Kārikā‹ von Ārya Nāgārjuna, mit hoher Wahrscheinlichkeit zur Widerlegung der Sarvāstivādin-s deren Schriften entnommen, genannt werden, die Lehre von den vier Ursachen des Aristoteles anzugeben. „Es ist nicht bekannt geworden, daß irgendeine der nichtbuddhistischen Darshanas (Schuldoktrinen) in Indien oder andere buddhistische Richtungen eine Vier-Ursachen-Lehre vertreten hätten, auf die sich die Feststellung Nagarjunas hätte beziehen können. Und so spricht alles dafür, daß Nagarjuna eine gewisse Kenntnis dieser aristotelischen Vier-Ursachen-Lehre zur Verfügung hatte, ...“[97]

---

[96] Cf. A. K. Coomaraswamy, The „Four Causes“ in the Bhagavad Gītā, pp. 415-416, mit Bezug auf Bhagavad-Gītā 18.14-15.

[97] ⟨tr./com.⟩ L. Geldsetzer, Nagarjuna: Die Lehre von der Mitte (Mulamadhyamaka-karika) Zhong Lun, p. 111.

hetu	⟨Υ2⟩	Formalursache
ārambaṇa/ālambana	⟨Υ1⟩	Materialursache
anantara/samantara	⟨Υ3⟩	Wirkursache
adhipati	⟨Υ4⟩	Zweckursache[98]

Originär sind die Bedeutungen der vier Bedingungen (*pratyaya*) etwa folgende: *hetu* = Bedingung als Ursache, die direkt eine Wirkung hervorbringt; *ālambana* = Bedingung als Objekt (Ursache bei der Hervorbringung von Wissen und mentalen Inhalten); *samantara* = Bedingung als gleiches und unmittelbar Vorausgehendes (spielt nur im Mentalen eine Rolle als unmittelbar vorhergehender Augenblick des Aufhörens, der einen nachfolgenden mentalen Zustand hervorbringt); *adhipati* = dominierende und generelle Ursache, der indirekte Einfluß eines Wirklichkeitspartikels auf den anderen und alle anderen.[99] Ohne Kenntnis der Kausallehre des Abhidharma/Sarvāstivāda ist die Lehre von den vier Bedingungen (*pratyaya*), die einhergeht mit der Lehre von den sechs Ursachen (*hetu*), kaum zu verstehen. Wie sich angesichts dessen ein ernsthafter Wissenschaftler

---

[98] Cf. ⟨tr./com.⟩ L. Geldsetzer, Nagarjuna: Die Lehre von der Mitte (Mula-madhyamaka-karika) Zhong Lun, pp. XIV, 5, 108–114, betreffs Nāgārjuna, Mūlamadhyamaka-Kārikā, Kapitel 1, besonders Vers 2. Mindestens genauso abenteuerlich wie diese Herleitung der vier Ursachen des Buddhismus ist die Übersetzung und der Kommentar zum Original von G. W. Nishijima / B. Warner, Fundamental Wisdom of the Middle Way, p. 5, worauf ich hier leider nicht eingehen kann, was jedoch im Rückblick auf mein theoretisches Grundlagenwerk der Strukturtheorie der Re–flexion, H. P. Sturm, Die vier Stadien des Ent–Setzens, das von Nāgārjuna, Mūlamadhyamaka-Kārikā 24.18, aus entfaltet wird, erwähnt sein soll.

[99] Zur schwer ausfindig zu machenden Bedeutung der vier Ursachen im Buddhismus cf. T. R. V. Murti, The Central Philosophy of Buddhism, pp. 170–172; É. Lamotte, Le traité de la grande vertu de sagesse de Nāgārjuna, 5.2163–2181; P. Della Santina, Madhyamaka Schools in India, pp. 172–173; M. Siderits / S. Katsura, Nāgārjuna's Middle Way, pp. 20–21.

zu der zitierten Behauptung hinreißen lassen kann, es sei „nicht bekannt geworden, daß … andere buddhistische Richtungen", gemeint sind alle außer dem Madhyamaka, „eine Vier-Ursachen-Lehre vertreten hätten, auf die sich die Feststellung Nagarjunas hätte beziehen können" …? No comment. Zum Abschluß nur ein Zitat eines der einflußreichsten Madhyamaka-Forscher überhaupt. Dort heißt es zu den vier Bedingungen bei Nāgārjuna, nachdem die Ähnlichkeit mit den Ursachebegriffen des Nyāya-Vaiśeṣika verworfen wurde: „Sie haben auch keine Ähnlichkeit mit der Aristotelischen vierfachen Einteilung von Ursachen."[100]

Konkretionen bloßer Formprinzipien reichen bei Aristoteles vom Bereich der Unterscheidung dreier wissenschaftlicher Klassen von Sätzen und Problemen:

(Υ2) ethische (*ēthikaí*),
(Υ1) physische (*phusikaí*),
(Υ3) logische (*logikaí*),[101]

weiter über die Dreiteilung dessen, was den Menschen gut und rechtschaffen macht,

[100] T. R. V. Murti, The Central Philosophy of Buddhism, p. 170.

[101] Cf. Aristoteles, Topica 105^{b}19–29; Reihenfolge der Teildisziplinen nach dem Original, aus der eine Rangordnung nicht ersichtlich ist. Zu beachten sind die einschränkenden Bemerkungen von P. Hadot, Die Einteilung der Philosophie im Altertum, pp. 427–428, der diese Dreiteilung nicht „auf eine echte Einteilung der Philosophie" angewendet wissen will, da Logik hier inhaltlich anders bestimmt sei als in der Stoa und auch mit dem Terminus Dialektik, der in der Alten Akademie für die dritte Teildisziplin stand, nicht übereinstimme.

(Υ1) Physis/Natur(anlage) (*phúsis*),
(Υ2) Ethos/Gewöhnung (*éthos*),
(Υ3) Logos/Vernunft (*lógos*),[102]

die in der Antike schon Platon als Einteilung der Philosophie in drei Sparten zugeschrieben, ihre ausdrückliche Verwendung Xenokrates und den Peripatetikern attestiert wird.[103] In Aristoteles' Doktrin ist die dreifache Tugendordnung à la Platon an die Seelenfunktionen (‚Seelenteile') gekoppelt, die am unteren Ende bisweilen jedoch mit zwei zusätzlichen unterlegt sind, so daß sich fünf Seelenvermögen ergeben, mit denen dennoch drei Grade der Tugend verknüpft sind:

(Υ1) natürliche Tugenden bzw. physische Seelenfunktionen (*phusikón*): Wachstum (*auxētikón*) und Ernährung (*threptikón*) = völlig alogisch (*pántēj álogon*);
(Υ2) sittliche Tugenden (*ēthikaì aretaí*): Lust (*epithumētikón*) und Antrieb (*thumikón*) = pathetische Seelenfunktionen (*pathētikón*) = am Logischen irgendwie teilhabend (*lógou pēj metéchon*);
(Υ3) dianoetische (diskursive) Tugenden (*dianoētikaì aretaí*) = logische Seelenfunktionen (*logikón*).[104]

Da in der ›Nikomachischen Ethik‹ der logische Seelenteil zudem in einen logisch-überlegenden (*logistikón/bouleutikón*)

---

[102] Cf. Aristoteles, Politica 1332ᵃ38–1332ᵇ8; weitere Stellen bei H. Bonitz, Index Aristotelicus, p. 217s, s. v. ἔθος.

[103] Cf. H. Dörrie / M. Baltes, Der Platonismus in der Antike, 4.2/3, Text 101.1: Sextos Empeirikos, Adversus mathematicos 7.16; Allegation weiterer Stellen o.c., 4.2/21, Text 101.2–9, Kommentar: 4.205–231.

[104] Cf. O. Schissel v. Fleschenberg, Marinos von Neapolis und die neuplatonischen Tugendgrade, pp. 27–29, mit Diagramm, meine Skalierung.

(ϒ3₁) und einen epistemischen (*epistēmonikón*) [(ϒ3₂)/⟨ϒ4⟩] untergliedert ist,[105] kommen wir prinzipientheoretisch auf vier Funktionskreise der Psychḗ. Insgesamt handelt es sich dabei um verschiedene Konkretisierungen der Erkenntnis-Morphologie, die in Reinform nur durch reflektorische Abstraktion von allen tatsächlichen und möglichen inhaltlichen Bestimmungen aufgerissen werden kann und deshalb mit keiner dieser in vollem Umfang getroffen wird.

[105] Cf. Aristoteles, Ethica ad Nicomachum 1102ᵃ33sqq. mit 1139ᵃ2sqq., H. Volger, Die Lehre von den Seelenteilen in der alten Philosophie, 2.2; betreffs der Seelenteile zudem Aristoteles, De anima 432ᵃ15-432ᵇ13; idem, Magna Moralia 1185ᵃ21sqq.; idem, Topica 126ᵃ10sqq.; idem, De virtutibus et vitiis 1249ᵃ30-1250ᵃ29; idem, Politica 1333ᵃ17-1334ᵇ20; H. Bonitz, Index Aristotelicus, pp. 864-865, s.v. ψυχή. Zu den ebenso von Platon übernommenen sozialen Ständen cf. Aristoteles, Politica 1328ᵃ40-1329ᵃ39; 1331ᵇ4-5.

2.4 Epikouros, Stoa

In Abwandlung gingen diese Tripel in die Lehre von Epikouros (341–270) über. Zwar glaubten die Epikureer, auf Logik und Dialektik verzichten zu können, doch schlich sich die Logik bei ihnen sozusagen durch die Hintertüre wieder ein, indem die Kanonik als eine Art Einleitungs- oder Zusatzdisziplin zur Naturlehre hinzugefügt wurde. Sie handelt »vom Urteil und von der Regel« (*de iudicio et regula*) bzw. »vom Kriterium und Urprinzip« (*perì kritēríou kaì archē̃s*). Danach ergibt sich die Serie

⟨Υ3⟩ Kanonik (*kanonikón*) [= Quasi-Logik]
(Υ1) Physik (*phusikón*),
(Υ2) Ethik (*ēthikón*).[106]

Formal kaum verändert bestimmte diese Disziplingliederung besonders die Stoa.[107] Endlich ist noch zu erwähnen, daß auch

---

[106] Cf. Diogenes Laërtios, De vitis dogmatis ... 10.29–30; L. A. Seneca, Ad Lucilium Epistulae morales 89.11 = Philosophische Schriften, 4.332/333.

[107] Zur Einteilung der stoischen Philosophie cf. K. Hülser, Die Fragmente zur Dialektik der Stoiker, 1.12/23, Fragmente 14–26. Zur trifunktionalen Klassifikation nach stoischem Vorbild bei verschiedenen antiken Denkern und dem Versuch, sie Platon zuzuschreiben, cf. H. Cherniss, Plutarch's Moralia in Seventeen Volumes, 13.430[a], Note zu Ploutarchos, Moralia 1035A (De Stoicorum repugnantiis); J. D. Turner, The Gnostic Threefold Path to Enlightenment, pp. 343–344, mit Verweis auf P. Merlan, From Platonism to Neoplatonism, pp. 53–77 (in der mir vorliegenden dritten, revidierten Auflage pp. 59–87); zusätzlich: Philon, De ebrietate 202; idem, Quod omnis probus liber sit 80; idem, De agricultura 14sqq.; idem, De Abrahamo 99; idem, Legum allegoriarum 1.57. Allgemein: P. Hadot, Die Einteilung der Philosophie im Altertum; dort sehr ausführlich zu den verschiedenen Rangordnungen der Teildisziplinen und ihrem Sinn in den Philosophenschulen der jeweiligen Zeitabschnitte bis zum Ende des Neuplatonismus. Idem, Wege zur Weisheit oder Was lehrt uns die antike Philosophie?, p. 181; idem, Philosophie,

die Stoiker vier Intensitätsstufen des Erkennens unterschieden. In diesen vier Dichtegraden kommen, wenigstens in formaler Betrachtung, die Platonischen Vorlagen unübersehbar zum Vorschein. Sie reichen

(Υ1) vom (Sinnes-)Eindruck bzw. der Ein-Bildung oder Vor-Stellung (*phantasía/visum*), symbolisiert durch eine Hand mit ausgestreckten Fingern,

(Υ2) zur Zustimmung (*sugkatáthesis/adsensus*), symbolisiert durch das leichte Zusammenziehen der Finger einer Hand,

(Υ3) über das Begreifen oder Erfassen (*katálēpsis/comprensio*), symbolisiert durch die geballte Faust,

(Υ4) bis hin zum unumstößlichen Wissen (*epistḗmē/scientia*) des Weisen, symbolisiert durch das enge Umfassen einer geballten Faust durch die andere Hand.[108]

---

discours philosophique, et divisions de la philosophie chez les Stoïciens; zur dreifachen Erziehung bei Philon: idem, Être, vie, pensée chez Plotin et avant Plotin, pp. 126–127; sogar die Platonischen Dialoge und die Plotinschen ›Enneaden‹ seien von Calcidius/Proklos und Porphyrios respektive nach diesem Raster eingeteilt worden, cf. idem, Die Metaphysik des Porphyrios, pp. 208–210; der zitierte Autor scheint nicht deutlich zu sehen, daß diese Funktionskreise gewissermaßen der Erkenntnisstruktur als solcher folgen, indirekt und lose zwar, trotzdem feststellbar, was selbstverständlich nicht festgestellt werden kann, wenn man diese nicht kennt; die (unlösbare) Schwierigkeit, solche inhaltlich bestimmten Modelle aus dem rein formalen Kognitionsschema abzuleiten, thematisierte ich in ›Widerspiegelung des Geistes I‹, 2. Auflage; Hadot unterläßt es allerdings nicht zu erwähnen, daß solche Einteilungen philosophischer Disziplinen ontologische Implikationen haben.

108 Cf. K. Hülser, Die Fragmente zur Dialektik der Stoiker, 2.406/409, Fragmente 369–370; 1.86/95, Fragmente 88–89; 1.304/305, Fragmente 294–297; einen Zusammenhang der stoischen Wahrheitslehre mit dem Tetralemma stellt, was im Kontext philosophischer Strukturtheorie überaus wichtig zu betonen ist und in ›Widerspiegelung des Geistes I‹, 2. Aufl., pp. 54–55, gezeigt wird, J. Mau, Zur Methode der aristotelischen Ableitung der Elementar-Körper, pp. 137–138, an.

Aus der Definition des philosophischen Fortgangs von Epiktetos aus Hieropolis (ca. 50–120) läßt sich sogar herauslesen, daß die Unterteilung von dessen Abschnitten (*tópoi*) metatheoretischen Erwägungen folgt.

(Υ1) Erster, notwendigster Topos: Anwendung philosophischer Lehr-/Grundsätze (*'o tē̃s chrḗseōs tō̃n theōrēmátōn*);
(Υ2) zweiter Topos: Beweis (*'o tō̃n apodeíxeōn*) und Begründung der Lehrsätze in Form der Warum-Frage (*póthen*);
(Υ3) dritter Topos: Bestätigung/Gültigkeitsnachweis und Wohlgliederung/Zusammenfügung der Beweise (*'o autō̃n toútōn bebaiōtikòs kaì diarthrōtikós*) sowie Frage nach der Bedeutung von logischen Grundkategorien: Beweis (*tí apódeixis*), Schlußfolgerung (*tí akolouthía*), Widerspruch (*tí máchē*), wie nach dem Wahren und Falschen (*tí alēthés, tí pseũdos*).[109]

Es scheint m. E. nicht abwegig zu sein, die Klassifizierung der vier Karriereabschnitte eines Philosophen, wie sie der Spätstoiker Epiktetos entwirft, neben das präsentierte Muster der ansteigenden Erkenntnissicherheit zu stellen. „Epiktet bildet .. eine Reihe, die aufsteigt (Simplikios 315[bc]) von den ἰδιῶται, den in der Materie befangenen Laien (Υ1), zu denen, die der Philosophie sich nähern, zu den προκόπτοντες [Vorwärtskommenden] (Υ2). Diese Jünger der Philosophie zerfallen in zwei Klassen: 1) in solche, die am Beginne ihrer philosophischen Bildung stehen (Υ2₁), 2) in solche, die schon gewisse Fortschritte aufzuweisen haben (Υ2₂). Den oberen Endpunkt der Reihe, die höchste der drei ἕξεις [Haltungen] bildet der φιλόσοφος [Philosoph], der die Materie vollständig überwunden

109 Cf. Epiktetos, Encheiridion 52, ⟨ed./tr.⟩ W. A. Oldfather, 2.536/537.

hat (Υ3).“[110]

Die Parallelisierung der philosophischen Fortschrittsetappen mit Erkenntnisgraden wird bestätigt durch eine definitorische Fortschreibung des stoischen Philosophentypus im Kommentar des Neuplatonikers Simplikios. Indem dieser in der Philosophiegeschichte meist nur als Informationslieferant beachtete Denker unter Einbeziehung der vom Philosophen zu erklimmenden Erkenntnisleiter feststellt, was ein Philosoph ist, rückt er aufgrund seiner Inspiration durch die Stoik deren Idealbild eines solchen gewissermaßen an die Platonik heran.

(Υ1) „Denn der Philosoph, der dem Hingezogensein zum Äußerlichen widersteht und jenes für fremd hält, der von den Trugbildern und den Schatten des Seienden
(Υ2) gleichsam schon vollständig gereinigt ist, kehrt sich in/zu sich,
(Υ3) zum seinshaft/wirklich Seienden (*tò óntōs ón*) und zu den universalen Ideen (*tà koinà eídē*) des Geistes/Verstandes (*toũ lógou*) in sich
(Υ4) und findet in sich das Gute (*tò agathòn*).

Denn Böses/Schlechtes hat in ihm keinen Raum/Platz.“[111] Aus

---

110 O. Schissel v. Fleschenberg, Marinos von Neapolis und die neuplatonischen Tugendgrade, pp. 44–45, mit Bezug auf Epiktetos, Encheiridion 51–52, ⟨ed.⟩ W. A. Oldfather, 2.534/537, und den Kommentar von Simplikios dazu; meine Übersetzungen in eckigen Klammern. Im stoischen Kontext vom Philosophen zu sprechen, „der die Materie vollständig überwunden hat“, klingt etwas befremdlich und muß im stoischen Kontext gedeutet werden.

111 Simplikios, Commentarius in Enchiridion Epicteti 66, zu cap. 48, ⟨ed.⟩ I. Hadot, pp. 442.43–443.47: *‘O dè philósophos apostàs tẽs pròs tà ektòs táseōs kaì allótria akeĩna ‘ēgoúmenos, teléōs ‘áte kekatharménos apò tõn eidṓlōn ḗdē kaì tẽs skiãs tõn óntōn, eis ‘eautòn kaì tò óntōs ón kaì tà koinà eídē toũ lógou tà en ‘eautõj epistréphetai, kaì en ‘eautõj tò agathòn ‘eurískei. Kakòn gàr en* [*‘e*]*autõj chṓran ouk échei.* Cf. O. Schissel v. Fleschenberg,

der Vermengung des Seelenmodells, der Tugendarten Platon's und der aristotelisch-stoischen Einteilung der Wissensdisziplinen mit den verschiedenen Möglichkeiten der Ausrichtung des Menschen auf sich, seinesgleichen und die Welt, geht bei Epiktetos, und im Anschluß daran dem Kaiser-Philosophen Marcus Aurelius (121-180), eine Dreistufenlehre von Exerzitien hervor, deren Basis entsprechend die dreifache Seinsgliederung, die drei Funktionen der Seele und die Dreiteilung der Philosophie bilden.[112]

Marinos von Neapolis und die neuplatonischen Tugendgrade, pp. 45, 110[131].

[112] Rekonstruiert nach P. Hadot, Philosophie als Lebensform, pp. 83-98; der zitierte Autor numeriert die einzelnen Konstituenzien zwar, ob das allerdings als Skalierung im Sinne meiner Vorgehensweise hier zu verstehen ist, weiß ich nicht zu entscheiden; insofern wären auch weitere Nachforschungen darüber anzustellen, um darüber befinden zu können, welchen Sinn die Vertauschung der Über-/Unterordnung von Stufen (Υ1) und (Υ2) im Christentum, die im entsprechenden Faszikel dargestellt werden wird, hat. Zu den drei stoischen Seelenfunktionen (Seelenregungen): Eindrücke, Einbildungen, Vorstellungen (*phantastikón*) (Υ1); (Willens-)Impulse, Bestrebungen (*'ormētikón*) (Υ2); Zustimmung (*sugkatathetikón*) (Υ3) cf. die skeptisierende Diskussion bei Ploutarchos, Moralia 1122B-D (Adversus Colotem).

DREISTUFIGE EXERZITIEN

gemäß Epiktetos und Marcus Aurelius (nach P. Hadot)

	Philosoph. Disziplin	Seins-bereich	Seelenfunktionen (+)	Seelenfunktionen (–)
(Υ_3)	Logik	Selbst	Zustimmung Einverständnis συγκατατίθεμαι/πρόσθεσις	Zustimmungsverweigerung Urteilsenthaltung ἀσυγκαταθετεῖν/ἐποχή
(Υ_2)	Ethik	Mitmensch	Antrieb/Streben Zuneigung/Sehnen ὁρμάω	Ablehnen/Zurückweisen Abneigung/Fliehen ἀφορμάω
(Υ_1)	Physik	Kosmos	Wünschen/Begehren Wollen ὀρέγεσθαι	Sich-Abwenden/Meiden Widerwillen haben ἐκκλίνειν

Für die frühe Phase griechischen Denkens wurde das Ordnungsraster der Quadruplizität incl. ihrer verminderten Form, der Triplizität, bis hierher nachgewiesen. Nämliches werde ich im anschließenden Faszikel für spätantike, als westlich geltende Gedankengebäude vorführen, bevor in den nächsten Faszikeln schließlich die ausführliche Darstellung und Strukturanalyse entsprechender indischer und chinesischer Entwürfe ansteht. Dabei wird uns die Problematik der zahlenmäßigen Schwankung von Systemkomponenten weiter begleiten, unabhängig davon, ob wir unseren Blick auf abendländisches oder morgenländisches Gedankengut richten. Nicht selten sind in Fünffach-Schichtungen zwei Strata zu einer Lage zusammenzufügen. Umgekehrt ist in dreigliedrigen Anordnungen hintergründig oft ein viertes Element enthalten, das ebenso freigelegt werden muß wie ein mitunter (mit)thematisiertes fünftes, oder Nullmoment als Hinter- oder Untergrund der Konstruktion und gleichzeitige Öffnung in Richtung transkonstruktioneller Bereich. Insofern ist in den nun folgenden Rekonstruktionen okzidentaler und okzidental beeinflußter metaphysischer Lehren der späteren Antike des nächsten Faszikels das Augenmerk besonders darauf zu richten, ob in den ternären Hierarchien nicht eine weitere Hauptschicht impliziert ist und auf welchem Niveau man sie zu verorten hat.

Literatur

Albert, Karl: Griechische Religion und Platonische Philosophie, Hamburg 1980

Albert, Karl: Philosophie der Philosophie, Sankt Augustin [1]1988 (enthält: Die ontologische Erfahrung, pp. 7-208; Mystik und Philosophie, pp. 209-428; Studien zur Philosophie der Philosophie, pp. 429-620)

Albert, Karl: Platonismus. Weg und Wesen abendländischen Philosophierens, Darmstadt 2008

Albert, Karl: Vom Kult zum Logos. Studien zur Philosophie der Religion, Hamburg 1982

Albert, Karl: Über Platons Begriff der Philosophie, Sankt Augustin [1]1989

Alkinoos [Albinus]: Didaskalikos (gr./frz.), ⟨ed.⟩ Whittaker, John, ⟨tr.⟩ Louis, Pierre: Alcinoos: Enseignement des doctrines de Platon, Paris 1990

Alkinoos [Albinus]: Didaskalikos, ⟨tr.⟩ Dillon, John M.: Alcinous: The Handbook of Platonism, Oxford et al. 1995 (reprint of [1]1993)

Allen, R. E. ⟨ed.⟩: Studies in Plato's Metaphysics, London–New York 1968 (reprint of [1]1965)

Annas, Julia / Barnes, Jonathan: The Modes of Scepticism. Ancient Texts and Modern Interpretations, Cambridge et al. 1986 (repr. of [1]1985)

Anonymus: A Book of Contemplation the which is Called The Cloud of Unknowing, in the which a Soul is Oned with God, ⟨tr.⟩ Underhill, Evelyn, London [2]1922 ([1]1912)

Anonymus: Das Buch von der mystischen Kontemplation genannt Die Wolke des Nichtwissens worin die Seele sich mit Gott vereint, ⟨tr.⟩ Riehle, Wolfgang, Einsiedeln [2]1983 ([1]1980)

Anonymus: The Cloud of Unknowing and Related Treatises, ⟨ed.⟩ Hodgson, Phyllis, Salzburg–Exeter 1982

Anonymus: The Cloud of Unknowing and The Book of Privy Counselling, ⟨ed.⟩ Hodgson, Phyllis, London–New York–Toronto 1973 (repr. of [1]1944)

Aristophanes: Comoediae, 2 tomi, ⟨edd.⟩ Hall, Frederick W. / Geldart, William M., Oxonii [2]1945 ([1]1906)

Aristophanes: Aristophanis Comoedias, 2 vol., ⟨ed.⟩ Bergk, Theodorus, Lipsiae [2]1923 (ed. altera correctior; [1]1852)

Aristophanes: Die Wolken (ΝΕΦΕΛΑΙ), ⟨tr.⟩ Seel, Otto, Stuttgart 1990 ([1]1963)

Aristophanes: Sämtliche Komödien, 2 Bde., ⟨tr.⟩ Seeger, Ludwig, Zürich 1952-1953

Aristoteles: Analytica posteriora (gr./engl.), ⟨ed./tr.⟩ Tredennick, Hugh, in: Idem / Forster, E. S.: Posterior Analytics. Topica, London–Cambridge/MA 1966 (repr. of ed. 1960)

Aristoteles: Aristotelis Opera edidit Academia Regia Borussica, Aristoteles graece ex recognitione Immanuelis Bekkeri, vol. 1-2, Darmstadt 1960 (repr. d. Ausg. Berlin [1]1831)

Aristoteles: De anima (gr./dt.), ⟨tr.⟩ Seidl, Horst, ⟨edd.⟩ Biehl, Wilhelm / Apelt, Otto: Über die Seele, Hamburg 1995

Aristoteles: De generatione animalium (gr./engl.), ⟨tr.⟩ Peck, A. L.: Generation of Animals, Aristotle in twenty-three Volumes, Vol. 13, Cambridge/MA–London 2000 (verb. Reprint d. Ausg. [1]1942)

Aristoteles: Ethica ad Nicomachum (gr./engl.), ⟨tr.⟩ Rackham, Harris: The Nicomachean Ethics, Cambridge/MA–London [2]1990 (Reprint d. Ausg. [2]1934; [1]1926)

Aristoteles: Ethica ad Nicomachum, ⟨tr.⟩ Gigon, Olof: Aristoteles: Die Nikomachische Ethik, München [6]1986 ([1]1951)

Aristoteles: Ethica Eudemia, ⟨tr.⟩ Gohlke, Paul: Aristoteles: Eudemische Ethik, Paderborn 1954

Aristoteles: Ethica Eudemia (gr./engl.), ⟨tr.⟩ Rackham, Harris (Loeb Classical Library: Aristotle, Vol. 20), Cambridge/MA–London 1971 (Repr. d. revidierten Ausg. 1952; [1]1935), 189-481

Aristoteles: Ethica Eudemia, (edd.) Walzer, Richard R. / Mingay, Jean M., Oxford et al. 1991

Aristoteles: Fragmenta, ⟨ed.⟩ Rose, Valentinus: Aristotelis qvi ferebantvr librorvm fragmenta, Stuttgart 1967 (Nachdr. d. Ausg. [1]1886)

Aristoteles: Fragmente, ⟨tr.⟩ Gohlke, Paul, Paderborn 1960

Aristoteles: Fragmenta, ⟨tr.⟩ Ross, David: The Works of Aristotle, Vol. 12: Select Fragments, Oxford 1952

Aristoteles: Magna Moralia (gr./engl.), ⟨tr.⟩ Armstrong, G. Cyril (Loeb Classical Library: Aristotle, Vol. 18), Cambridge/MA–London 1969 (Repr. d. Ausg. [1]1935), 425-688

Aristoteles: Metaphysica, 2 Halbbde. (gr./dt.), ⟨ed.⟩ Seidl, Horst, ⟨tr.⟩ Bonitz, Hermann, Hamburg [3]1989 & [2]1984

Aristoteles: Metaphysica (gr./engl.),⟨ed./tr.⟩ Tredennick, Hugh (Loeb Classical Library: Aristotle, Vols. 17-18), Cambridge/MA–London 1968, 1977 (Repr. d. Ausg. [1]1933-1935)

Aristoteles: Physica, 2 Halbbde. (gr./dt.), ⟨ed.⟩ Ross, W. D., ⟨tr.⟩ Zekl, Hans Günter, Hamburg 1987-1988

Aristoteles: Politica, ⟨ed.⟩ Immisch, Otto, Leipzig 1929

Aristoteles: Politica (gr./engl.), ⟨ed./tr.⟩ Rackham, Harris (Loeb Classical Library: Aristotle, Vol. 21), Cambridge/MA–London 1990 (Repr. d. revidierten Ausg. 1944; [1]1932)

Aristoteles: Topica (gr./engl.), ⟨ed./tr.⟩ Forster, E. S, in: Tredennick, Hugh / Forster, E. S.: Posterior Analytics. Topica, London–Cambridge/MA 1966 (Repr. d. Ausg. 1960)

Armstrong, A. H.: The Background of the Doctrine "That the Intelligibles are not Outside the Intellect", in: Les sources de Plotin. Entretiens sur l'antiquité classique, Fondation Hardt, tome 5, Vandœuvres–Genève 1960, 391-425

Baier, Karl: Die Einwände des Aristoteles gegen die Ideenlehre Platons. Unter Berücksichtigung des Metaphysik-Kommentars von Thomas von Aquin, Wien 1981

Baltes, Matthias: Der Platonismus und die Weisheit der Barbaren, in: ⟨ed.⟩ Cleary, John J.: Traditions of Platonism. Essays in Honour of John Dillon, Aldershot et al. 1999, 115-138

Baltes, Matthias: Die Weltentstehung des platonischen Timaios nach den antiken Interpreten, 2 Bde., Leiden 1976-1978

Baumgartner, Hans Michael: Von der Möglichkeit, das Agathon als Prinzip zu denken. Versuch einer transzendentalen Interpretation zu Politeia 509b, in: ⟨ed.⟩ Flasch, Kurt: Parusia (Festgabe für Joh. Hirschberger), Frankfurt/M. 1965, 89-101

Bevan, Edwyn: Stoics and Sceptics, New York 1979 ([1]1913)

Bhagavad-Gītā. With Commentary of Śaṅkarācārya (Gītā-Text: skr./engl.; Commentary Text: engl.): ⟨ed./tr.⟩ Gambhīrānanda, Swāmī, Calcutta [1]1984

Blau, Ulrich: Die Logik der Unbestimmtheiten und Paradoxien, Heidelberg 2008

Blau, Ulrich: Grundparadoxien, grenzenlose Arithmetik, Mystik, Heidelberg 2016

Blum, Wilhelm: Höhlengleichnisse. Thema mit Variationen, Bielefeld 2004

Bonitz, Hermannus: Index Aristotelicus, Aristotelis opera volumen quintum, Berolini 1961

Bormann, Karl: Philosophie und Religion bei Philon von Alexandria, in: ⟨edd.⟩ Khoury, Raif Georges / Halfwassen, Jens, in Verbindung mit Musall, Frederek: Platonismus im Orient und Okzident. Neuplatonische Denkstrukturen im Judentum, Christentum und Islam, Heidelberg 2005, 27-39

Bosanquet, Bernard: The Collected Works of Bernard Bosanquet, 20 Vols, ⟨ed.⟩ Sweet, William, Bristol–Sterling/VA 1999

Brennan, Walter T.: Cosmogenesis as Myth: A Philosophic Analysis and Comparison of the *Timaios* of Plato and the Babylonian *Enuma Elish,* Ann Arbor/MI 1970 (Phil. Diss., De Paul University)

Brisson, Luc: La tri-fonctionnalité indo-européenne chez Platon, in: Lacrosse, Joachim: Philosophie comparée. Grèce, Inde, Chine, Paris 2005, 121-142

Brisson, Luc: The Platonic Background in the *Apocalypse of Zostrianos,* in: ⟨ed.⟩ Cleary, John J.: Traditions of Platonism. Essays in Honour of John Dillon, Aldershot et al. 1999, 173-188

Brisson, Luc / Jamme, Christoph: Einführung in die Philosophie des Mythos, 2 Bde., Darmstadt 1991-1996

Brucker, Johann Jacob: Historia critica philosophiae, 5 Bde. in 6 Tln., Hildesheim 1975 (Nachdr. d. Ausg. Lipsiae 1742-1767)

Brucker, Johann Jacob: Kurtze Fragen aus der Philosophischen Historie, 8 Bde., Ulm 1731-1737

Brumbaugh, Robert S.: Plato on the One. The Hypotheses in the *Parmenides* (gr./engl.), New Haven 1961

Burkert, Walter: Kleine Schriften, 8 Bde., ⟨edd.⟩ Riedweg, Christoph,

Gemelli Marciano, M. Laura, Graf, Fritz, Krummen, Eveline, Rösler, Wolfgang, Slezák, Thomas A. / Stanzel, Karl-Heinz, Göttingen 2001-2011

Bussanich, John: Socrates the Mystic, in: ⟨ed.⟩ Cleary, John J.: Traditions of Platonism. Essays in Honour of John Dillon, Aldershot et al. 1999, 29-51

Charles-Saget, Annick: La théurgie, nouvelle figure de l'*ergon* dans la vie philosophique, in: Blumenthal, Henry J. / Clark, E. Gillian: The Divine Iamblichus. Philosopher and Man of Gods, London 1993, 107-115

Cherniss, Harold: Die Ältere Akademie. Ein historisches Rätsel und seine Lösung, Heidelberg 1966 (engl. Ausg. Berkeley/CA ^{1}1945)

Choain, Jean: Introduction au Yi King. Aux sources symboliques du Swastika, Monaco 1983

Cicero, Marcus Tullius: Academica (lat./engl.), ⟨ed./tr.⟩ Rackham, Harris: De natura deorum. Academica. Cicero in twenty-eight Volumes, Vol. 19, Cambridge/MA–London 1979 (repr. of 1933)

Cicero, Marcus Tullius: Hortensius, Lucullus, Academici libri (lat./dt.), ⟨edd./trr.⟩ Straume-Zimmermann, Laila / Broemser, Ferdinand / Gigon, Olof, München–Zürich 1990

Clemens Alexandrinus: ⟨ed.⟩ Stählin, Otto: Clemens Alexandrinus, 4 Bde., Leipzig 1905-1936 (Bde. 1, 3, 4), Berlin ^{4}1985 (Bd. 2)

Clemens Alexandrinus: ⟨tr.⟩ Stählin, Otto: Des Clemens von Alexandreia ausgewählte Schriften aus dem Griechischen übersetzt, 5 Bde., München 1934-1938

Conze, Edward: Buddhist Wisdom Books Containing *The Diamond Sutra* and *The Heart Sutra,* London–Sydney–Wellington 1988 (revised edition; ^{1}1958)

Coomaraswamy, Ananda K.: Selected Papers 2: Metaphysics, ⟨ed.⟩ Lipsey, Roger, Princeton/NJ 1987 (1st. pbk. printing)

Coomaraswamy, Ananda K.: The „Four Causes" in the Bhagavad Gītā, in: Journal of the American Oriental Society 57 (1937), New Haven/CT 1937, 415-416

Damaskios: Damascii successoris Dubitationes et solutiones de primis principiis, in Platonis Parmenidem (Aporiai kai lyseis), 2 vol., ⟨ed.⟩ Ruelle, Charles Émile, Amsterdam 1966 (Nachr. d. Ausg. Paris ^{1}1899)

Damaskios: De principiis (gr./frz.), 3 tomes, ⟨ed.⟩ Westerink, Leendert Gerrit, ⟨tr.⟩ Combès, Joseph: Damascius: Traité des Premiers Principes, Paris 1986-1991

Decleva Caizzi, Fernanda: Pirrone Testimonianze, Napoli 1981

Della Santina, Peter: Madhyamaka Schools in India. A Study of the Madhyamaka Philosophy and of the Division of the System into the Prāsaṅgika and Svātantrika Schools, Delhi et al. [1]1986

Deussen, Paul: Allgemeine Geschichte der Philosophie, 2 Bde. in 6 Abt., Leipzig 1894-1915

Deussen, Paul: Sechzig Upanishad's des Veda, Leipzig 1897

Deussen, Paul: Vedânta, Platon und Kant & Kultur und Weisheit der alten Inder, Wien [2]1917

Diels, Hermann / Kranz, Walther: Die Fragmente der Vorsokratiker (gr./dt.), 3 Bde., Zürich–Hildesheim [6]1972-1985 (Nachdr.)

Dillon, John M.: The Golden Chain. Studies in the Development of Platonism and Christianity, Aldershot–Brookfield/VT 1990

Dillon, John M.: The Heirs of Plato. A Study of the Old Academy (347-274 BC), Oxford et al. 2003

Dillon, John M.: The Middle Platonists 80 B.C. to A.D. 220, Ithaca/NY 1996 (revised ed. with a new afterword of London [1]1977)

Dilworth, David A.: Nāgārjuna's *catuṣkoṭikā* and Plato's *Parmenides*: Grammatological Mappings of a Common Textual Form, in: Journal of Buddhist Philosophy 2 (1984), Bloomington/IN, 77-104

Diogenes Laërtios: De vitis dogmatis et apophthegmatis eorum qui in philosophia claruerunt (gr./engl.), ⟨ed./tr.⟩ Hicks, R. D.: Lives of Eminent Philosophers, 2 Vols., Cambridge/MA–London 1980 & 1979 (viele Nachdrucke)

Pseudo-Dionysios Areopagita: Corpus Dionysiacum I. De divinis nominibus, ⟨ed.⟩ Suchla, Beate Regina, Berlin–New York 1990

Pseudo-Dionysios Areopagita: Corpus Dionysiacum II. De coelesti hierarchia. De ecclesiastica hierarchia. De mysica theologia. Epistulae, ⟨edd.⟩ Heil, Günter / Ritter, Adolf Martin, Berlin–New York [2]2012 (überarb.; [1]1991)

Pseudo-Dionysios Areopagita: Die Namen Gottes, ⟨tr.⟩ Suchla, Beate Regina, Stuttgart 1988

Pseudo-Dionysios Areopagita: Über die himmlische Hierarchie. Über die kirchliche Hierarchie, ⟨tr.⟩ Heil, Günter, Stuttgart 1986

Dodds, Eric R.: The Greeks and the Irrational, Berkeley/CA–Los Angeles/CA–London 1951

Dörrie, Heinrich / Baltes, Mathias: Der Platonismus in der Antike. Grundlagen, System, Entwicklung, 6 Bde. in 7 Tln. plus Registerband, Stuttgart–Bad Cannstatt 1987-2002

Dumont, Jean-Paul: Οὐδὲν μᾶλλον chez Platon, in: ⟨ed.⟩ Voelke, André-Jean: Le Scepticisme antique. Perspectives historiques et systématiques. Actes du Colloque international sur le scepticisme antique. Université de Lausanne, 1-3 juin 1988, Genève–Lausanne–Neuchâtel 1990, 29-40

Eckhart ⟨Meister⟩: Die deutschen Werke, Bde. 1-3, 4.1-2, 5, ⟨edd./trr.⟩ Quint, Josef / Steer, Georg, Stuttgart 1958-2003

Eckhart ⟨Meister⟩: Die lateinischen Werke, Bde. 1.1-2, 2-6, ⟨edd./trr.⟩ Weiß, Konrad / Sturlese, Loris et al., Stuttgart 1956-2015

Eckhart ⟨Meister⟩: ⟨ed.⟩ Pfeiffer, Franz: Deutsche Mystiker des 14. Jahrhunderts, Bd. 2: Meister Eckhart, 1. (einzige) Abteilung: Predigten, Traktate. Aalen 1991 (2. Neudr. d. Ausg. Leipzig 1857)

Eisler, Rudolf: Wörterbuch der philosophischen Begriffe, 3 Bde., Berlin ^{4}1927-1930 (völlig neubearb. Aufl.)

Epiktetos: ⟨ed./tr.⟩ Oldfather, W. A.: Epictetus: The Discourses as Reported by Arrian, Fragments, Encheiridion (gr. & lat./engl.), 2 Vols., Cambridge/MA–London 2000 (repr. of ^{1}1925-1928)

Erler, Michael: Hellenistische Philosophie als ‚praeparatio platonica' in der Spätantike (am Beispiel von Boethius' *Consolatio Philosophiae*), in: ⟨edd.⟩ Fuhrmann, Therese / Erler, Michael, in Zusammenarbeit mit Karin Schlapbach: Zur Rezeption der hellenistischen Philosophie in der Spätantike. Akten der 1. Tagung der Karl-und-Gertrud-Abel-Stiftung vom 22. - 25. September 1997 in Trier, 105-122

Eusebeios Pamphilos Caesariensis: Praeparatio evangelica (gr./frz.), 9 tomes, ⟨edd./trr.⟩ Sirinelli, Jean / des Places, Édouard et al., Paris 1974-1991

Ferber, Rafael: Notizen zu Platos Höhlengleichnis, in: Freiburger Zeitschrift für Philosophie und Theologie 28 (1981), Freiburg/Schweiz, 393-433

Filliozat, Jean: The Classic Doctrine of Indian Medicine. Its Origins and its Greek Parallels, ⟨tr.⟩ Chanana, Dev Raj, Delhi 1964 (frz. Originalausgabe: Paris 1949)

Fränkel, Hermann: Wege und Formen frühgriechischen Denkens. Literarische und philosophiegeschichtliche Studien, ⟨ed.⟩ Tietze, Franz, München ^{3}1968, durchgesehen (^{1}1955)

Frenkian, Aram M.: Études de philosophie présocratique. Héraclite d'Éphèse, Cernauti 1933

Frenkian, Aram M.: L'Orient et les origines de l'idéalisme subjectif dans la pensée européenne, tome 1: La doctrine théologique de Memphis (L'inscription du roi Shabaka), Paris 1946 (weitere Bände sind nicht erschienen)

Frisk, Hjalmar: Griechisches etymologisches Wörterbuch, 3 Bde., Heidelberg ^{1}1960-1972

Gadamer, Hans-Georg: Dialektik und Sophistik im siebenten platonischen Brief, Sitzungsberichte der Heidelberger Akademie der Wissenschaften, Philosophisch-historische Klasse, Jg. 1964, 2. Abh., Heidelberg 1964

Gaiser, Konrad: Platons esoterische Lehre, in: ⟨ed.⟩ Koslowski, Peter: Gnosis und Mystik in der Geschichte der Philosophie, Zürich–München 1988, 13-40

Gaiser, Konrad: Platons ungeschriebene Lehre. Studien zur systematischen und geschichtlichen Begründung der Wissenschaften in der Platonischen Schule, Stuttgart ^{2}1968 (^{1}1963)

Geldsetzer, Lutz ⟨tr./com.⟩: Nagarjuna: Die Lehre von der Mitte (Mula-madhyamaka-karika) Zhong Lun (chin./dt.), Hamburg 2010

Gloy, Karen: Platons Timaios und die Gegenwart, in: ⟨ed.⟩ Neschke-Hentschke, Ada: Le *Timée* de Platon. Contributions à l'histoire de sa réception. Platos *Timaios*. Beiträge zu seiner Rezeptionsgeschichte, Louvain–Paris 2000, 317-332

von Goethe, Johann Wolfgang: Goethes Werke, 133 Bde. in 143 Tln., ⟨ed.⟩ im Auftrage der Großherzogin Sophie von Sachsen, Weimar 1887-1919

Gold, Jeffrey: Plato in the Light of Yoga, in: Philosophy East and West 46 (1996), Honolulu/HI, 17-32

Grayeff, Felix: Aristotle and His School. An Inquiry into the History of the Peripatos. With a Commentary on Metaphysics Z, H, Λ and Θ, London 1974

Hadot, Pierre: Die Einteilung der Philosophie im Altertum, in: Zeitschrift für philosophische Forschung 36 (1982), Meisenheim/Glan, 422-444

Hadot, Pierre: Die Metaphysik des Porphyrios, in: ⟨ed.⟩ Zintzen, Clemens: Die Philosophie des Neuplatonismus, Darmstadt 1977, 208-237 = Idem: La métaphysique de Porphyre, in: Porphyre. Entretiens sur l'antiquité classique, Fondation Hardt, tome 12, Vandœuvres–Genève 1966, 127-157

Hadot, Pierre: Être, vie, pensée chez Plotin et avant Plotin, in: Les sources de Plotin, Entretiens sur l'antiquité classique 5 (1957), Vandœuvres–Genève, 107-157

Hadot, Pierre: Philosophie als Lebensform. Geistige Übungen in der Antike, Berlin 1991 (frz. Originalausg. [1]1981)

Hadot, Pierre: Philosophie, discours philosophique, et divisions de la philosophie chez les Stoïciens, in: Revue Internationale de Philosophie 3 (1991), No. 178, Bruxelles, 205-219

Hadot, Pierre: Wege zur Weisheit oder Was lehrt uns die antike Philosophie?, Frankfurt/M. 1999

Hahn, Robert: Aristotle as Ontologist or Theologian? Or, Aristotelian Form in the Context of the Conflicting Doctrines of Being in the *Metaphysics,* in: Southwestern Journal of Philosophy 10 (1979), Norman/OK, 79-88

Hahn, Robert: Being and Non-Being in *Rig Veda X,* in the Writings of *Lao-Tzu* and *Chuang-Tzu,* and in the "Later" Plato, in: Journal of Chinese Philosophy 8 (1981), Honolulu, 119-142

Hahn, Robert: Material Causality, Non–Being, and Plato's Hypodoche: A Re-View of the *Timaeus* in Terms of the Divided Line, in: Apeiron 14 (1980), Berlin–New York, 57-66

Hahn, Robert: Recollecting The Stages of Ascension: Plato's Symposium 211C3-D1, in: Southwest Philosophical Studies 8 (1982), Lubbock/TX, 96-103

Halfwassen, Jens: Der Aufstieg zum Einen. Untersuchungen zu Platon und Plotin, München–Leipzig [2]2006 (um einen Forschungsbericht erweiterte Aufl. der Erstaufl. Stuttgart [1]1992)

Halfwassen, Jens: Der Demiurg: Seine Stellung in der Philosophie

Platons und seine Deutung im antiken Platonismus, in: ⟨ed.⟩ Neschke-Hentschke, Ada: Le *Timée* de Platon. Contributions à l'histoire de sa réception. Platos *Timaios*. Beiträge zu seiner Rezeptionsgeschichte, Louvain–Paris 2000, 39-62

Halfwassen, Jens: Geist und Selbstbewußtsein. Studien zu Plotin und Numenios, Abhandlungen der Geistes- und Sozialwissenschaftlichen Klasse der Akademie der Wissenschaften und der Literatur, Mainz, Jg. 1994, Nr. 10, Stuttgart 1994

Halfwassen, Jens: Metaphysik als Denken des Ganzen und des Einen im antiken Platonismus und im deutschen Idealismus, in: Gebhardt, Hans / Kiesel, Helmuth: Weltbilder, Berlin–Heidelberg 2004, 263-283

Halfwassen, Jens: Speusipp und die metaphysische Deutung von Platons "Parmenides", in: Hagemann, Ludwig / Glei, Reinhold: ΕΝ ΚΑΙ ΠΛΗΘΟΣ. Einheit und Vielheit, Festschrift für Karl Bormann zum 65. Geburtstag, Würzburg–Altenberge 1993, 339-373

Halfwassen, Jens: Speusipp und die Unendlichkeit des Einen. Ein neues Speusipp-Testimonium bei Proklos und seine Bedeutung, in: Archiv für Geschichte der Philosophie 74 (1992), Berlin–New York, 43-73

Halfwassen, Jens: Substanz; Substanz/Akzidens, I. Antike, in: Historisches Wörterbuch der Philosophie, Bd. 10, ⟨edd.⟩ Ritter, Joachim / Gründer, Karlfried, Darmstadt 1998, 495-507

Hartmann, Nicolai: Kleinere Schriften, Bd. 2: Abhandlungen zur Philosophie-Geschichte, Berlin 1957

Hathaway, Ronald F.: Hierarchy and the Definition of Order in the *Letters* of Pseudo-Dionysius. A Study in the Form and Meaning of the Pseudo-Dionysian Writings, The Hague 1969

Hayes, Will: The Swastika. A Study in Comparative Religion, Chatham 1934

Hegel, Georg Wilhelm Friedrich: Werke, 20 Bde., ⟨edd.⟩ Moldenhauer, Eva / Michel, Karl Markus, Frankfurt/M. 1986

Heidegger, Martin: Was heißt denken?, Tübingen [3]1971

Hippolytos Romaîos: Refutatio omnium haeresium, ⟨ed.⟩ Marcovich, Miroslav, Berlin–New York 1986

Hülser, Karlheinz ⟨ed./tr./adnot.⟩: Die Fragmente zur Dialektik der

Stoiker, 4 Bde., Stuttgart–Bad Cannstatt 1987-1988

Iamblichos: De commvnis mathematica scientia liber, ⟨ed.⟩ Festa, Nicolaus, ⟨add./corr.⟩ Klein, Udalricus, Stuttgart 1975 ([1]1891)

Iamblichos: De commvnis mathematica scientia liber, ⟨trr.⟩ Schönberger, Otto / Knobloch, Eberhard: Iamblichos: Von der allgemeinen mathematischen Wissenschaft, St. Katharinen 2000

Inge, William Ralph: Christian Mysticism. Considered in eight Lectures Delivered before the University of Oxford (The Bampton Lectures, 1899), London 1899

Isnardi Parente, Margherita ⟨ed./tr./com.⟩: Speusippo: Frammenti (gr./lat./it.), Napoli 1980

Iyer, Raghavan Narasimhan: Parapolitics. Toward the City of Man, New York–Oxford 1979

Jäger, Gerhard: „NUS“ in Platons Dialogen, Göttingen 1967

Jaeger, Werner: Aristoteles. Grundlegung einer Geschichte seiner Entwicklung, Berlin [2]1955

Jeck, Reinhold Udo: Platonica Orientalia. Aufdeckung einer philosophischen Tradition, Frankfurt/M. 2004

Joannes Saresberiensis (John of Salisbury): Opera omnia, 5 vol., ⟨ed.⟩ Giles, J. A., Leipzig 1969 (Nachdr. d. Ausg. Oxonii 1848)

Jonas, Hans: Gnosis und spätantiker Geist, 2 Bde., Göttingen, Bd. 1: Die mythologische Gnosis, [3]1964 ([1]1934); Bd. 2: ⟨ed.⟩ Rudolph, Kurt: Von der Mythologie zur mystischen Philosophie, 1993

Juan de la Cruz: Gesammelte Werke, 5 Bde., ⟨trr.⟩ Dobhan, Ulrich / Hense, Elisabeth / Peeters, Elisabeth, Freiburg–Basel–Wien 1995-2000

Kant, Immanuel: Werke, 10 Bde., ⟨ed.⟩ Weischedel, Wilhelm, Darmstadt 1983 (Sonderausgabe)

Kazanas, Nicholas: Advaita and Gnosticism, in: Indian Historical Review 32 (2005) New Delhi, 197-254

Kazanas, Nicholas: Greek Philosophy up to Aristotle, in: ⟨ed.⟩ Pande, G. C. in association with Tripathi, D. N.: A Golden Chain of Civilizations: Indic, Iranic, Semitic and Hellenic up to C. 600 BC, History of Indian Science, Philosophy and Culture in Indian Civilization, Vol. 1.4, New Delhi 2007, 902-947

Kazanas, Nicholas: Philosophy in Hellenistic and Roman Times, in gedruckter Form noch unveröffentlicht, elektronische Ressource: www.omilosmeleton.gr/pdf/en/philosophy/PHRT.pdf (Stand: 25. 07. 2015), 42 + 7 pp.

Kazanas, Nicholas: The Dialogues of Plato and the Upaniṣad-s, Chennai 2005

Kerferd, George B.: The sophistic movement, Cambridge et al. 1981

Kerferd, George B. / Flashar, Hellmut: Sophistik, in: Grundriss der Geschichte der Philosophie. Begründet von Friedrich Ueberweg, Die Philosophie der Antike, Bd. 2/1, ⟨ed.⟩ Flashar, Hellmut: Sophistik · Sokrates · Sokratik · Mathematik · Medizin, Basel 1998, 1-137

Kingsley, Peter: Ancient Philosophy, Mystery, and Magic. Empedocles and Pythagorean Tradition, Oxford et al. 1995

Kingsley, Peter: Meetings with Magi. Iranian Themes among the Greeks, from Xanthus of Lydia to Plato's Academy, in: Journal of the Royal Asiatic Society of Great Britain and Ireland, Ser. 3, 5 (1995), Cambridge, 173-209

Krämer, Hans Joachim: Der Ursprung der Geistmetaphysik. Untersuchungen zur Geschichte des Platonismus zwischen Platon und Plotin, Amsterdam ^{2}1967 (^{1}1964)

Krämer, Hans Joachim: Die ältere Akademie § 2. Speusipp, in: Grundriss der Geschichte der Philosophie. Begründet von Friedrich Ueberweg, Die Philosophie der Antike, Bd. 3, ⟨ed.⟩ Flashar, Hellmut: Ältere Akademie, Aristoteles, Peripatos, Basel ^{2}2004, 13-31, 138-142

Krämer, Hans Joachim: 'ΕΠΕΚΕΙΝΑ ΤΗΣ ΟΥΣΙΑΣ. Zu Platon, Politeia 509 B, in: Archiv für Geschichte der Philosophie 51 (1969), Berlin–New York, 1-30

Krämer, Hans Joachim: Plato and the Foundations of Metaphysics. A Work on the Theory of the Principles and Unwritten Doctrines of Plato with a Collection of the Fundamental Documents, ⟨ed/tr.⟩ Catan, John A., Albany/NY 1990

Krämer, Hans Joachim: Platone e i fondamenti della metafisica. Saggio sulla teoria dei principi e sulle dottrine non scritte di Platone, Milano ^{6}2001 (^{1}1982)

Krämer, Hans Joachim: Platons Ungeschriebene Lehre, in: ⟨edd.⟩ Kobusch, Theo / Mojsisch, Burkhard: Platon. Seine Dialoge in der Sicht neuer Forschungen, Darmstadt 1996, 249-275

Kucharski, Paul: Étude sur la doctrine Pythagoricienne de la tétrade, Paris 1952

Lamotte, Étienne ⟨tr.⟩: Le traité de la grande vertu de sagesse de Nāgārjuna (Mahāprajñāpāramitāśāstra), 5 tomes (unvollständig), Louvain La Neuve 1970-1981 (z. Tl. Nachdrucke)

Landmann, Michael: Ursprungsbild und Schöpfertat. Zum platonisch-biblischen Gespräch, München 1966

Lǎozǐ: Dào-dé-jīng, ⟨ed./tr.⟩ Izutsu, Toshihiko: Lao-tzŭ. The Way and Its Virtue (chin./engl.), ⟨edd.⟩ Matsubara Hideichi / Ohashi Ryosuke / Sawai Yoshitsugu, Tokyo [1]2001

Laurent, Jérôme / Romano, Claude ⟨edd.⟩: Le Néant. Contribution à l'histoire du non-être dans la philosophie occidentale, Paris 2006

Leibniz, Gottfried Wilhelm: Abhandlung über die chinesische Philosophie, ⟨trr.⟩ Loosen, Renate / Vonessen, Franz, in: Antaios 8 (1967), Stuttgart, 144-203

Liddell, Henry George / Scott, Robert: A Greek-English Lexicon. With a Revised Supplement, 2 Vols., revised and augmented throughout by Sir Henry Stuart Jones, with the assistance of Roderick McKenzie and with the cooperation of many scholars, Oxford 1968 (19th repr. based on the 9th ed. 1940) - 1996

Locke, John: An Essay concerning Human Understanding, ⟨ed.⟩ Nidditch, Peter H., Oxford et al. 1990 (Reprint der Ausg. 1975)

Loenen, Johannes Hubertus Mathias Marie: De Nous in het systeem van Plato's philosophie. Onderzoekingen betreffende de verhouding nous-psyche, de ontwikkeling der teleologische natuurverklaring en haar plaats in het systeem, Amsterdam 1951

Loosen, Renate: Leibniz und China. Zur Vorgeschichte der »Abhandlung über die chinesische Philosophie«, in: Antaios 8 (1967), Stuttgart, 134-143

Mansel, Henry Longueville: The Gnostic Heresies of the First and Second Centuries, New York 1979 (repr. of ed. London [1]1875)

Mansfeld, Jaap: Die Vorsokratiker (gr./dt.), 2 Bde., Stuttgart 1995-1996 (Nachdr. d. Ausg. 1983-1986)

Mau, Jürgen: Zur Methode der aristotelischen Ableitung der Elementar-Körper, in: ⟨ed.⟩ Düring, Ingemar: Naturphilosophie bei Aristoteles und Theophrast. Verhandlungen des 4. Symposium Aristotelicum, veranstaltet in Göteborg · August 1966, Heidelberg

1969, 135-148

Mayr, Florian: Herders metakritische Hermetik. Eine Untersuchung zum Diskurs über die „Heilige Tetraktys“ im Deutschland des 18. Jahrhunderts, München 2003 (Phil. Diss.)

McEvilley, Thomas: The Shape of Ancient Thought: Comparative Studies in Greek and Indian Philosophies, New York 2002

Merlan, Philip: From Platonism to Neoplatonism, The Hague [3]1968 (revised; [1]1953)

Metry, Alain: Speusippos. Zahl – Erkenntnis – Sein, Bern–Stuttgart–Wien 2002

Mondolfo, Rudolfo: L'infinito nel pensiero dell'antichità classica, Firenze 1967 (Neudr. von [1]1956)

Montserrat-Torrents, Josep: La cosmogonie du Timée et les premiers chapitres de la Genèse. Quelques lectures juives et gnostiques, in: Archivio di filosofia 53 (1985), Pisa, 287-298

More, Paul Elmer: Hellenstic Philosophies, Princeton–London–Oxford 1923

Mortley, Raoul: From Word to Silence, 2 Vols., Bonn 1986

Murti, Tirupattur Ramaseshayyer Venkatachala: The Central Philosophy of Buddhism, London [2]1960 ([1]1955)

Nāgārjuna: Mūlamadhyamaka-Kārikā Prajñā Nāma, ⟨ed.⟩ de Jong, J. W., ⟨rev.⟩ Lindtner, Christian, Chennai (Madras) [2]2004 ([1]1977)

Nietzsche, Friedrich: Kritische Studienausgabe, 15 Bde., ⟨edd.⟩ Colli, Giorgio / Montinari, Mazzino, München–Berlin–New York [2]1988

Nishijima, Gudo Wafu ⟨tr./com.⟩ / Warner, Brad ⟨com.⟩: Fundamental Wisdom of the Middle Way. Nāgārjuna's Mulamadhyamakakaraka (skr./engl.), Rhinebeck/NY 2011

Noumenios: Fragmenta (gr./lat./frz.), ⟨ed./tr.⟩ des Places, Édouard: Numénius: Fragments, Paris 1973

Noumenios: Fragmenta (gr./lat./engl.), ⟨ed./tr.⟩ Guthrie, Kenneth Sylvan: Numenius of Apamea. The Father of Neo-Platonism. Works, Biography, Message, Sources, and Influence, London–Grantwood/NJ 1917

Oehler, Klaus: Antike Philosophie und byzantinisches Mittelalter. Aufsätze zur Geschichte des griechischen Denkens, München 1969

Oehler, Klaus: Aristotle on Self-Knowledge, in: Proceedings of the American Philosophical Society, 118 (1974), Philadelphia/PA, 493-506

Oehler, Klaus: Der unbewegte Beweger des Aristoteles, Frankfurt/M. 1984

Oehler, Klaus: Die Lehre vom Noetischen und Dianoetischen Denken bei Platon und Aristoteles. Ein Beitrag der Erforschung des Bewußtseinsproblems in der Antike, Hamburg ^{2}1985 (^{1}1962)

Oehler, Klaus: Subjektivität und Selbstbewußtsein in der Antike, Würzburg, 1997

Oeing-Hanhoff, Ludger: Intellectus agens / intellectus possibilis, in: Historisches Wörterbuch der Philosophie, Bd. 4, ⟨edd.⟩ Ritter, Joachim / Gründer, Karlfried, Darmstadt 1976, 432-435

Olerud, Anders: L'idée de macrocosmos et de microcosmos dans le Timée de Platon. Étude de mythologie comparée, Uppsala 1951

Owen, G. E. L.: The Platonism of Aristotle, in: Proceedings of the British Academy 51 (1965), London 125-150

Pape, Wilhelm / Benseler, Gustav Eduard / Sengebusch, Maximilian: Handwörterbuch der griechischen Sprache. Griechisch-deutsches Handwörterbuch, 2 Bde., Braunschweig et al. ^{3}1914 (6. Abdr.; ^{1}1842)

Patañjali: Yoga-Sūtra (skr./engl.), ⟨ed./tr.⟩ Taimni, I. K.: The Science of Yoga. The Yoga-Sūtras of Patañjali in Sanskrit with Transliteration in Roman, Translation and Commentary in English, Madras–Wheaton/IL–London 1986 (Repr. d. Ausg. ^{1}1961)

Pépin, Jean: Éléments pour une histoire de la relation entre l'intelligence et l'intelligible chez Platon et dans le néoplatonisme, in: Revue philosophique de la France et de l'étranger 146 (1956), Paris, 39-64

Pera, Ceslai. Thomae Aquinatis In librum Beati Dionysii De divinis nominibus expositio, Torino–Roma 1950

Pfleiderer, Edmund: Die Philosophie des Heraklit von Ephesus im Lichte der Mysterienidee, Berlin 1886

Philon ⟨Ioudaios⟩ Alexandrinus: ⟨edd.⟩ Cohn, Leopold / Wendland, Paul: Philonis Alexandrini opera quae supersunt, 6 Bde. + 1 Doppel-Indexband, Berlin 1962-1973 (Nachdr. von ^{1}1896-1930)

Philon ⟨Ioudaios⟩ Alexandrinus: ⟨trr.⟩ Cohn, Leopold / Heinemann,

Isaak / Adler, Maximilian / Theiler, Willy: Philo von Alexandria. Die Werke in deutscher Übertragung, 7 Bde., Berlin ²1962-1964

Philon ⟨Ioudaios⟩ Alexandrinus: ⟨edd./trr.⟩ Colson, F. H. / Whitaker, G. H.: Philo in ten Volumes and two Supplementary Volumes [by Marcus, Ralph] (gr./engl.), Cambridge/MA–London 1960-1971 (reprint)

Platon: Werke (gr./dt.), 8 Bde. in 9 Tln., ⟨ed.⟩ Eigler, Gunther, Text der Œuvres complètes (gr./frz.), 14 Bde. in 26 Tln., verschiedener Editoren der Société d'Édition les Belles Lettres, Paris, unterschiedliche Jahrgänge und Auflagen, ⟨trr.⟩ Schleiermacher, Friedrich / Kurz, Dietrich / Müller, Hieronymus / Schöpsdau, Klaus, verschiedene Bearbeiter, Darmstadt ³1990 (Sonderausgabe von ³1990 der Ausg. Darmstadt 1973)

Platon: Jubiläumsausgabe sämtlicher Werke zum 2400. Geburtstag (Artemis-Paperbackausgabe), 8 Bde., ⟨tr.⟩ Rufener, Rudolf, Zürich–München 1974

Platon: Sämtliche Dialoge, Bd. 6: Timaios und Kritias, ⟨tr.⟩ Apelt, Otto Hamburg 2004 (Nachdr. d. Aufl. Leipzig ²1922)

Plotinos: ⟨ed./tr.⟩ Armstrong, H. A.: Plotinus in Seven Volumes (gr./engl.), Cambridge/MA–London 1966-1988

Plotinos: ⟨ed./tr.⟩ Harder, Richard: Plotins Schriften [Enneaden], (gr./dt.), 6 Haupt-/6 Ergänzungsbände, Hamburg 1956-1971

Plotinos: ⟨edd.⟩ Henry, Paul / Schwyzer, Hans-Rudolf: Plotini opera, 3 vol., Oxonii (Oxford) 1964-1982

Ploutarchos: Moralia 1-1147, Fragments, Index (gr./engl.), verschiedene ⟨edd./trr.⟩: Plutarch's Moralia in Seventeen Volumes, Cambridge/MA–London 1962-1976 (z. Tl. Reprints)

Porphyrios: Fragmenta, ⟨edd.⟩ Smith, Andrew / Wasserstein, David, Stuttgart–Leipzig 1993

du Prel, Carl: Die Mystik der alten Griechen. Tempelschlaf – Orakel – Mysterien – Dämon des Sokrates, Leipzig 1888

Proklos: Commentarius in Parmenidem (lat.), ⟨ed.⟩ Steel, Carlos: Proclus: Commentaire sur le Parménide de Platon. Traduction de Guillaume de Moerbeke, 2 tomes (mit fortlaufender Paginierung), Leuven 1982-1985

Proklos: In Platonis Parmenidem, ⟨ed.⟩ Cousin, Victor: Procli philosophi platonici opera inedita, pars tertia, continens Procli commentarium in Platonis Parmenidem, Hildesheim 1961 (repr. der Ausg. Parisiis 1864), 617-1314

Proklos: In Platonis Parmenidem, ⟨trr.⟩ Morrow, Glenn R. / Dillon, John M.: Proclus' Commentary on Plato's *Parmenides*, Princeton/NJ 1987

Proklos: In Platonis Parmenidem, ⟨tr.⟩ Zekl, Hans Günter: Proklos Diadochos. Kommentar zum platonischen Parmenides, Würzburg 2010

Proklos: In Platonis Parmenidem Commentaria, 3 tomi, ⟨edd.⟩ Steel, Carlos / Mace, Caroline / D'Hoine, Pieter / Gribomont, Aurelie / van Campe, Leen, Oxford–New York 2007-2009

Proklos: Parmenides usque ad finem primae hypothesis nec non Procli commentarium in Parmenidem, pars ultima adhuc inedita, interprete Guillelmo de Moerbeka (lat./engl.), ⟨edd./trr.⟩ Klibansky, Raymundus / Labowsky, Carlotta, London 1953

Puligandla, Ramakrishna: An Encounter with Awareness, Wheaton/IL et al. 1981

Radhakrishnan, Sarvepalli: Eastern Religions and Western Thought, Delhi et al. [2]1982 (4th impr.; [1]1939)

Raphael: Initiation in die Philosophie Platons. Die Lehre der Nicht-Dualität durch Śaṅkara und die westliche Philosophie Platons, Freiburg/Br. [1]2002 (italienische Originalausgabe Rom 1984)

Reale, Giovanni: Zu einer neuen Interpretation Platons. Eine Auslegung der Metaphysik der großen Dialoge im Lichte der „ungeschriebenen Lehren", ⟨tr.⟩ Hölscher, Ludger, ⟨intro.⟩ Krämer, Hans, ⟨ed.⟩ Seifert, Josef, Paderborn–München–Wien–Zürich 1993 (it. Originalausg.: Per una nuova interpretazione di Platone, Milano 1989)

Reitzenstein, R. / Schaeder, H. H.: Studien zum antiken Synkretismus aus Iran und Griechenland, Leipzig–Berlin 1926

Rosán, Laurence Jay: The Philosophy of Proclus. The Final Phase of Ancient Thought, New York 1949

Schefer, Christina: Platons unsagbare Erfahrung. Ein anderer Zugang zu Platon, Basel 2001

Schefer, Christina: Platon und Apollon. Vom Logos zurück zum Mythos, Sankt Augustin 1996

Schissel von Fleschenberg, Otmar: Marinos von Neapolis und die neuplatonischen Tugendgrade, Athen 1928

Schmitz, Hermann: Die Ideenlehre des Aristoteles, 2 Bde. in 3 Tln., Bonn 1985

Schopenhauer, Arthur: Sämtliche Werke, 5 Bde., ⟨ed.⟩ von Löhneysen, Wolfgang Frhr., Frankfurt/M. [1]1986 (Lizenzausg. d. Ausg. 1960)

Schreiner, Klaus: Abecedarium. Die Symbolik des Alphabets in der Liturgie der mittelalterlichen und frühneuzeitlichen Kirchweihe, in: ⟨edd.⟩ Stammberger Ralf M. W. / Sticher, Claudia mit Warnke, Annekatrin: „Das Haus Gottes, das seid ihr selbst". Mittelalterliches und barockes Kirchenverständnis im Spiegel der Kirchweihe, Berlin 2006, 143-188

Schwyzer: Hans-Rudolf, Die zweifache Sicht in der Philosophie Plotins, in: Museum Helveticum 1 (1944), Basel, 87-99

Seidl, Horst: Der Begriff des Intellekts (νοῦς) bei Aristoteles im philosophischen Zusammenhang seiner Hauptschriften, Meisenheim/Glan 1971

Seneca, L. Annaeus: Philosophische Schriften (lat./dt.), 5 Bde., Text nach verschiedenen Editoren der Société d'Édition les Belles Lettres, ⟨tr.⟩ Rosenbach, Manfred, Darmstadt 1999 (nach verschied. Ausg. der einzelnen Texte)

Seuse, Heinrich: Deutsche Schriften, ⟨ed.⟩ Bihlmeyer, Karl, Stuttgart 1907

Seuse, Heinrich: Deutsche mystische Schriften, ⟨tr.⟩ Hofmann, Georg, Düsseldorf 1986 (Nachdr. d. Aufl. [1]1966)

Sextos Empeirikos: Pyrrhoneion hypotyposeon / Adversus mathematicos (gr./engl.), ⟨ed./tr.⟩ Bury, R. G.: Sextus Empiricus in four Volumes, Cambridge/MA–London 1976-1983 (Repr. d. Ausg. 1933)

Śaṅkara: Śrīśāṃkaragraṃthāvaliḥ. Complete Works of Sri Sankaracharya, 10 Vols., Samata Edition, Madras [rev.]1981-1983 ([1]1910)

Siderits, Mark / Katsura, Shōryū ⟨trr./comm.⟩: Nāgārjuna's Middle Way. Mūlamadhyamakakārikā (skr./engl.), Somerville/MA 2013

Silesius, Angelus (Scheffler, Johannes): Cherubinischer Wandersmann. Kritische Ausgabe, ⟨ed.⟩ Gnädinger, Louise, Stuttgart 1984

Simplikios: Commentarius in Enchiridion Epicteti, ⟨ed./intro.⟩ Hadot, Ilsetraut: Simplicius: Commentaire sur le *Manuel* d'Épictèt,

Leiden–New York–Köln 1996

Simplikios: Commentarius in Enchiridion Epicteti, ⟨trr.⟩ Brittain, Charles / Brennan, Tad: Simplicius: On Epictetus Handbook, 2 Vols., London 2002

Simplikios: Commentarius in Enchiridion Epicteti, ⟨tr.⟩ Enk, K.: Simplikos' Commentar zu Epiktetos Handbuch, Wien 1867

Staal, Jan Frits: Advaita and Neoplatonism. A Critical Study in Comparative Philosophy, Madras 1961

Strabon: Geographica (gr./engl.), ⟨ed./tr.⟩ Jones, Horace Leonard: The Geography of Strabo in Eight Volumes, Cambridge/MA–London 1982-1989 (reprints; [1]1917-1932)

Strabon: Geographica (gr./dt.), ⟨ed./tr.⟩ Radt, Stefan: Strabons Geographica, 10 Bde., Göttingen 2002-2011

Sturm, Hans P.: Die vier Stadien des Ent–Setzens (ausgehend von) der buddhistischen Mittelweg-Philosophie Ārya Nāgārjuna's, nebst Parallelen aus den »Wissenschaftslehren« von J. G. Fichte. Eine Grundlegung der Strukturtheorie der Re-flexion, Widerspiegelung des Geistes I, Augsburg [2]2014 (vollständig überarbeitete, verbesserte, präzisierte und stark erweiterte Auflage mit leicht verändertem Titel der Ausg. Augsburg [1]2004)

Sturm, Hans P.:Einleitung in die Strukturphilosophie der Re-flexion in transkulturaler Anwendung (Transkultural-Philosophie) auf die antike Philosophie Indiens, Griechenlands und Chinas. Von der szientistischen Real-Aporie: Formalien, Ausgangspunkt, Methodik, Rahmenbedingungen, Augsburg 2016

Sturm, Hans P.: Ethische Evokationen der Sophistik. Sokrates und die Aufklärung der Protagoreischen Widerspruchsunmöglichkeit, in: ⟨edd.⟩ Baruzzi, Arno / Takeichi, Akihiro: Ethos des Interkulturellen. Was ist das, woran wir uns jetzt und in Zukunft halten können?, Würzburg 1998, 125-146

Sturm, Hans P.: Leere im Herzen. Zur vierfachen ontologischen Unbestimmbarkeit in der antiken indischen und griechischen Philosophie, in: Hōrin. Comparative Studies in Japanese Culture 6 (1999), München, 113-138

Sturm, Hans P.: Urteilsenthaltung oder Weisheitsliebe zwischen Welterklärung und Lebenskunst, Freiburg/Br.–München 2002

Sturm, Hans P.: Weder Sein noch Nichtsein. Der Urteilsvierkant (catuṣkoṭi) und seine Korollarien im östlichen und westlichen

Denken, Würzburg 1996

Sturm, Hans P.: “Yoking” or Yoga in the Philosophy of Plato, in: ⟨edd.⟩ Hoffman, Frank J. / Mishra, Godabarisha (with Montalvo, David): Breaking Barriers. Essays in Asian and Comparative Philosophy in Honor of Ramakrishna Puligandla, Fremont/CA 2003, 237-252

Tarán, Leonardo: Speusippus of Athens. A Critical Study with a Collection of the Related Texts and Commentary, Leiden 1981

Tauler, Johannes: Die Predigten Taulers aus der Engelberger und der Freiburger Handschrift sowie aus Schmidts Abschriften der ehemaligen Straßburger Handschriften, ⟨ed.⟩ Vetter, Ferdinand, Berlin 1910

Tauler, Johannes: Predigten, 2 Bde., ⟨tr.⟩ Hofmann, Georg, Einsiedeln-Trier ^{3}1987

Theiler, Willy: Untersuchungen zur antiken Literatur, Berlin 1970

Theon Smyrnaios: Expositio rerum mathematicarum ad legendum Platonem utilium (gr./frz.), ⟨ed./tr.⟩ Dupuis J.: Théon de Smyrne, Philosophe Platonicien. Exposition des connaissances mathématiques utiles pour la lecture de Platon, Bruxelles 1966 (Nachdr. d. Ausg. Paris 1892)

Thomas de Aquino: S. Thomae de Aquino opera omnia, 7 Bde., ⟨ed.⟩ Busa, Roberto, Stuttgart–Bad Cannstatt 1980; elektronische Ausgabe: S. Thomae de Aquino opera omnia, recognovit ac instruxit Enrique Alarcón automato electronico Pompaelone ad Universitatis Studiorum Navarrensis aedes a MM A.D., http://www.corpusthomisticum.org/iopera.html (Stand: 14. 05. 2017)

Tonelli, Giorgio: Kant und die antiken Skeptiker, in: ⟨edd.⟩ Guéroult, Martial et al.: Studien zu Kants philosophischer Entwicklung, Hildesheim 1967, 93-123

Turner, John D.: The Gnostic Threefold Path to Enlightenment. *The Ascent of Mind and the Descent of Wisdom,* in: Novum Testamentum 22 (1980), Leiden, 324-351

Upaniṣatsaṃgrahaḥ: ⟨ed.⟩ Shastri, Jagadish Lal, Delhi et al. ^{2}1980 (^{1}1970)

Urwick, Edward J.: The Message of Plato. A Re-Interpretation of the “Republic”, London ^{1}1920

Urwick, Edward J.: The Platonic Quest. An Interpretation of the

Republic, London–Santa Barbara–New York [1]1983 (Teilneudruck von idem: The Message of Plato)

Vallin, Georges: Être et individualité. Éléments pour une phénoménologie de l'homme moderne, Paris 1959

Vallin, Georges: La perspective métaphysique, Paris [2]1977 ([1]1959)

Vallin, Georges: Lumière du Non-dualisme, Nancy 1987

Vallin, Georges: Voie de gnose et voie d'amour. Eléments de mystique comparée, Sisteron 1980

de Vogel, C. J.: On the Neoplatonic Character of Platonism and the Platonic Character of Neoplatonism, in: Mind 62 (1953), Edinburgh, 43-64

de Vogel, C. J.: Rethinking Plato and Platonism, Leiden 1986

Volger, Hermann: Die Lehre von den Seelenteilen in der alten Philosophie, 2 Teile, Wissenschaftliche Beilage zum Jahresbericht des Königlichen Gymnasiums zu Ploen 283, 286, Ploen 1892-1893

Volk, Stefan: System und Kritik. Eine Einleitung in die tropologische Methode, Würzburg 2005

Waszink, Jan-Hendrik: Porphyrios und Numenios, in: Porphyre. Entretiens sur l'antiquité classique, Fondation Hardt, tome 12, Vandœuvres–Genève 1965, 35-83

Whitehead, Alfred North: Process and Reality. An Essay in Cosmology, ⟨edd.⟩ Griffin, David Ray / Sherburne, Donald W., New York–London 1978 (corrected edition) ([1]1929)

Wieland, Wolfgang: Platon und die Formen des Wissens, Göttingen 1982

Wili, Walter: Probleme der Aristotelischen Seelenlehre, in: Eranos-Jahrbuch 12 (1945), Zürich, 55-93

Wilpert, Paul: Eine Elementenlehre im Platonischen Philebos, in: ⟨ed.⟩ Wippern, Jürgen: Das Problem der ungeschriebenen Lehre Platons. Beiträge zum Verständnis der Platonischen Prinzipienphilosophie, Darmstadt 1972, 316-328

Wilpert, Paul: Zwei aristotelische Frühschriften über die Ideenlehre, Regensburg 1949

Wippern, Jürgen ⟨ed.⟩: Das Problem der ungeschriebenen Lehre Platons. Beiträge zum Verständnis der Platonischen Prinzipienphilosophie, Darmstadt 1972

Wippern, Jürgen: Einleitung in: ⟨ed.⟩ Idem: Das Problem der ungeschriebenen Lehre Platons. Beiträge zum Verständnis der Platonischen Prinzipienphilosophie, Darmstadt 1972, VII-XLVIII

Wilson, Thomas: The Swastika. The Earliest Known Symbol and its Migrations, s.l. s.a. (ca. 2000; reprint der Ausgabe in: Annual Report of the United States National Museum 2 (1894), Washington, 757-1030)

Xenokrates: Fragmenta, in: Heinze, Richard: Xenokrates. Darstellung der Lehre und Sammlung der Fragmente, Hildesheim 1965 (Nachdr. d. Ausg. Leipzig 1892), 157-197

Xenophon: Memorabilia (gr./dt.), ⟨ed./tr.⟩ Jaerisch, Peter: Xenophon: Erinnerungen an Sokrates, s.l. [3]1980 (verb. Ausg. v. [1]1962)

Yì-jīng: ⟨tr.⟩ Lynn, Richard John: The Classic of Changes. A New Translation of the *I Ching* as Interpreted by Wang Bi, New York–Chichester/West Sussex 1994

Yì-jīng: ⟨tr.⟩ Schilling, Dennis R.: Yijing. Das Buch der Wandlungen, Frankfurt/M.–Leipzig 2009

Yì-jīng: ⟨tr.⟩ Wilhelm, Richard: I Ging. Das Buch der Wandlungen, Düsseldorf–Köln 1956 ([1]1923)

Zeller, Eduard: Die Philosophie der Griechen in ihrer geschichtlichen Entwicklung, 3 Bde. in 6 Tln., Leipzig 1919-1923 (4.-6. Aufl.)

Zimmer, Heinrich: Kunstform und Yoga im indischen Kultbild, ⟨ed.⟩ Wilhelm, Friedrich, Frankfurt/M. 1976 (Berlin [1]1926)

Namensregister

Autoren, Kompilatoren, Editoren, Übersetzer, historische Persönlichkeiten (nicht von Buch- und Werktiteln) und ohne Verfassernamen überlieferte Quellenschriften

Z

Corrigenda zu

Urteilsenthaltung oder Weisheitsliebe
zwischen Welterklärung und Lebenskunst,
Freiburg-München 2002

p. 413[59] Zeile 9 von oben: (falsch: *daì*), richtig: *dià*
p. 413[59] Zeile 9 von unten (falsch: *‘autèj*), richtig: *‘autē̃j*
p. 413[59] Zeile 5 von unten (falsch: *súnatai*), richtig: *dúnatai*

Addendum zu

Faszikel II/3: »Im Anfang war … ?«

p. 122, Literaturnachtrag:

Gonda, Jan: Selected Studies. Presented to the author by the staff of the Oriental Institute, Utrecht University, on the occasion of his 70th birthday, 7 pts. in 6 vols., Leiden 1975–1991